LOCUS

LOCUS

LOCUS

LOCUS

from

vision

from 88　道德風景

The Moral Landscape

作者：Sam Harris

譯者：于嘉雲

特約編輯：關維斌

責任編輯：湯皓全

校對：呂佳真

法律顧問：全理法律事務所董安丹律師

出版者：大塊文化出版股份有限公司

台北市105南京東路四段25號11樓

www.locuspublishing.com

讀者服務專線：**0800-006689**

TEL：(02) 87123898　FAX：(02) 87123897

郵撥帳號：18955675　戶名：大塊文化出版股份有限公司

總經銷：大和書報圖書股份有限公司

地址：新北市新莊區五工五路2號

TEL：(02) 89902588（代表號）　FAX：(02) 22901658

製版：瑞豐實業股份有限公司

初版一刷：2013年3月

定價：新台幣380元

Printed in Taiwan

The Moral Landscape
道德風景

Sam Harris 著
于嘉雲 譯

目次

導論：道德風景

阿爾巴尼亞人有個仇殺的古老傳統叫作**卡努恩**（Kanun）：如果一名男子犯下兇殺罪行，受害者家族就能殺掉他的任何一名男性親戚做爲報復。一名少年如果不幸是兇手的兒子或兄弟，那他就得晝夜躲藏，放棄正當教育、適當的醫療保健、以及正常生活的樂趣。甚至到現在，還有數不清的阿爾巴尼亞男子與少年在家裏過著囚徒般的生活。①我們能說阿爾巴尼亞人用這種方式來建構社會在道德上是錯的嗎？其血債血償的傳統是一種邪惡的形式嗎？他們的價值觀比我們的低劣嗎？

大多數人無法想見科學能夠有效提出這類問題——更別說解答了。我們怎能從科學事實的角度宣稱一種生活方式比另一種更好或更道德呢？「好」或「道德」的定義該由誰來界定呢？雖然現在有許多科學家正在研究道德的演化，以及其基底的神經生物學，但他們研究的目的不過是要描述人類如何思考與行爲；沒有人期待科學能告訴我們應該如何思考與行爲。對於人類價值的爭議，科學其實是避而不談的，沒有任何「官方」意見。②

然而，我將論證價值觀——亦即意義、道德及生命之更大目的——的問題，其實是關於有意識生物的安康（well-being）問題。因此，價值觀轉換成能在科學上理解的事實：關於正面與負面的社會情感、報復性的衝動、具體法律及社會制度對人際關係的影響、快樂與痛苦的神經生理學等等。這些事實中最重要者注定會超越文化——就像關於身體健康和心理健康的事實那樣。癌症在新幾內亞高地還是癌症；霍亂還是霍亂；精神分裂還是精神分裂；同樣地，我將進一步論證悲憫（compassion）仍是悲憫，安康仍是安康。③而且，如果人們在如何興旺發達上有重要的文化差異的話——例如用相互抵觸但產生同等成效的方式來養育快樂、聰明、有創造力的孩子——這些差異也必定端賴人類頭腦組織的事實。因此，原則上，我們能在神經科學與心理學的脈絡中解說文化界定我們的方式。我們在大腦的層次對自己瞭解越多，就更能明瞭關於人類價值問題的答案有對有錯。

當然，我們必須面對若干對於道德眞理地位的古老歧見：自宗教擷取世界觀的人一般相信道德眞理存在，只是因爲上帝將之注入現實架構當中；至於缺乏信仰的人，則往往認爲「善」與「惡」的看法一定是演化壓力和文化發明的產物。對於前者，一旦說到「道德眞理」（moral truth），必將援引上帝；對於後者，則不過是表達我們一些猿猴般的衝動、文化偏見、和哲學困惑罷了。我的目的是想說服讀者，論辯兩造都錯了。本書之宗旨乃試圖開啓一段關於道德眞理如何能在科學脈絡中理解的對話。

儘管我在本書所做的論證勢必引起爭議，它卻是寄託於一個非常簡單的前提：人類安康完全建構於世界中的事件以及人腦的狀態。因之，一定有關於它的「科學眞理」（scientific truths）待知。對於這些眞理更詳細的理解，將會迫使我們對社會中的不同生活方式做出清楚的區別，判斷某些方式更好或更壞，更忠於事實與否，以及更合乎倫理與否。顯然，這種洞識能幫我們改進人類生活的品質——由此終結學術性的辯論，展開攸關數以百萬計人們生活的選擇。

我的意思並不是我們保證能透過科學解決每個道德爭議。意見的分歧還會繼續存在——但意見會越來越受制於事實。而且重要的是，明瞭我們無能解答一個問題，不代表該問題沒有答案。到底有多少人在過去六十秒鐘內被蚊子叮了呢？這些人當中有幾個會得瘧疾呢？有多少人會因而死亡？在所涉及的技術挑戰底下，沒有科學團隊能回應這種問題。然而我們知道它們的答案很可能只是簡單的數字而已。因為沒有能力搜集到所有相關資料，就迫使我們必須同等尊重所有意見嗎？當然不是。同樣的，我們可能無法解決特定道德兩難的事實，並不代表所有對此產生之爭論性回應都同等有效。在我的經驗中，把**實務上無解**誤以為**原則上無解**是道德混淆的一大根源。

例如：美國有二十一州仍准許學校體罰。在這些地方，即便老師拿木板把孩子打得腫起一大塊瘀青乃至破皮，依然合法。數以幾十萬計的兒童每年蒙受這種暴力，幾乎全發生在南方。可想而知，合理化這種行為的根據明顯出自於宗教：因為造物主自己告訴我們孩子不打不成器（箴言十三：二四、二十：三十、二三：一三～一四）。然而，我們如果真的關心人類安康，並且用提升安康的方式來對待孩子，我們就可能懷疑要小男孩、小女孩以受痛、受驚、在公眾前受辱來做為鼓勵其認知與情緒發展的手段是否明智。這個問題**是有**答案的，對此有任何懷疑的空間嗎？尋求正確之道是重要的，對此有任何需要質疑的地方嗎？其實，所有研究都指出體罰是災難性的做法，會導致更多暴力和社會病態——而且，很乖僻的，導致了對體罰更多的支持。④

但更深的要點在於，無論我們知道答案與否，這種問題毋庸置疑，一定有答案。而且，絕對不是簡單地用尊重別人的「傳統」，同意彼此存有歧見，就可搪塞過去。為什麼科學將越來越能斷定這種問題呢？因為人們所給予之分歧的解答——以及伴隨而來在人際關係、心理狀態、暴力行動與法律糾葛等等的後果——都在我們的腦子裏、別人的腦子裏、以及整個世界中造成差異。我希望顯示當談到價值觀時，我們其實談的是一個事實相互依存的世界。

想法和意圖如何在人腦中產生，這些心理狀態又如何轉換成行為，以及這些行為如何進一步影響世界和其他有意識生物的經驗——這些都是有待探索的事實。我們將看到上述事實窮盡對「善」與「惡」這類詞語的合理說明。它們也將越來越落入科學的範疇，比一個人的宗教皈依要深刻得多。正像沒有基督教物理學或穆斯林代數學一樣，我們也將顯示，根本沒有基督教道德或穆斯林道德這樣的東西。的確，我將論證道德應該被視爲科學中尙未開發的一支。

自從我的第一本書《信仰的結束》（*The End of Faith*）出版以來，我對「文化戰爭」有了一個優越的視野——在美國與歐洲都有，前者是世俗的自由派與基督教的保守派之戰，後者是無宗教社群與日益增長之穆斯林人口間的爭端。在收到過數萬件處於信仰與懷疑連續光譜上各個位置之群衆的來信和電子郵件後，我能有一些自信地說，在這些文化分歧的基底，有個對理性之局限的共同信念。雙方都相信理性對回答人類生活中最重要的問題是無能爲力的。而一個人如何察覺事實與價值之間的鴻溝，似乎影響到他對幾乎每項社會重大議題的觀點——從打仗到教育孩子。

這種思考上的斷裂在政治光譜的各端有不同的後果：信教的保守派往往相信意義與道德問題是有正確解答的，但只因爲亞伯拉罕的上帝認爲如此。⑤他們承認尋常的事實能透過理性的探索來發現，但他們相信價値必須來自旋風中的玄妙聲音。拘泥文句之經律主義（scriptural literalism）、對多樣性的不寬容、對科學的不信任、忽視人類和動物受苦的眞正原因等等——太常見了，這就是事實與價値的劃分如何在宗教右派中顯現其形。

另一方面，世俗的自由派則往往認爲道德問題沒有客觀的答案存在。雖然約翰・斯圖亞特・穆勒（John Stuart Mill）可能比奧薩瑪・賓拉登（Osama bin Laden）更符合我們對於善的文化理想，大部分世俗主義者懷疑，穆勒的是非理念並沒有更接近眞理。多元文化主義、道德相對論、政治正確、不可容忍的容忍態度等——這些都是左翼把事實與價値分開的後果。

我們應當關心的是這兩種導向並未產生同等效能。在老式宗教非理性的狂熱底下，世俗的民主國家越來越苟且。保守教條主義與自由主義懷疑論的並轡，導致美國禁止聯邦資助胚胎幹細胞的研究；說明了我們爲何在墮胎和同性婚姻等議題上持續蒙受政治上的紛亂；它可說是聯合國目前企圖通過反褻瀆神明法所做努力的論述基礎（該法將使會員國公民批評宗教變成非法）；它使西方在其反激進伊斯蘭教的世代戰爭上捉襟見肘；它可能還會把歐洲諸社會再塑成一個新的哈里發（Caliphate）轄地。⑥掌握宇宙造物主所信的是非，激勵了信教的保守派幾乎不計代價地在公共領域強施這種願景；不知道什麼是對的——或者根本不認爲有什麼真正對的事物——常導致世俗的自由派高舉雙手投降，來放棄他們的理智標準和政治自由。

在科學社群裡世俗與自由派佔壓倒性的多數——但科學家對宗教的教條主義所做的讓步也著實驚人。正如我們將看到的，問題上達美國國家科學院（the National Academies of Science）與美國國家衛生研究院（National Institutes of Health）。連世界上最有影響力的科學刊物《自然》（*Nature*），都無法有效地區分合理論述和虛構神話之間的分界。我最近查了過去十年該刊中每一次出現的「宗教」（religion）一詞，發現《自然》的編輯們一般都接納了史蒂芬・古爾德（Stephen J. Gould）注定失敗的觀念：「互不重疊的範疇」（nonoverlapping magisteria）——即適切建構之科學與宗教不可能起衝突，因爲它們構成不同的專長領域。⑦正如某篇〈編者的話〉所言，只有當個別領域「撈過界並激起騷動時」，問題才會出現。⑧其基本主張是：科學乃是處理物理宇宙運作的最佳權威，宗教則是對意義、價值、道德與美好生活的最佳權威。我希望能說服您，這不僅不眞，而且不可能是眞的。意義、價值、道德、美好生活等，一定與關於有意識動物安康的事實相關——而在我們的例子中，一定合乎規律地仰賴於世界中的事件與人腦狀態。理性的、不預設立場的、誠實的探索，一直都是洞察這種過程的眞正泉源。就算信仰曾經在什麼事情上是對的，那也是偶然誤打誤中的。

科學界不願在道德議題上採取立場，已經爲此付出代價。它使科學看起來似乎在原則上與人生最重要的問題徹底分離。從流行文化的觀點來看，科學經常只像個科技的孵化場而已。雖然大部分受過教育的人都會承認，在關於事實層面上，科學方法幾世紀以來已給宗教帶來重重難堪，但無論在科學圈內外，一條幾乎不容置疑的鐵律，就是科學對構成良善生活的要素並無話可說。涵括衆信仰及政治光譜兩極的宗教思想家正是在這點上聯合起來；我們最常聽到的對信仰上帝的辯護，並不是有祂存在的令人信服的證據，而是對祂的信仰是意義與道德指引的唯一可靠來源。互不相容的宗教傳統現正避居於同一套不合邏輯的推論背後。

然而似乎無可避免地，科學終將逐步涉及生命中最深刻的問題——而這勢必會激起反彈。如何因應繼起之世界觀的碰撞，自然會影響科學的進步，但它也可能決定我們是否能成功建立一個根據共有價値觀的全球文明。對於人類該如何在二十一世紀生活的問題，存在很多相互競爭的解答——而它們大部分必定是錯的。只有對人類安康的一個理性的理解，能讓數十億的我們和平共存，轃合在同樣的社會、政治、經濟、環境等目標上。一個關於人類興旺發達的科學似乎還其道迢迢，要達到目的，我們必須先公認該智識領域確實存在。⑨

貫穿本書的是一個我稱之為「道德風景」（the moral landscape）的假設空間——一個包含現實與潛在後果的空間，其高峰對應於潛在安康的頂點，而其幽谷則對應於可能之最深苦難。不同的思考與行為方式——不同的文化習慣、倫理規章、統治方式等等——將轉譯成穿過此山川的運動，因此轉譯成不同程度之人類的昌盛。我並非主張我們必須對每個道德問題都找到一個正確答案，或者單一的讓人類生活下去的最好方式。有些問題也許容許多個約略等值的答案。然而，道德風景上的多重高峰並不代表它們較不眞確或不值得發現，登在峰頂與卡在低谷的差別也不會因此變得更不清楚或更不具效力。

道德問題有複數解答未必會對我們構成問題，試想一下我們怎麼考慮食物：沒人會辯稱一定只有**一種**正確的食物可吃。然而在健康食品與毒藥之間還是有客觀的事實。雖然有例外的情形——例如有些人吃花生會死——但我們能在對化學、生物學、人類健康等理性討論的脈絡中解說這些例外。世界上食物種類的豐富，並不會誘使我們宣稱在人類營養方面沒有什麼尙待探索的事實，或者說出烹飪風格在原則上一定同等健康。

穿越道德風景的運動可以在許多層次上分析——範圍涵蓋生物化學到經濟學——但就人類而言，變化必然端賴人腦的狀態與性能。我雖然完全支持科學中「融通」（consilience）的看法[10]——因而把科學專業的分界主要視爲建構學院殿堂的功能，以及個人在一生中所能學習的局限——但神經科學與其他心智方面的科學在人類經驗議題上的首要地位，是不容否認的。人類經驗顯示了生存的每個跡象都被人腦的狀態所決定與實現。

許多人似乎認爲一個共通的道德概念勢必要求我們尋找沒有例外的道德原則。例如：如果撒謊眞的是錯的話，那必須撒謊總**是**錯的——而我們如果能找到一個例外，那任何道德眞理的看法就必須放棄。可是道德眞理的存在——即我們怎麼思考、怎麼行爲與我們的安康之間的關聯——並不要求我們依據不變的道德知覺來界定道德。道德可以很像西洋棋：肯定有一般適用的原則，但也可能允許重要的例外。你若想玩好西洋棋，一個像「別失去皇后」的原則幾乎總是值得遵守。但也允許例外：有的時候犧牲皇后是精彩的一招，偶爾甚至是**唯一**可用的步數。然而，依舊不可否認的事實是，在一盤棋局中，從任何位置都將有某種範圍內客觀的好走棋法和客觀的壞走棋法。如果對於人類安康有待知的客觀眞理的話——例如仁慈一般都比殘忍更能導致幸福——那科學有一天應該能對我們的行爲與關注對象做出非常精準的斷言：哪些在道德上是好的，哪些是中性的，哪些是值得放棄的。

雖然說距離我們對人類如何昌盛有完全瞭解還很遠，但零碎的解釋正在出現。例如，把童年早期經驗、情感的聯繫等，與一個人在人生後來形成健康人際關係的能力之間做連結。我們當然知道忽視和傷害情感，無論在心理上或社交上都是不好的。我們也知道童年早期經驗的作用一定在腦中顯眞了（realized）。對齧齒動物的研究表明了親本養育、社會性依附、壓力調節等，都部分受到後葉加壓素（vasopressin）與後葉催產素（oxytocin）等荷爾蒙的支配，⑪ 因爲它們影響了大腦獎賞系統中的活動。當問到爲什麼童年早期受忽視對我們的心理和社交發展有害時，認爲它可能由此系統失調所造成似乎是合理的解釋。

雖然爲了實驗的目的剝奪小小孩正常的照顧是不合倫理的，社會卻不經意地每天進行了這樣的實驗。爲了研究童年早期感情被剝奪的後果，一組研究者在兩種人口——傳統家庭裏養大的兒童與頭幾年在孤兒院度過的兒童——中測量了後葉催產素和後葉加壓素的濃度。⑫ 正如您可能預期的，被國家撫養的孩子一般得不到正常水準的養育。他們也往往在日後產生社交與情感上的困難。正如預測，這些孩子對與養母身體接觸時的反應，未能顯示正常的後葉催產素和後葉加壓素的激增。

相關的神經科學才剛開始發展而已，但我們知道我們的感情、社會互動、道德直覺等彼此互相影響。我們透過這些系統與其他人產生調和，並在過程中創造了文化。文化變成了進一步的社交、情感、道德等發展的一個機制。毫無疑問的，人腦正是這些影響的樞紐。文化規範藉改變我們頭腦的結構與功能來影響我們的思考和行爲。你覺得比起女兒你更想有兒子嗎？對父母權威的服從比誠實的探究更重要嗎？如果你得知孩子是同性戀者你會停止愛孩子嗎？做父母的對這種問題的看法，以及在他們孩子生活中的後續作用，一定會轉譯成關於他們大腦裡的事實。

我的目標在於說服您，人的知識與人的價值觀不再保持分離。量度的世界與意義的世界最終必須調和。而科學與宗教——正是對同一現實恰恰相反的思考方式——則永遠不會和解。正如所有的事實問題，對道德問題的不同意見無非是顯示了我們知識的不完整；它們並不使我們必須無限期的尊重紛紜的觀點。

事實與價値

十八世紀的蘇格蘭哲學家大衛・休姆（David Hume）有段著名的論述：沒有任何對世界如何（事實）的描述能告訴我們該怎麼行爲（道德）。⑬繼休姆之後，哲學家莫爾（G. E. Moore）宣稱，任何想在自然界找出道德眞理的企圖，都犯了一種「自然主義的謬誤（naturalistic fallacy）」。⑭莫爾辯說，善不能等同於人類經驗（如愉悅、幸福、演化適存度〔evolutionary fitness〕等）的任何性質，因爲這些性質本身還是可以被追問是否**良善**。例如：假使我們要說善與任何帶給人們愉悅者同義，那還是可能擔憂某愉悅個例是否眞是**善**的。這叫作莫爾的「未決問題論證」（open question argument）。我雖然認爲，當我們把焦點放在人類的安康時，這個詞語的陷阱就能輕易避開，但大多數科學家和公共知識分子顯然都掉進去了。其他有影響力的哲學家，包括卡爾・波普爾（Karl Popper）在內，⑮都附和了休姆與莫爾的說法，而其後果就是遍及我們的知性話語中在事實與價值觀之間創造了一道防火牆。⑯

心理學家和神經科學家現在雖然常規的研究人類的快樂、正向情緒、道德推理等，他們卻很少依據發現結果，對人類應當如何思考或行爲下結論。事實上，一位科學家若根據自身研究而對人們該如何生活提供了某種指引，這在知性上是見不得人的，甚至有點威權。哲學家兼心理學家的傑瑞・福多（Jerry Fodor）就把這種觀點具體化了：

> 科學是關於事實的，不是關於規範；它或許能告訴我們，我們是如何如何；但卻無法說明，我們的如何是否出錯、錯在哪裡。人類狀態的科學是不存在的。⑰

雖然很少有人說得這麼清楚，但這種對理性之固有極限的信仰，現在是知識分子圈的定見。

儘管大多數科學家對善惡的命題緘默，但對道德與人類幸福的科學研究已進行得很深。這種研究注定會把科學跟宗教的正統觀念和流行意見導向衝突——正像我們對演化的漸增理解已經如此——因爲事實與價值的涇渭分明至少在三種意義下是虛幻的：㈠關於如何將有意識動物的安康最大化的課題——我將論證這是我們能合理珍惜的唯一事物——無論能夠知道什麼，都必須在某個時點轉譯成關於大腦及其與世間萬物互動的事實；㈡就像我們討論事實所做的每個努力都必須倚賴一些首要原則（如邏輯的連貫性、對證據的倚賴、簡約等等），「客觀」知識（即透過誠實的觀察和推理獲得的知識）的理念本身，就有價值觀建立於其中；㈢無論是對事實或價值的信念，在大腦的層次似乎出於類似的過程——在這兩個領域中判斷眞假似乎存在一個共同的系統。我將在下文對各點詳加討論。對於世界有什麼要知道的，以及是什麼大腦機制使我們能知道這兩者而言，我們將看到事實與價值之間根本不存在清楚的疆界。

許多讀者也許會奇怪，我們怎能讓我們的價值觀奠基於像「安康」那麼難界定的東西上呢？然而對我而言，安康的概念似乎很像身體健康的概念：它拒絕精準的定義，卻又不可或缺。⑱其實這兩個詞的意義似乎很可能隨著我們在科學上的進步，隨時保持修正的可能性。今天，一個人如果沒有可察覺的疾病、能夠運動、而且注定要活到八十幾歲而不受明顯的衰老之苦，那他就能認定自己身體健康。但這個標準可能改變。如果生物老化學家奧布里・德格雷（Aubrey de Grey）把老化看成是允許完全解決的工程問題是正確的話，⑲那在百歲生日時能走上一哩路並不一定相當於「健康」。也許會有一天，五百歲時不能跑馬拉松就被認爲是嚴重的殘疾。這種對人類健康觀點的徹底轉變，並不表示當前對健康和疾病的概念是武斷的、僅僅是主觀的、或文化建構的。的確，健康的人和死掉的人之間的差別，是我們在科學中所能做的最清楚、最重大的區別。至於人類成就的頂點與人類苦難的深淵之間的差別，其實是同樣清楚的，即使這兩個方向都有待我們開疆闢土。

如我將論證的，假如我們定義成就安康者就是「善」的話，那莫爾「未決問題論證」所引導之迴歸論述就勢必得停止。我雖然同意莫爾的疑慮——追究將愉悅極大化的個例是否爲「善」確實合理；但如果追問的是把安康極大化是否爲「善」，就完全沒有意義了。似乎清楚的是，當我們懷疑某個狀態的愉悅是否爲「善」時，我們眞正問的是它是，對某種更深形式的安康而言，它是有助或有礙？這個問題是完全條理清楚的；它當然有個答（無論我們是否達致能夠回答的立場）；而且，它把善的概念定錨於衆生的經驗上。⑳

以這種方式來界定善，並未解決所有的價值問題；它只是把我們的注意力導向價值觀究竟是什麼——那套潛在影響我們以及其他有意識心靈之安康的態度、選擇、行爲等。雖然這使什麼構成安康的問題開放未決，但很有理由相信這個問題的答案範圍有限。既然有意識動物的安康注定會是自然律的產物，我們就必須期待這個可能性的空間——即道德風景——會越來越被科學闡明。

值得強調的是，對人類價值的科學性解說——即把價值直接置於連結世界狀態和人腦狀態之影響網絡中的解說——和演化論的解說並不相同。此刻，大部分構成人類安康者，都不是狹隘的達爾文主義演算所能掌握的。雖然人類經驗的可能性必須在演化爲我們打造的腦子裏實現，但我們的頭腦並不是爲了我們最終的實現所設計。演化絕不曾預見創造穩定民主制度、緩和氣候變遷、拯救其他物種以免滅絕、抑制核子武器的擴散、或者本世紀其他攸關幸福之作爲的智慧與必要性。

正如心理學家史蒂芬・平克（Steven Pinker）所觀察的，㉑如果遵從演化的指令是主觀安康的基礎，那麼大部分男人會發現，人生沒有比每天向當地精子銀行貢獻更高的天職。畢竟就男人的基因角度而言，沒有什麼會比大量製造數以千計的孩子而不招致任何相關成本或責任更令人滿足的了。可是我們的心靈並不只是遵從天擇的邏輯。任何戴太陽眼鏡或抹防曬霜的人，其實都已經供認他不情願過著基因爲他安排的生活。我們雖然繼承了祖先從前在打獵採集的小隊群裏得以生存繁衍下去的許多渴望，但老實說，有一些內在生活的元素與我們在今日世界所發現的幸福並不相容。以吃幾個油光光的甜甜圈開始一天、並以婚外情結束一晚的誘惑，也許對某些人而言很難抗拒，其理由也很容易在演化論中理解，可是一定有更好的方式來把一個人的長期安康最大化。我正在鼓吹的「好」跟「壞」的觀點，雖然完全被我們目前的生物性（以及其未來的可能性）所約束，但並不能直接化約成本能的驅力和演化的指令，我希望這點是清楚的。就像數學、科學、藝術、及其他幾乎任何一個令我們感興趣的東西一樣，我們現代對意義與道德的關懷，已經飛離了演化建造的棲木。

信念的重要

人腦是一部信念的引擎。我們的心靈不斷在消費、生產，並試圖整合標榜爲眞的關於我們自己及關於世界的想法：**伊朗正在發展核子武器；季節性流感能透過平常的接觸傳播；我其實灰頭髮更好看**。我們必須做些什麼來相信這種陳述呢？換句話說，大腦得做什麼來接受這種命題為**真**？這個問題標示出許多學科的交叉點：心理學、神經科學、哲學、經濟學、政治學，乃至法律學。㉒

信念也替事實與價值之間的鴻溝架橋。我們對事實形成信念，而在這種意義下的信念構成我們對世界的大部分認知——透過科學、歷史、新聞等等。但是我們也對價值觀形成信念：對道德、意義、個人目標、人生的更大目的等的判斷。它們雖然在若干方面可能不同，但這兩個領域中的信念共有非常重要的特徵。兩種信念都對對與錯做了心照不宣的斷言：這些斷言不僅是關於我們怎麼想、怎麼行動，也關於我們**應該**怎麼想、怎麼行動。像「水是兩份氫和一份氧」的事實信念，和「殘忍是錯的」這類的倫理信念，並非只是偏好的表達。要**真的**相信上述任何一個命題，也勢必得相信自己是出於合情合理的理由才接受它的。因此，那代表著相信自己依從了某些規範——即自己是神志正常的、理性的、沒有自我欺矇、沒有混淆不清、沒有過度偏執等等。當我們相信某事在事實上為眞或道德上為善時，我們也相信別人在同樣處境中應該會共享我們的信念。這點似乎不會改變。在第三章我們將看到信念的邏輯性質和神經學特性都進一步地彰顯事實與價值之間的分割是虛幻的。

好的生活與壞的生活

爲了有效支撐我對道德風景的論證，我們僅須同意兩點：㈠某些人的日子過得比別人好；㈡這些差異以某種類似定律、不全然武斷的方式與人腦及世界的狀態產生關聯。爲了使這兩個前提不那麼抽象，設想一下兩種近乎極端形態的生活案例：

壞的生活

妳是位年輕的寡婦，一輩子都活在內戰中。今天妳七歲大的女兒在妳眼前被強姦和肢解了。更糟的是行兇者是妳十四歲的兒子，他是在一票前來招兵買馬、嗑了藥而糊塗的士兵對他揮著開山刀的驅使下犯下罪行的。妳現在正赤腳往叢林裏跑，兇手們在妳背後追趕。這天雖然是妳這輩子最壞的一天，但跟妳一生的其他日子相比，也並非完全脫節：從妳誕生的那一刻起，妳的世界就一直是個殘酷與暴力的劇場。妳從沒上過學，沒洗過熱水澡，也沒走出過叢林的綠色地獄。連妳所認識的最幸運的人也難得從長期的饑饉、恐懼、冷漠、混亂中稍微喘口氣。不幸的是，即使按照這些淒慘的標準，妳還是非常倒楣。妳的一生一直面臨漫長的危急狀態，而現在就快過去了。

好的生活

跟妳結婚的是妳所遇過最親愛、最聰明、也最有魅力的人。你們都擁有能激發知性、經濟報酬值得的事業。幾十年來，妳的財富和社會關係允許妳致力於能帶給妳高度滿足感的活動。妳快樂的最大泉源之一，就是想出有創意的方法來幫助人生中沒有妳好運的人。事實上妳剛贏得一筆十億美元的補助金去造福發展中國家的兒童。如果被問起，妳會說妳絕不能想像妳的時間還能用得更好。由於好的基因和最佳機遇的組合，妳和妳的親朋好友都會過著長久、健康的生活，不受犯罪、突發的喪親之痛、以及其他不幸事件的波及。

我所挑選的例子雖然是概括性的，但卻很眞實，它們代表了某些人此刻很可能正在過的生活。雖然一定還有別的生活方式能夠延展上述苦難與幸福的範圍，我想這兩個例子指出了原則上我們大部分人所能接觸的一般經驗範圍。我也認爲不容爭辯地，至少對我們自己以及對跟我們親近的人而言，我們的人生絕大部分該怎麼過，沒有什麼預測根據比壞的生活與好的生活之間的差別更重要。

讓我乾脆承認，如果你看不出這兩種生活之間的區別值得評價（上述前提一），那不管我怎麼說，都不可能吸引你到我的道德風景的觀點。同樣的，你如果承認這兩個生活是有不同，其中一個當然比另一個好，但你相信這些差異和人類行爲、社會條件、或大腦狀態等沒有定律般的關係（上述前提二），那你也未能看出我論證的要點。我雖然不認爲前提一或前提二能被合理的懷疑，但就討論這些議題的經驗而言，無論這種懷疑看起來有多牽強，我還是應該予以談論。

其實眞有人宣稱，他們對壞生活與好生活之間的差別全然無感。我甚至遇過有人竟然否認有任何差別存在。他們雖然會承認我們習慣上的所言所行彷彿有個經驗的連續體，其一端可以用像「苦難」、「恐怖」、「煎熬」、「瘋狂」等等之類的詞語來形容，另一端則爲「安康」、「快樂」、「和平」、「福氣」等等；但當對話轉到哲學與科學的題材時，這種人會說出很有學問的東西，比如：「可是，那其實只是我們玩弄某種語言遊戲的方式而已，它並不意味在真實上有所差別。」我們希望這些人在面對人生的困難時，也能如此氣定神閒。事實上，他們也經常會使用像「愛」和「幸福」之類的詞彙；但我們不禁質疑，這些詞彙若不隱含偏愛「好生活」更甚於「壞生活」的話，還能表達什麼意思。任何聲稱看不出這兩種生活狀態（及其相伴的世界）之別的人，應該有同樣的機會隨便分派任何一種生活方式給自己和自己所「愛」的人，並都管其結果叫作「幸福」。

問問你自己，如果壞的生活與好的生活之別對一個人無所謂的話，那還有什麼對他能有所謂？用最寬的尺度來表達的話，能想像還有什麼可能比這個差別更令人在乎的嗎？如果有個人說：「好吧！我是可以把世上所有七十億人普渡到好的生活，可是我另有要事」，我們對他會怎麼想呢？還有可能有其他要事嗎？任何眞正的要事不是最好在好生活所提供的自由和機會中完成嗎？即使你正巧是個受虐狂，幻想偶爾被開山刀逗弄，那這個慾望不還是最好在好生活的脈絡中滿足嗎？

想像一下某人把所有精力用在盡可能的把更多人移向壞的生活，同時有另一個人同等的致力於消解這個損害而把人們往相反的方向移動：你能想像你或你認識的任何人能忽視這兩項工程的差別嗎？有任何把它們或它們根本的動機混淆的可能性嗎？難道這些差別不必然有客觀的條件嗎？例如：假使一個人的目標是把全部人口穩當安置於好的生活，那不會有或多或少更有效的方法來做此事嗎？強迫少年們去強姦與殺戮其女性親屬，有可能放進這個圖像裏嗎？

我並不想過於囉唆，但這點太重要了——而且在受過教育的圈子裡有個普遍的假設，即這種差別要麼不存在，要麼就是變異太大、太複雜、或太具文化獨特性了，因而無法容許一般性的價值判斷。然而，一個人一旦承認壞生活與好生活的差別跟人腦狀態、人類行為、以及世界狀態有定律性的關聯，他就得承認道德問題的答案有對有錯。為了確實釐清此論點，請容我再檢視幾種反對意見：

如果置於更大的脈絡底下來看，壞的生活其實比好的生活還好——例如：假使那些孩子兵因為已經將其罪行淨化，或者已經學會用對的名字叫真主，於是在某種來世獲得更大的快樂，但那些過「好生活」的人卻在某實質的地獄中永遠被折磨——那又當如何？

如果宇宙眞是用這種方式組織的話，那我的許多信念在審判日（世界末日）會被糾正。然而，我對事實與價值之關聯的基本主張仍然不受質疑。來生的獎懲只會改變道德風景的時間向度。如果以長久而論「壞的生活」眞的比「好的生活」還好——因爲它幫你贏得無窮的快樂，而「好的生活」只代表著預示永恆苦難前的一點愉悅——那「壞的生活」就當然比「好的生活」要好。如果宇宙運作的方式確實如此的話，那我們在道德上就有義務爲盡可能最多的人策劃出一個適當而具有價值的「壞生活」。在這樣的架構下，對道德問題的答案還是會有對有錯，而且還是會按照有意識生物的經驗來評定。剩下來唯一需要商榷的是，擔憂宇宙可能用這麼古怪的方式來建構究竟有多合理。我認爲一點也不合理——不過那已是另一個不同的議題。

如果若干人會真的偏愛「壞的生活」甚於「好的生活」，又當如何？也許有精神變態者和虐待狂確實期待在「壞生活」的脈絡中蓬勃發展，並且覺得沒有什麼比拿開山刀殺人更快樂了。

像這樣子的煩惱不過提出了我們該如何臧否異議的問題。傑佛瑞・達莫爾（Jeffrey Dahmer）對日子過得好的主意，是殺死年輕男子、跟屍體性交、分屍，再留下屍塊當紀念品。對於精神變態的問題，我們在第三章會有更詳盡的說明。在此刻，我們只需注意在任何知識領域，都應該可以認定若干意見全然不值一提。其實，對於知識或專業而言，這樣的認定是**必需的**。那麼，爲什麼在人類安康的議題上就要有所不同呢？

任何不認爲「好的生活」比「壞的生活」更可取的人，不大可能對關於人類安康的討論會有什麼貢獻。在繁榮的公民社會脈絡中享受的仁慈、信任、創造力等等，比在充滿帶有危險病原之兇惡蚊蟲的悶熱叢林裏忍受內戰的恐怖要好，對此我們眞的必須爭辯嗎？我想不必。在下一章，我將論證任何會認眞堅持相反情況才對——或甚至**有可能**對——的人，若不是誤用了詞語，便是沒花時間去思索細節。

我們如果明天在亞馬遜發現了一個新的部落，沒有一個在世的科學家會**先驗的**假設，那些人一定享有最大的身體健康和物質繁榮。反而，我們會探詢關於這個部落的平均壽命、每天攝取的卡路里、死於分娩婦女的百分比、傳染病的流行程度、物質文化的呈現情況等等問題。這種問題會有答案，而且它們很可能揭露石器時代的生活蘊含若干妥協。不過這些歡樂的人喜歡對想像的神犧牲頭一胎孩子的消息傳來，卻使許多（甚至大部分的）人類學家去辯說該部落擁有另一套道德規範，其每一點滴都和我們自己所擁有的同樣有效與不可撼動。然而，我們一旦將道德與安康連結起來，我們就應認定該部落之成員在心理上和社會上所享受的滿足感，勢必與地球上的任何民族相當。我們對身體健康與心理/社會健康在想法上的差距，顯露了一個怪誕的雙重標準：一個基於我們對人類安康一無所知——或者更確切地說假裝不知道——來做預測的標準。

當然，有些人類學家拒絕追隨同僚墜下智識懸崖。羅伯特・埃傑頓（Robert Edgerton）用一整本書來對「高貴的野蠻人」神話驅邪，詳述了一九二〇年代與一九三〇年代最有影響力的人類學家——如鮑亞士（Franz Boas）、米德（Margaret Mead）、潘乃德（Ruth Benedict）等，有系統的渲染土著社會的和諧，並忽視了他們太常有的野蠻行徑，或者反射的歸咎於殖民主義者、商人、傳教士之類的惡性影響。㉓埃傑頓詳述了這種文化間只有差異的說法如何訂定了整個學科的路徑。從此，在道德方面對社會做比較就被視為不可能了。大家相信我們所能做的只是從某文化自身的角度出發，進而去理解與接受該文化。這種文化相對論變得極為根深柢固，乃至到了一九三九年，一位傑出的哈佛人類學家寫道，這種不置可否「或許是人類學研究對一般知識所做的最有意義的貢獻」。[24] 我們希望並非如此。總之，那是個我們還在掙扎著從中覺醒的貢獻。

許多社會科學家不正確地相信，所有由來已久的人類慣行一定是演化論上的「適者」，要不然它們怎能持續存在？因此，連最怪誕、最無任何效益的行爲——女性外陰切除、血債血償、殺嬰、虐待動物、瘢痕紋身（scarification）、纏足、食人俗、典禮性強姦、活人獻祭、危險的男性成年禮、限制孕婦和哺乳母親飲食、奴隸制、誇富宴（potlatch）、殺老、殉夫（sati）、造成長期饑餓與營養不良之對飲食和農業的非理性禁忌、用重金屬治病等等——在一些迷茫的民族志學者火熱的塗鴉中也被合理化，或者甚至理想化了。但一信仰體系或習俗的歷久並不表示它是適者，更別說明智。它只表明它沒有直接導致一個社會的崩潰或馬上置其施行者於死地。

密切留意基因（gene）與**模因**（meme）（例如信仰、觀念、文化慣行等）之間明顯的差異也是重要的。後者是**被溝通的**；它們並不隨著人類宿主的配子（gamete）旅行。因此，模因的存活並不靠它們對於個人或團體賦予了某種實際利益（生育的或其他方面的）。連續好幾個世紀，人們在減損其安康的理念和其他文化產物上的交流是相當可能的。

顯然，人們能採納一種沒必要損害其身體健康的生活形態——許多原始社會的平均壽命幾乎不到二十世紀中葉以降已開發世界的三分之一。㉕一個無知與孤立的民族可能損害自身的心理安康，其社會制度可能變成無謂的殘酷、絕望、迷信等的發動機，這些狀況為什麼不是同樣明顯？去想見某部落或社會懷有之對眞實的信仰，可能不僅是假的、而且可證明是有害的，這為何會帶來任何一絲爭議？

每個曾經存在的社會都必須藉由社會機制和組織來排解或遏抑人性的若干面向——嫉妒、地盤暴力、貪婪、欺詐、懶惰、作弊等等。如果所有社會——不論大小、地理位置、歷史地位、或成員的基因組合——在這方面的成就都是一樣好的話，那眞是個奇蹟。然而，文化相對論盛行的偏見卻假定了這種奇蹟發生過不僅一次，而是總在發生。

且讓我們花點工夫來釐清立場。從事實的觀點來看，一個人可不可能相信錯的事情呢？可能。一個人可不可能珍重錯的東西（也就是，在人類安康上相信了錯的事情）呢？我堅決主張答案是同樣強度的「可能」，因此在價值觀的建立上，科學應該增添智識上的協助。可不可能有些人無法想要他們應該要的呢？當然可能——正如總是有人無法掌握具體事實或相信若干眞實的命題。跟其他對心智能力或失智的描述一樣，這些終將回歸對大腦的陳述。

受苦能是好的嗎？

在道德風景中往上爬升有時需要受苦，這點似乎很清楚。或許也需要像內疚和憤慨之類的負面社會情緒。再一次，與身體健康的類比似乎有用：我們偶爾必須經驗一些不快——服藥、手術等等——以避免承受更大的苦痛或死亡。這個原則似乎適用於我們的整個人生。單單學習閱讀或玩一種新的運動，就能產生很深的挫折感。然而毋庸置疑地，獲得這些技能一般可以改善我們的生活。即便在極爲沮喪的時期，都可能導致更好的人生抉擇和創造性的視野。㉖這似乎是我們的心靈運作的方式。那就這樣吧！

當然，這個原則也適用於文明整體。單單對一個城市的基礎設施做必要的改進，就能對數以百萬計的人造成大大的不便。而總是可能有意想不到的結果。例如：現在地球上最危險的道路，似乎是喀布爾（Kabul）到賈拉拉巴德（Jalalabad）之間的雙線公路。它在還沒有鋪設路面、塡坑、和撒滿卵石前反倒比較安全；可是一旦某些愛幫忙的西方營造商改進它以後，當地阿富汗人的開車技巧就終於從物理法則中解放了。許多人現在有了在視線不良的彎道超越緩行卡車的習慣，結果只發現他們突然面對一無遮攔的千呎致命深淵。㉗從這種以進步爲名的誤判行爲中有沒有教訓可學呢？當然有。但它們並不會抵消進步的眞實性。由此再次顯現，「好的生活」和「壞的生活」的差異是何等清楚：對個人和團體皆然，問題都在我們如何穩當地往一邊移動而避免朝另外一邊沉淪？

宗教的問題

任何想理解世界的人都應該對新的事實和新的論證開放心胸，即便對於自身觀點已根深柢固的主題亦然。同樣的，任何對道德——對讓人們昌盛的行爲原則——眞正感興趣的人，應當對與快樂和受苦問題有關的新證據和新論證開放心胸。顯然，坦率論述的主要敵人就是所有形式的教條主義。教條主義是大家公認的對科學推理的障礙；然而由於科學家向來對價值規範敬而遠之，甚至連是否有置喙餘地的機會都不願想像，於是教條主義得以在宗教的旗幟下對眞理與善的問題享有非凡的尺度。

二〇〇六年秋天，我參加了索爾克研究所（Salk Institute）歷時三天的研討會，題目是「超越信仰：科學、宗教、理性、與存活」。這項活動由羅傑・賓厄姆（Roger Bingham）籌組，並以市政廳會議的形式面對聽眾與特邀嘉賓。演講者包括史蒂芬・溫伯格（Steven Weinberg）、哈樂德・克羅托（Harold Kroto）、理查・道金斯（Richard Dawkins）以及其他許多科學家和哲學家，他們自始至終都是對宗教教條主義和迷信的有力反對者。整個房間滿滿都是具備高度智慧、有科學素養的人——分子生物學家、人類學家、物理學家、工程師等——然而令我驚訝的是，對宗教與科學之間**到底有沒有任何衝突**的簡單問題，整整三天還不夠達成共識。想像一下一個山友的聚會，對他們的運動到底需不需要走上山都無法有一致性的意見，你就會感受到我們的研討顯得多麼怪誕。

在索爾克的會場上，我親聞科學家們提出了我所聽聞過最不誠實的宗教辯解聲音。平常聽人說教皇是無匹的理性捍衛者，他對幹細胞研究的反對，既是基於道德原則又完全未受宗教教條主義污染，是一回事；但這種說法若來自於身爲美國總統生醫倫理委員會（the President's Council on Bioethics）成員的史丹佛大學醫生，那又是另一回事。㉘研討會中，我有幸聽到了希特勒、史達林和毛澤東是世俗理性走火入魔的例子；殉教和聖戰的伊斯蘭教義並不是伊斯蘭恐怖主義的起因；由於生活在一個非理性的世界，所以人們不能被說服脫離他們的信仰；科學對我們的倫理生活沒有（也無法）做出重要貢獻；顛覆古神話並進而「剝奪人們的希望」，並不是科學家的工作——這全出於無神論科學家之口，他們在堅持自己強硬懷疑態度的同時，也同樣堅決的認為批評宗教信仰是沒用、魯莽乃至下流的事。在我們的小組討論中，數度使我想到《人體入侵者》〔又譯《天外魔花》（*Invasion of the Body Snatchers*）〕的最後場景：看起來像科學家的人，曾經發表科學論著，而且不久就要回去他們的實驗室，卻只要受到一丁點慫恿，就會為宗教蒙昧主義的外星人的嘶鳴發聲。我以前曾經想像過在我們的文化戰爭中，戰火前線應該位於各大教堂的門口；現在才明白，我們在更近的戰壕中還有相當多工作得做。

我已在別的地方立證，關於事實，宗教和科學是處於零和衝突。㉙在這裏，我已開始論證事實與價值的區分在知性上是維持不住的，尤其是從神經科學的角度來看。於是，我之所以認為在道德問題上信仰與理性之間沒有什麼妥協的餘地，也就沒有什麼好驚訝了。雖然宗教不是本書的主要焦點，任何對於事實與價值之間的關係、信念的本質、科學在公共論述中所扮演的角色等的討論，都必須繼續在宗教意見的負擔下詳細分析。因此我將在第四章更深入的檢視宗教與科學之間的衝突。

不過許多科學家覺得他們必須假裝宗教和科學是相容的，這並沒有什麼神祕之處。我們最近才從許多黑暗世紀的宗教迷惘與迫害中冒出頭來——我們有些人靠躍進、有些人靠曳腳而行、有些人則靠匍匐——進入一個主流科學還不時被一般大眾乃至政府公然以敵意對待的時代。[30]現在雖然很少西方科學家害怕被宗教狂熱分子施以酷刑或處死，但許多人，尤其在美國，仍擔憂他們如果冒犯了宗教會失去研究經費。此外在科學相對貧窮的現狀下，像坦伯頓基金會（the Templeton Foundation，他們的捐贈目前已立於十五億美元之譜）之類的闊氣機構，也似乎成功地說服了一些科學家和科學記者，把智識整合與古早世代的幻想徹底切割才是明智之舉。

由於對社會不公的補救並不容易，許多科學家和公共知識分子也相信，最好讓廣大群眾繼續被虔誠的妄想麻醉。許多人聲稱，雖然他們不需要一位想像的朋友就能過得很好，可是大部分的人類總是需要信仰上帝。根據我的經驗，持有這種意見的人，似乎從來不會注意到這種對他人——以及未來世代——的觀點是多麼高傲、沒想像力、以及悲觀。

這種良性忽視的策略——範圍從個人的偽善到沒必要的損害數以百萬計人的健康和

安全的公共政策——必須承受社會、經濟、環境、和地緣政治的代價。然而，許多科學家似乎擔心，批評人們的宗教信仰會啓動一場科學打不贏的思想戰爭。我相信他們是錯的。更重要的是，我確信我們最終在這件事上會無所選擇。零和衝突會越趨明確。

我們的處境是這樣的：如果宗教的基本主張爲眞，那科學的世界觀就極爲狹隘，又易受超自然變形到顯得近乎荒謬的地步；如果宗教的基本主張爲假，那大多數人就都對眞實的本質深感困惑，爲非理性的希望和恐懼驚惶失措，而往往會浪費寶貴的時間與注意力——還經常伴有悲劇的結果。這眞是科學能夠宣稱中性的二分法嗎？

大多數科學家對這些題目的敬重和紆尊，成爲公共論述中一個更大問題的部分：人們對信念的本質、對科學和宗教兩種思考模式間存在令人反感的鴻溝、或對道德進步的眞正來源等，往往都不說實話。關於我們在倫理上及精神上的眞實事物，就今日而言都是可被發現的，而且都可以用不會直接冒犯對世界之漸增理解的用語來談。把我們生活中最重要的特性，定錨於對古籍獨特神聖性的分歧說法、或對遠古奇蹟的謠言，是毫無意義的。無庸置疑的，我們如何談人的價值——以及我們如何研究大腦層次的相關現象，無論成功或失敗——將深刻影響我們集體的未來。

1 道德眞理

許多人相信，過去幾世紀以來的知性進程當中，存在一些因素要求我們不以「道德眞理」談論事物，因此無法進行跨文化的道德判斷——或者根本不做道德判斷。我曾在各種公共論壇討論過這個題目，也聽過數以千計受過高等教育的男女說道德是個神話，關於人類價值的陳述欠缺眞理條件（因此是無意義的），而像安康和苦難等概念定義極爲不清，或者極易受制於個人突發的奇想和文化的影響，乃至不可能對它們有所認知。①

這當中有許多人也聲稱，道德的科學基礎無論如何都達不到任何目的。他們認爲我們即便自知「善」和「惡」的觀念毫無根據，依然能與人類的邪惡搏鬥。看同樣的這些人爾後對明顯的惡行不敢直接譴責，總覺得很有趣。我不認爲一個人可以充分享受心靈的生活，直到看過一位知名學者，前一刻才宣稱道德相對論絕不會消滅我們促使世界成爲更好地方的承諾，然而才不過三十秒，又轉身去爲穆斯林婦女罩袍或女性外陰割禮的「情境」合法性辯護。②

所以很明顯地，我們在朝向道德科學的前景邁進之前，必須先清理一些哲學的爭執。在本章中，我試圖在大部分讀者對這種工程所具有的耐心極限內來這麼做。我鼓勵離開本節時還存有疑問的讀者可以參考一下書後的註釋。

首先，我想闡明我的一般論題：我並非提議，科學能對人們以「道德」爲名的所作所爲給予一個演化論的或神經生物學的說明。我也不是簡單的認定，科學能幫助我們得到我們想從生活中獲取的事物。這些都會是相當平庸的主張——除非有人正巧懷疑演化的眞理、心靈對大腦的倚賴、或科學的一般效用。我所要論證的是，科學能在原則上幫助我們瞭解我們應該做什麼或應該要什麼——也因而推想別人應該做什麼或應該要什麼，方得以過著可能的最好生活。我的主張是對於道德問題的答案有對有錯，正如對物理問題的答案有對有錯，而這種答案有一天可能落入成熟心靈科學所能企及的範圍。

我們一旦看出對於安康（定義得盡可能深刻與包容）的關懷，是道德和價值唯一可理解的基礎，我們就會明瞭一定有個道德的科學，無論終究是否能成功的發展出來：因爲有意識動物的安康端賴宇宙整體如何運作。在物理宇宙之變化及我們對它的經驗能被理解的情況下，科學應該越來越能使我們回答具體的道德問題。譬如：到底把我們下個十億美元花在根除種族歧視或根除瘧疾上比較好？一般而言，「善意的」謊言或者是閒言閒語，哪個對我們的人際關係比較有害呢？這樣的問題此刻似乎還無從掌握，但它們可能不會永遠如此。隨著我們逐漸瞭解人類如何能採取最佳的合作方式而在這個世界興旺發達，科學就能幫我們找出一條使最大多數人脫離最深的苦難淵藪並朝向快樂高峰的途徑。當然，對衡量若干行動的後果將會有現實的阻礙，而且不同的人生途徑可能在道德上是同等的（即在道德風景中可能有許多山峰），但我所要論證的是，談論**道德真理**本身在原則上並沒有障礙。

然而，在我看來，似乎大部分受過教育的世俗人士（而這包括大部分的科學家、學者和記者）都相信，並沒有什麼道德眞理——存在的只是道德偏好、道德意見，以及我們誤認爲是攸關對錯之眞實知識的情感反應。我們雖然能理解人類如何以「道德」之名去思索與行爲，但一般廣泛的想法卻認爲，道德問題並無有待科學去發掘的正確答案。

有些人堅持這種觀點，而把「科學」用極其狹隘的條件來界定，好像它跟建立數學模型或直接獲取實驗數據同義。然而這是誤把科學當成它的工具。簡單而言，科學代表了我們對理解這個宇宙發生了什麼事所做的最佳努力，而科學和其他理性思維間的界限，並不總是能劃分清楚。要進行科學思考，必須先把許多工具拿到手——對於因果的想法、對證據與邏輯融貫性的尊重、少許的好奇心和知性的誠實、從事可證僞預測的傾向等等——而這些都必須在憂心數學模型或具體數據之前早早就付諸使用。

許多人也搞不清楚用科學的「客觀性」來談人的條件是什麼意思。正如哲學家約翰・塞爾（John Searle）所言，「客觀的」（objective）與「主觀的」（subjective）有兩種截然不同的意思。③第一個意義與我們如何知道（即知識論〔epistemology〕）有關，第二個則與有什麼可知（即本體論〔ontology〕）相關。當我們說我們在「客觀」推理或陳述時，一般意味著我們免於明顯的偏見、對反對意見開放、認清相關事實等等。這是對我們**如何**思考提出主張。在這個意義下，對我們「客觀的」研究**主觀的**（即第一人稱的）事實並無障礙。

例如：說我此刻正好耳鳴（耳朵裏嗡嗡作響）是眞的。這是個關於我的主觀事實，可是我在陳述這項事實時是完全客觀的：我沒撒謊；我沒誇大其詞；我並非表達單純的偏好或個人偏見。我不過在陳述一個此刻我正聽到什麼的事實。我也去看過耳科醫生，確認了我右耳連帶的聽力損失。無疑的，我的耳鳴經驗一定有個可被發現的客觀（第三人稱）原因（很可能是耳蝸受損）。毫無疑問的，我能以科學的客觀性精神來談我的耳鳴，而且，的確，各種心靈科學大致靠我們能把第一人稱對主觀經驗的報導與第三人稱的大腦狀態聯繫起來。這是研究像憂鬱症之類現象的唯一方法：基底的大腦狀態必須參照一個人的主觀經驗來加以辨別。

然而，許多人似乎認爲由於道德事實與我們的經驗有關（而因此本體論上是「主觀的」），所有對道德的談話在知識論的意義上就一定是「主觀的」（即帶偏見的、僅僅是個人的等等）。這根本不是事實。我希望大家清楚當我談論「客觀的」道德眞理或人類安康的「客觀的」成因時，我並未否定正在討論的事實必定存有**主觀的**（即經驗性的）成分。我當然不是主張道德眞理**獨立於**有意識生物的經驗之外——就像柏拉圖式的「善」④——或者若干行動在**本質上**就是錯的。⑤我不過是在說，既然關於有意識動物所能經驗到最壞的苦難和最大可能的安康存有待知的事實——**真正的事實**——那麼道德問題之解答有對有錯的說法在客觀上就是眞的，無論我們在實踐上是否總能回答這些問題。

而且，正如我已說過的，關於現實本質的具體問題，人們始終未能區分**在實踐上有答案**和**在原則上有答案**之別。當思索科學對人類安康問題的應用時，至關重要的是我們不能忽略這個區別。畢竟有數不清的現象在主觀上是眞的，而且我們能客觀的（即誠實的和理性的）討論，但仍然不可能準確的描述。試想一下，人們在吹熄生日蛋糕上的蠟燭時，誠摯默許的那整套「生日願望」。我們能夠全盤記得這些沒說出口的念頭嗎？當然不能。許多人連回想起一個自己的生日願望都有困難。難道這意味著願望從來不曾存在，或者我們不能對它們做眞或假的陳述嗎？我如果說這每一個願望都是用拉丁文許的，都聚焦於太陽能電池板技術的改善，而且都靠人腦剛好一萬個神經元的活動所產生，你會怎麼想呢？是空洞的陳述嗎？不對，它描述得相當精細，但肯定是錯的。只有瘋子才會相信這樣的內容。顯然，我們能對人類（以及動物）的主觀性做出眞或假的主張，而且我們經常不用觸及相關事實，就能衡量這些主張。這是個完全合理的、科學的、必須經常去做的事。然而，只因爲對於人類經驗的若干事實不能輕易得知，或者可能永遠無法知道，許多科學家就會說道德眞理不存在。我希望表明的是，這種誤解對人類知識與人類價值之間的關係製造出很大的混淆。

另一件使道德眞理的觀念難以討論的事情是，人們設想共識時經常採取雙重標準：大多數人認爲科學共識的意思是科學眞理確實存在，而一些科學爭議只不過是尙須進一步探索的徵象；然而同一批人當中，許多人卻相信，道德爭議**證明**了不會有道德眞理這樣的東西，同時道德共識只表明了人類經常抱持同樣的偏見。顯然這種雙重標準操縱了反對普同性道德概念的局面。⑥

然而，更深入的議題是，眞理在原則上和共識毫無干係：有可能只有一個人是對的，而其他所有人都是錯的。共識可以導引我們發現世界究竟發生何事，但也僅僅如此而已。共識的存在與否絕不能制約什麼可能爲眞或可能不眞。⑦在科學界，一定存在某些物理的、化學的和生物學的事實是我們不知道的或認知錯誤的。同樣地，當談到「道德眞理」時，也一定有關於人類或動物安康的事實是我們不知道或認知錯誤的。在這兩種情況下，科學——以及普遍的理性思維——是我們能用來發現這些事實的工具。

而這裏就是眞正爭議的起點，因爲許多人強烈反對我的主張：道德與價值跟有意識動物安康的事實有所關聯。批評我的人似乎認爲，就價值而言，意識並不具有特殊的地位，或者任何意識狀態都有同樣的機會被賦予同等的評價。針對我的論證最常見的反對形態如下：

> 可是你還沒說**為什麼**我們**必須**在乎有意識生物的安康。如果有人想把所有的意識性生物折磨到發瘋的地步，我們如何認定他的「道德」層次跟你不同？

我雖然不認爲有人眞的相信這種道德懷疑論具有任何意義，可是絕對有不少人強調這點的猛烈程度，會常常被以爲是眞實的。

且讓我們從意識的事實著手：我想我們能夠只透過推理就知道，意識是唯一可理解的價值領域。其他還有什麼選擇？我請你試著設想一個與有意識生物的（實際或潛在的）經驗絕對無關的價值來源。花點工夫想一下這會涉及什麼：不管這個替代選擇是什麼，它都無法影響任何動物（無論此生或來世）的經驗。把這樣東西放進一個盒子，你在盒子裏所有的（**就定義而言**），似乎就是宇宙中最無趣的東西了。

所以我們應該花多少時間來爲這樣一個超驗性的價值來源操煩？我想，我花在打出這句話的時間就已經太多了。所有其他的價值觀念都會和有意識生物實際或潛在的經驗產生關聯。所以我主張意識是人類價值的基礎，而道德並不是個獨斷性的起點。⑧

現在我們已經把意識攤上桌了，我進一步的主張是「安康」的概念掌握了我們能在知性上賦予價值的一切。而「道德」——無論人們對這個詞的聯想爲何——真的攸關於能夠影響有意識動物安康的意圖和行爲。

關於這點，宗教的道德律概念經常被提出來做爲反例：因爲被問到爲什麼遵循上帝法則很重要時，許多人會狡黠的說：「爲其自身之目的」。當然，這種說法是可能的，但似乎是個既不誠實又語無倫次的主張。如果一個更有力的上帝會因爲我們遵循耶和華的律法而永世處罰我們，那怎麼辦？如此一來，「爲其自身之目的」去遵循耶和華的律法還有意義嗎？無法忽視的事實是：信教者跟其他任何人一樣熱切尋覓幸福並規避苦難，只是他們許多人正好相信，意識經驗中最重要的變化發生在死後（即在天堂或地獄）。而雖然猶太教有時被當作例外——因爲它傾向於不把重點放在來世——但希伯來聖經說得極爲清楚，基於不守教義的負面後果的考量，猶太人應該遵循耶和華的律法。

不信上帝或來世但仍認同宗教傳統很重要的人，之所以相信上述說辭，是因爲這樣過活似乎能對他們的安康或別人的安康有所貢獻。⑨

因此宗教的道德理念並不是我們對安康普遍關懷的反例。所有其他的哲學努力，或以責任、公平、正義及其他原則來描述道德，即便沒有與有意識動物的安康產生明顯關聯，最終還是汲取了安康的構想。⑩

由此立即引發出許多懷疑，全端賴於「安康」一詞可能意味著什麼怪誕又狹隘的見解。⑪我想，一般人認爲重要的事情——像公平、正義、悲憫、及對人間現實的知覺——絕大部分將有助於我們創造一個欣欣向榮的全球性文明，因此對人類的更大安康不可或缺，關於這點應該少有懷疑的餘地。⑫而正如我先前所言，個人和社群的茁壯成長可能有許多不同的途徑——即道德風景中的許多峰巒——因此人們如何在生命中獲致深層滿足的方式若眞存有多樣性，那麼這種多樣性就能在科學的脈絡中加以說明並受到尊重。「安康」的概念就像「健康」的概念，確實是有待修正與發現的。然而，無論就個人或集體而言，我們到底有多大的可能得以獲致滿足呢？會產生這種幸福的條件——從基因組到經濟體系的改變——是什麼呢？我們根本不知道。

可是如果某些人堅持他們的「價值」或「道德」和安康毫無干係呢？或者，更實際一點，如果他們對安康的想法極爲獨特又深具局限性，以至於在原則上威脅到對其他所有人的安康，那又該如何呢？例如：如果一個像傑佛瑞・達莫爾那樣的人說：「道德風景中我感興趣的山峰，是能讓我謀殺年輕男子並和他們的屍體性交」怎麼辦？這種極爲特異的道德許諾之展望的可能性，是許多人對道德眞理的核心懷疑。

再一次，我們應該觀察有關共識意義的雙重標準：那些與我們沒有共同科學目標的人對科學論述根本沒有影響；可是，出於某種原因，與我們沒有共同道德目標的人卻使我們變得連談論道德眞理都不行。也許値得回憶一下，有些受過訓練的「科學家」同時也信奉聖經創世論，其「科學」思考之旨意乃朝向詮釋科學資料以切合聖經的創世記。這種人當然聲稱自己從事的是「科學」，可是眞正的科學家可直率地（而且的確有義務）指出他們誤用了該詞。同理，有人聲稱非常關心「道德」和「人類價値」，可是當我們看到他們的信念造成極大的苦難，就不該阻止我們直指其誤用「道德」一詞，或者說他們的價値觀是扭曲的。我們如何說服自己，在人生最重要的問題上，所有的觀點都必須同等對待？

想想天主教會吧：這個宣傳自己是宇宙中追求善的最大力量以及對抗邪惡之唯一眞正堡壘的組織。連對非天主教徒而言，其教義也廣泛的與「道德」和「人類價値」的概念相連結。然而梵蒂岡是個因婦女企圖當教士就開除、⑬但卻不開除強姦兒童的教士的組織。⑭它把施行墮胎以拯救母親生命的醫生逐出教會——即使那母親是個**被繼父強姦而懷了雙胞胎的九歲小女孩**⑮——但沒有開除過任何一個犯下種族大屠殺的德意志第三帝國的成員。我們眞的有義務認爲如此惡魔般的錯置優先次序是另類「道德」框架的證據嗎？不！看來天主教會在談避孕的「道德」兇險時，顯然也和他們談論聖餐化質說（Transubstantiation）的「物理學」時，同樣誤入歧途。在這兩個領域中，該教會對這個世界上値得注意的事情確實都荒誕的混淆了。

然而，許多人會繼續堅持我們不能談論道德眞理，或把道德定錨於對安康的深層關懷，因爲像「道德」或「安康」等概念必須參照特定目標或其他準繩來定義——而沒有什麼能防止人們對這些定義存有歧見。我可能主張道德眞的是關乎安康的最大化，而安康蘊含一個更大範圍的心理美德和有益身心的樂趣，可是別人也能自由地宣稱道德端賴於對阿茲特克神祇的崇拜，而安康的概念（如果還有一絲重要性的話）總蘊含著把一個嚇壞了的人關在地下室裏等候被犧牲。

當然，目標和概念性的定義是重要的。但這對所有現象以及我們可能用來研究它們的每個方法都成立。例如家父已經死了二十五年。我說「死了」的意思是什麼？「死了」的意涵有指涉特定的目標嗎？好吧，如果一定要找的話，是的——指涉了像呼吸、能量的新陳代謝、對刺激的反應等等目標。其實，「生命」的定義直到今天還很難確定，難道這就可以意味著我們不能以科學的方式研究生命嗎？不！即使有這種模稜兩可，生物科學還是蓬勃發展。「健康」的概念則更爲鬆散：其定義也必須指涉具體目標——沒有承受長期的疼痛、沒有不斷嘔吐等等，而這些目標卻持續在改變。也許有一天，我們對「健康」的看法會用現在無法認眞考慮的目標來界定（像自發的再生失去的肢體）。這難道意味著我們不能用科學研究健康嗎？

我懷疑世界上有任何人會想用這樣的問題來攻擊醫學的哲學基礎：「那所有不跟你同樣抱持避免疾病和早死這種目標的人怎麼辦？誰能說一個沒有疼痛、長期不衰老的人生是『健康的』？什麼使你以爲你能說服一名患有致命性壞疽的人不跟你一樣健康？」然而當我就人類和動物的安康談道德時，所面對的正是這類反對。人類的語言有可能爲這種懷疑發聲嗎？有！可是這並不意味著我們得予以嚴肅看待。

一位批評我的人這麼說：「品德相對於它出現的時與地。若你並非已經接受安康是一種價值，那麼似乎就沒有爲什麼我們**應當**提倡安康的論據。」做爲這個斷言的證明，他說我將無法說服塔利班人，他們看重的事情其實是錯誤的。然而，按照這個標準，科學的眞理也「相對於它出現的時與地」，而且無法說服不看重實證證據的人也**應當**重視它。⑯ 儘管演化已經被研究了一百五十年，可是我們還不能說服大部分美國人演化是項事實。這難道意味著生物學不是一門正當的科學嗎？

每個人都有個直覺的「物理學」，但我們的直覺物理學有很多是錯的（就描述物質行爲的目標而言）。只有物理學家對我們在宇宙中主宰物質行爲的法則有深刻的理解。我強烈主張每個人也都有個直覺的「道德」，但我們的直覺道德有很多分明是錯的（就把個人和集體的安康最大化的目標而言）。只有眞正的道德專家才會對人類與動物安康的原因和條件有深刻的理解。⑰ 是的，我們談到物理或道德時，必須有個目標來界定什麼是「對」什麼是「錯」，而這個準繩在這兩個領域是同等重要。是的，我清楚地認爲塔利班成員正在此世覓求安康（來世亦然）。可是他們的宗教信仰卻導引他們創造出一個對人類的興隆昌盛幾乎完全敵對的文化。無論他們以為他們想從生活中得到什麼——像保持所有婦女和女孩屈從與文盲——他們就是不瞭解，如果他們有不同的緩急輕重，生活會好過得多。

科學不能告訴我們爲什麼**科學上**我們應當重視健康。可是我們一旦承認健康是醫學的正當關切，我們就能透過科學來研究和促進它。醫學能解決關於人類健康的具體問題——而且連「健康」的定義本身還在持續變化的時候就能這麼做。的確，醫療科學在不知道其自身進步將對未來的健康概念改變多少時，就能做出了不起的進步。

我想我們對安康的關心甚至比我們對健康的關心還不需要理據——因爲健康不過是安康的許多面向之一。而我們一旦開始嚴肅思考人類的安康時，我們將發現即便「安康」的概念還在演化當中，科學依然能解決關於道德和人類價值的具體問題。

很重要的一點是，道德懷疑論者所提出之**激進的**理據要求，其實在科學的任何一個分支都不可能達成。科學是從理解宇宙實際運作過程的目標來定義的。我們能反過來要求科學爲此目標合理化嗎？當然不能。但這會使科學本身變得**不科學**了嗎？若眞如此，我們就是作繭自縛、被自己給拖垮了。

要證明我們對科學的定義正確是不可能的，因爲我們的證明標準將建立在我們所提供的證明上。什麼證據能證明我們應當重視證據？什麼邏輯能演示邏輯的重要性？[18]我們可能觀察到標準的科學比創世論的「科學」更能預測物質的行爲。可是我們對一位目標只在認證上帝話語的「科學家」又能說些什麼呢？這裏我們似乎陷入了一個僵局。然而，沒有人認爲標準的科學就必須使所有可能的異議啞口無言；那我們爲什麼要對道德的科學要求更多呢？[19]

許多道德懷疑論者虔敬地引用休姆對實然/應然（is/ought）的區別，彷彿那是衆所周知對於道德主題的最後說法，直到世界末日都屹立不搖。[20]他們堅稱對於我們應該做什麼或重視什麼的看法，只有從其他的「應然」脈絡中才能將之合理化，無法單從世界是怎樣的事實來證成。畢竟在一個物理和化學的世界，像道德義務或價值這樣的東西怎麼能眞的存在？例如：「我們**應該**對孩子好」怎麼可能在客觀上是眞的呢？

可是在思索道德選擇的脈絡中，這種「應然」的觀念區分是全然人爲的方式，而且容易造成毫無必要的混淆。其實它似乎是亞伯拉罕宗教另一個令人沮喪的產品——奇怪的是，它現在甚至束縛了無神論者的思考。如果這個「應然」觀念的意思是任何我們可能在乎的東西，都必須轉譯成對有意識生物的實際經驗或潛在經驗的關心（無論在此生或來世）。例如說，我們應該以仁慈對待兒童似乎等同於：如果我們這麼做的話，那每個人往往都會更好。聲稱他不想更好的人，要不是對於自己所爲——其實是所欲——有錯誤的判斷（即他不知道自己錯過了什麼），便是在撒謊，或者不知所云。堅稱自己是爲了與任何人的安康無關的理由而致力於善待兒童的人，其實也是完全說不通的。在這個脈絡下值得注意的是，亞伯拉罕的上帝從未告訴我們要善待兒童，可是祂的確叫我們要把回嘴者殺掉（出埃及記二一：一五、利未記二〇：九、申命記二一：一八～二一、馬可福音七：九～一三、馬太福音一五：四～七等）。然而，每個人都覺得這個「道德」誡命完全是荒唐的。也就是說，沒有一個人——包括基本教義派的基督徒和正統派的猶太教徒在內——能夠完全忽視道德與人類安康的連結，即便眞的受制於上帝的律法。㉑

衆人皆承受之最大可能的不幸

我論證了價值僅相對於有意識動物安康的眞正變化和潛在變化而存在。然而，如我先前所言，許多人似乎對「安康」的概念有著奇怪的聯想——幻想它跟正義、自主、公平、科學的好奇心等原則相左，其實根本沒有。他們也擔心「安康」的概念定義不清。我已經多次指出，爲什麼不認爲這是個問題（就好像「生命」和「健康」等概念不是問題）。然而，値得注意的是，普同的道德觀念可以參照意識經驗光譜的負面極端來定義：我稱這個極端爲「衆人皆承受之最大可能的不幸」。

即使每個有意識生物在道德風景中都有個獨一無二的低谷，我們仍能設想一個宇宙的狀態，在其中大家都受到了他或她（或牠）所可能遭受的最大痛苦。如果你認爲我們不能用「壞」這個字眼來描述，那我就不知道「壞」對你而言會是什麼意思了（而且我也不認爲你知道心目中的意思究竟爲何）。我們一旦設想出「衆人皆承受之最大可能不幸」，那就能進一步談談走向此深淵之漸進過程：所有人類同時在地球上的生活都變壞是什麼意思？注意，這不需要與人們實施之文化制約的道德信條有任何干係。也許是一種神經毒性的粉塵會從太空降到地球而使每個人都極不舒服。我們所需要想像的只是一個情節，在其中每個人都損失一點點，或損失很多，而沒有補償性收益（即無人學到任何重要的教訓、無人從別人的損失中獲利等等）。如果「壞」這個字眼有任何意義的話，使每個人都更糟的變化以任何理性的標準來說，都可以合理地稱之爲「壞」，這應該是沒有爭議的。

我們只是要找一個立足的起始點而已。在道德領域，最好避免會使衆人承受最大可能不幸的行爲方式——我認爲，從這樣的前提出發是安全的。我並非聲稱大部分的人在乎所有意識性生物的經驗；我想說的是，一個所有意識性生物都承受最大可能災難的宇宙，比不上一個他們在其中經驗安康的宇宙。這是我們在科學脈絡中對「道德眞理」所需要談的一切。我們一旦承認絕對苦難和絕對昌盛的極端有所不同——無論這些狀態對每個特定生物最終等同於什麼——而且端賴關於宇宙的事實，那麼我們就等於承認了道德問題的答案有對有錯。[22]

沒錯，當我們問以下這樣的問題時，會產生眞正的道德困難：「我對別人的孩子應該付出多少關懷？爲了幫助有需要的人，我願意犧牲多少？或者應該要求自己的孩子犧牲嗎？」我們本性上就並非不偏不倚的——而我們的道德推理有許多必須應用到我們跟他人之間的緊張關聯：我們關心自己、關心與我們親近的人，但也同時擁有想要更致力於幫助別人的道德感，這中間勢必產生一些衝突。然而，即便在這個脈絡底下，「更好」

一定還是指眾生經驗中的正向變化。

想像一下地球上只住了兩個人：我們可以叫他們亞當和夏娃。顯然我們可以探究這兩個人如何把他們的安康最大化。對於這個問題，有錯誤的答案嗎？當然有！（錯誤答案一：用大石塊砸爛彼此的臉。）而雖然有方法能使他們的個人利害陷入衝突，但大部分解決兩個人在地球上如何興旺的辦法不會是零和的。當然**最好的**解決辦法絕非零和。是的，這兩個人可能看不清更深層合作的可能性：舉例而言，他們可能企圖殺掉對方。這樣的行為是**錯**的嗎？是，如果「錯」的意思是他們放棄了更深刻和更持久的滿足泉源。地球上的一對孤男寡女如果能認知其共同利益——像覓食、建造棲身處、及對抗較大的猛獸以自保等——生活就會過得更好，這麼說似乎沒有爭議。假如亞當和夏娃夠勤勉的話，他們或許能實現探索世界、繁衍人類子孫、以及創造科技、藝術、醫學等的好處。穿越這個由各種可能性形塑的風景，有好的路徑和壞的路徑可選擇嗎？當然有。事實上，給予他倆個別的頭腦結構、環境中當下的事實、以及大自然的法則，按照定義，這兩個人既有朝向最壞苦難的途徑，亦有朝向最大滿足的途徑。這裏的基底，事實上是與這唯二存在的兩個人的經驗有關的物理學、化學、生物學事實。除非人心與物理學、化學、生物學原則可以完全分離，任何關於亞當與夏娃的主觀經驗（無論是否有明顯的道德色彩）都是關於（部分）宇宙的事實。[23]

在談論亞當和夏娃的第一人稱經驗時，我們談的是大腦狀態與環境刺激之間的一個極其複雜的相互作用。無論這些過程有多複雜，它們顯然多多少少都能被理解（即關於亞當和夏娃安康問題的答案有對錯）。即便有一千條路使這兩個人成功，也有許多路會使他們活不下去——在安康的山巔上盡情享受與在自相殘殺恐怖的低谷中潦倒，其間的差別將轉譯成科學上能理解的事實。爲什麼一旦在這個實驗中加了六十七億人以後，對的答案和錯的答案之間的差別就突然消失了呢？

把我們的價值奠基於一個意識狀態的連續體——在其深處的一點上代表著**眾人皆承受最大可能的不幸**，而在其他各點則爲不同程度的安康——似乎是唯一可在其中設想價值和道德規範的正當脈絡。當然，任何人若有另一套替代性的道德公理，大可自由提出，這就跟人們可以自由按照自己想要的任何方式定義「科學」一樣。可是有些定義會沒用，或者更糟——當前有許多對「道德」的定義糟糕到遠在心靈科學尚無任何突破之前，就知道它們在關於我們該如何在這個世界生活的嚴肅交談中沒有任何地位。三K黨騎士（the Knights of the Ku Klux Klan）對粒子物理學、細胞生理學、流行病學、語言學、經濟政策等等，都沒有任何有意義的話好說。怎麼他們對人類安康議題的無知就會比較不明顯了呢？㉔

一旦認同任何價值討論必須放置在意識中方能顯現意義的脈絡，我們就必須承認，對於有意識動物的經驗能如何改變存在有待知悉的事實。人類安康和動物安康是自然現象。做為自然現象，它們在原則上就能用科學的工具研究，並以或多或少的精確性來談論。豬比牛在被牽去宰殺時更痛苦嗎？總括而言，如果美國單方面放棄所有核子武器，人類會更痛苦還是更不痛苦？像這樣的問題是很難回答的。但這並非意味著它們沒有答案。

很難或不可能準確地知道如何把人類安康最大化的事實，並不代表這麼做的方式沒有對或錯，也不代表我們不能排除若干明顯為錯的答案。例如：個人自主和共同福祉之間常有衝突，而許多道德問題其實就是如何把這些相互競爭的價值排定優先順序。然而，自主給人們帶來明顯的效益，因此是共同福祉的一個重要成分。決定個人權利與集體利益之間到底該如何平衡，可能非常困難，或者可能有一千種產生同等效果的方式可以去做，但這樣的事實並不意味著就沒有客觀上糟糕的行事方法。對某些道德問題很難獲致精準的答案，並不代表我們必須遲疑對塔利班進行道德譴責——這不僅是個人的譴責，而且是從科學的觀點來譴責。一旦承認我們在科學上對人類安康知道了什麼，我們就必須承認某些個人或文化對人類安康絕對是錯的。

高掛「容忍」名義的道德盲目

誰都可以自由地看重任何東西，這個膚淺想法會衍生出非常實際的顧慮——後果最嚴重的是，這讓飽受教育的、世俗的、原本立意良善之人，在面對像強制戴面紗、女性外陰切除、燒死新娘（譯按：因新郎嫌嫁妝太少）、逼婚、以及其他施行於別處之另類「道德」的歡愉產物時，會若有所思，甚至猶豫不決，不敢直接譴責。休姆「實然／應然」區別的熱情追隨者，似乎從來沒察覺其中的利害關係，他們看不出這種對道德差異的知性「容忍」促成了悲慣的徹底失敗。雖然對這些議題的辯論大部分得根據學術性的說法，但這不只是個學術辯論。此刻正有許多女孩因為敢學習閱讀，或者不願意嫁給素未謀面的男人，甚或爲了被強姦的「罪行」，就被酸液毀容。令人驚嘆的是，有些西方知識分子被要求從哲學立場來爲這些慣行辯護時，眼睛連眨都不眨一下。我有一次在某個學術會議演講，談論類似本書的主題。演講快結束時，我做了一個自認爲難以抗駁的論斷：我們已經有適當的理由相信，若干文化比其他文化更不適於把安康極大化。我舉出塔利班冷酷的厭女症和宗教詐欺做爲似乎不完全利於人類昌盛的例子。

沒想到，在科學會議貶抑塔利班竟然會惹來爭議。在我結束談話時，我與另一位受邀的演講者辯論起來，乍看之下，她所處的立場應能有效的推論科學對道德理解的含義。事實上，這個人後來被選入美國總統生醫倫理研究委員會，而現在則是歐巴馬總統特派的十三人顧問小組之一，專門探討「生物醫學及相關科技領域進展所可能滋生的問題」，以確保「科學研究、衛生保健服務及科技創新能擔負起道德上的責任」。㉕以下是我倆對話的片段，幾乎一字不漏：

她：什麼使你認為科學能說強迫婦女穿罩袍是錯的？

我：因為我認為對錯是增加或減少安康的事情——而顯然強迫一半的人口在布

袋裏生活，她們如果拒絕的話，就對她們或殺或打，這不是把人類安康最大化的好策略。

她：可是那只是你的意見。

我：好吧……讓我們舉更簡單的例子。如果我們發現有個文化在儀式上把每第三個孩子弄瞎，即當他（她）出生時真的把他（她）的眼珠挖出來，那你同不同意我們找到了一個非必要性減低人類安康的文化？

她：那得看他們為什麼那麼做而定。

我（**慢慢地把眉毛從後腦勺翻了回來**）：假設他們是在宗教迷信的立場這麼做的吧。在他們的經文中，上帝說：「每個老三必須在黑暗中行走。」

她：那你就永遠不能說他們錯了。

這種意見在象牙塔裏並非特例。跟我說話的是位女士（很難不覺得其性別使得她的觀點更令人不安），才剛給聽衆進行一場清晰的演講，談論神經科學中新進發展的一些道德含義。她擔心我們的情報機關未來可能會爲了測謊而利用神經科學技術，這很可能侵犯了認知自由。她特別感到不安的是，我們的政府可能爲了使被俘的恐怖分子更加合作，而讓他們接觸到含有荷爾蒙催產素的噴霧劑。㉖她雖然沒說，但我懷疑她甚至會反對讓這些囚犯去聞剛烤好的麵包，因爲已經證明麵包香氣具有同樣效果。㉗在聽她演講時，我還沒察覺她對強制戴面紗和儀式性剜眼球的自由派觀點，只以爲她有點過於謹愼，可是基本上是位明智的、口才伶俐的科學倫理權威。我必須承認，一旦開始交談後，我就瞥見了在這些議題上有個可怕的鴻溝將我們徹底隔離。我發現自己不能再跟她多說一句話了。事實上，這段對話是在我神經生物學上的兩個習慣動作中結束：我的下巴貨眞價實地往下大開，接著用腳後跟轉身，掉頭就走。

人類雖然有不同的道德準則，每個競爭性的觀點都認定自己具有普遍性。這點似乎連道德相對論亦然。雖然很少哲學家會呼應「道德相對論」之名，可是只要科學家或其他學者面對道德多樣性時，局部性的相對論觀點就經常爆發出來。依其論點，在〔美國〕波士頓或帕羅奧多（Palo Alto）穿罩袍也許不對，可是我們不能說穆斯林在〔阿富汗〕喀布爾穿是錯的。要求一個古文明的居民順應我們對兩性平等的觀點，這在文化上是帝國主義，在哲學上是幼稚的。認同此說法的人普遍得令人吃驚，尤其在人類學家之間。[28]然而，道德相對論往往自我抵觸。相對論者可能說道德眞理只相對於特定的文化框架而存在——可是這個對道德眞理地位的主張卻標榜跨越所有可能的框架皆眞。在實踐上，相對論幾乎總是相當於聲稱因爲沒有道德眞理能彼此取代，所以我們必須容忍道德差異。然而這種對容忍的許諾被提出時，並非表達自身只是數個同樣有效的相對偏好（relative preference）之一。反而，容忍被認爲比不容忍更符合道德的（普同）眞理。這裏的矛盾眞是令人吃驚。在深深傾向於建構普同性道德主張的情況下，我想我們可以合理懷疑一貫的道德相對論曾經存在過。

道德相對論顯然是基於對西洋殖民主義、本族中心主義、及種族歧視進行知性補償的企圖。我想，這是對它所能說的唯一體諒的話。我希望讀者能夠明白，我並不是在爲西方及其他原則上更開明的文化特性辯解。反之，我爭論的是關於人類昌盛的最基本的事實，就跟其他大部分的事實一樣，必須超越文化。而如果眞有文化建構的事實存在——例如學習一種特定語言或在臉上刺青會根本改變人類經驗的可能性——那麼這些事實也出自超越文化的（神經生理）過程。

史蒂芬・平克在其精彩著作《白板》（*The Blank Slate*）中，引述了一段人類學家唐納德・賽蒙斯（Donald Symons）的話，充分掌握了多元文化主義（multiculturalism）的問題：

如果世界上只有一個人按住一個嚇壞了、掙扎著、尖叫的小女孩，用骯髒的刀片割掉她的外陰，再縫起來，只留一個小洞讓尿液和經血流出，那唯一的問題就是該對此人施以多重的處罰，以及死刑是否足夠。可是當數以百萬計的人這麼做的時候，即使嚴重性放大了好幾百萬倍，它卻突然變成「文化」了，因此神奇的變得更不可怕而不是更為可怕，甚至會有包括女性主義者在內的一些西方「道德思想家」為它辯解。㉙

正是這種有學問的混淆（我忍不住想說「有學問的精神錯亂」），才讓普同道德需要仰賴宗教信仰的支援以增添可信度。事實和價值必須涇渭分明的觀念，在世俗自由主義底下開了個大坑洞——導引出道德相對論和深到自虐程度的政治正確。想想「容忍」的擁護者反射性地責怪薩爾曼・魯西迪（Salman Rushdie）為自己惹來追殺令，或者阿揚・

希爾西・阿里（Ayaan Hirsi Ali）爲自己惹來不斷的安全顧慮，或者丹麥的漫畫家引發衆多「爭議」，你就會明白，教育良好的自由派會認爲人類價值沒有普同性的基礎，到底是怎麼一回事了。在西方的保守派之間，對理性力量的相同懷疑，很多時候直接牽連到宇宙的救世主耶穌跟前。本書的目的是想要在這個荒野中開出第三條路來。

道德科學

「科學主義」的指控沒多久就會到來。毋庸置疑，仍然有些人會拒絕任何不是先用五音步抑揚格傳達之對人性的描述。許多讀者或許也會擔憂，我意圖立證的內容是曖昧的，甚至是明顯的烏托邦式的。但並非如此，到了適當時機應該就會明白。

然而，對於科學權威性的其他懷疑甚至更根本。有些學者的整個學術生涯都建立在指控科學的基礎被各種偏見徹底腐蝕——性別歧視、種族歧視、帝國主義、北方觀點等等。女性主義的科學哲學家桑德拉・哈定（Sandra Harding），大概是這種觀點最有名的擁護者。根據她的說法，這些偏見已把科學逐入一個叫做「弱客觀性」（weak objectivity）的知識論死巷。要補救這個悲慘的情況，哈定建議科學家要馬上給予「女性主義的」、

「多元文化的」知識論應有的地位。㉚

首先，我們得小心別把這個相當瘋狂的主張和其神智清楚的表親搞混了：無疑地，科學家偶爾會展現出性別歧視與種族歧視。有些科學分支的組成分子仍然不成比例地是白人與男性（雖然有些分支現在不成比例地是女性），我們可以合理的懷疑偏見是否為主要因素。對於科學的方向與應用也有正當的問題可問：例如在醫學中，很清楚地婦女的健康問題有時被忽視了，因為人類原型一直被當成是男性。我們也能爭論婦女和少數族群對科學的貢獻曾偶爾被忽視或低估：羅莎琳德・佛蘭克林（Rosalind Franklin）屈居克里克（Francis Crick）和華生（James Watson）的陰影下，可能就是這樣的例子。但這些事實，無論個案或組合起來，或無論如何產生加乘效果，都完全不能表示我們對科學客觀性的理念因種族歧視或性別歧視而變得無效。

眞的有女性主義的知識論或多元文化的知識論這樣的東西嗎？當哈定終於透露女性主義的知識論不是只有一個而是有好幾個時，對其立論並沒有任何幫助。由此觀點出發，爲什麼希特勒的「猶太物理學」觀念（或者史達林「資本主義生物學」的想法）就不如一個能使知識論更爲豐裕的精彩洞識？我們現在應該考慮的，不僅是猶太物理學的可能性，而是猶太婦女的物理學嗎？這樣的把科學「巴爾幹化」，怎麼會是更進一步地朝向「強客觀性」（strong objectivity）呢？如果政治包容性是我們關切的主要重點，那這種對擴大科學眞理概念的努力要到哪裏才可能結束？物理學家往往對複雜的數學有不尋常的性向，沒有這種性向的人是不可能期待對物理學做出多少貢獻。爲什麼不也針對這種情況進行補救？爲什麼不爲微積分不及格的物理學家創造一種知識論？爲什麼不更大膽一點，爲因頭腦受傷而衰弱的人建立一門物理學？誰能合理期待這種對包容性的努力會增進我們對重力這類現象的理解？[31] 正如史蒂芬・溫伯格曾經針對懷疑科學客觀性的現象表達看法：「你必須非常博學才會錯得那麼厲害」。[32] 的確，有人就是錯得離譜——而且還不是少數。

然而，不容否認地，想把人類所有價值都化約到生物學的努力，可能產生愚蠢的錯誤。例如：當昆蟲學家威爾森（E. O. Wilson）（與哲學家邁克爾・魯斯〔Michael Ruse〕合作）寫道：「道德，或者更嚴格地說，我們對道德的信念，不過是一種適應的落實到位，用以促進人類的生殖目的」，就被哲學家丹尼爾・丹尼特（Daniel Dennett）正確地擯斥爲「胡說八道」。㉝我們的道德直覺可能授予我們的祖先一些適應益處的事實，但並不意味著當今的道德目的就是成功的生殖，也不代表「我們對道德的信念」只是個有用的妄想。（天文學的目的是成功的生殖嗎？那施行避孕又當如何？也全是關於生殖嗎？）它也不意味著我們的「道德」理念無法藉由自我瞭解的成長而變得更深刻、更精緻。

人類生活的許多普同特徵根本不需要被選擇；它們很可能生來就是如此。誠如丹尼特所言，可能只是由文化傳達的「好把戲」，或者是從所處世界中的規律性自然冒出來的「強迫舉措」。根據丹尼特的說法，有個基因知道你擲矛時得「尖的一端在前」是很可疑的；但同樣地，要說我們的祖先得花好多時間把這個知識傳授給接續的每個世代也是相當可疑。㉞

我們有好理由相信，我們以「道德」之名所做的許多事情——譴責性行爲不忠、處罰欺騙者、重視合作等等——是由天擇塑造之無意識的過程自然而生的。㉟但這並不意味著我們過深度滿足的生活是演化設計出來的。再次強調，我在談一門道德的科學時，指的並不是一種演化論的解釋，用來說明人們在從事自認爲「道德」的行爲時所產生的所有認知與情感過程；我指的是支配所有意識經驗可能範圍的科學事實整體。當我說關於道德和人類價值的眞理存在，其實就只代表有一些關於安康的事實等待我們去探索——這無關乎我們的演化歷史。雖然這種事實必然與有意識生物的經驗相關，它們不可能僅僅是任何個人或文化的發明。

因此，對我而言，至少有三個課題不該混淆：

一、我們能解釋為什麼人們傾向於在「道德」的名義下遵循若干思想與行為的模式（即便有許多顯而易見是愚蠢且有害的）。

二、我們能對道德真理的本質想得更清楚，並進而決定在「道德」的名義下**應該**遵循什麼思想與行為模式。

三、我們能說服在「道德」名義下矢志於愚蠢且有害的思想與行為模式者，放棄那些志向而去過較好的生活。

這些都是明確且值得個別努力的方向。大部分從演化、心理學、或神經生物學的角度來研究道德的科學家，都完全致力於第一個課題：他們的目標在於描述與理解人們如何根據憤怒、厭惡、同理心、愛、內疚、屈辱等等道德上顯著的情緒來思考和行爲。這種研究當然引人入勝，但並不是我的焦點。而雖然我們共同的演化起源及其衍生之生理類同現象，表明了人類的安康容許用科學理解的一般原則，我認爲這個課題跟第二、三個課題完全不相干。在過去，我常發現自己跟該領域的一些意見領袖衝突，因爲他們中有許多人，像是心理學家喬納森・海特（Jonathan Haidt），相信第一個課題代表了科學與道德之間唯一的正當接觸點。

我則相信第三個課題——改變人們的倫理承擔——是二十一世紀人性面臨的最重要任務。幾乎所有其他的重要目標——從對抗氣候變遷，到打擊恐怖主義，到治療癌症，到拯救鯨魚——都落入這個範圍。當然，道德勸說是個困難的事業；但我深覺，如果我們沒搞清楚道德眞理是在什麼意義下存在的話，那就會特別困難。因此我的主要焦點放在課題二。

要看出這三個課題的差別，最好考慮一下具體的例子：例如我們能對人類社會爲什麼往往把女人當作男人的財產給予一個言之成理的演化論說明；然而當若干人類社會的成長超越這個傾向而進行改變時，對是不是、爲什麼、及變好到什麼程度給予一個科學性的說明，就是另外一回事了；決定在歷史的這個時刻怎樣來改變人們的態度，以及在全球的尺度上給予婦女力量會達致最好的功效，則又完全是另外一回事了。

我們很容易看出，爲什麼研究「道德」的演化起源可能導致道德跟眞理毫無干係的結論。如果道德不過是一種組織人類社會行爲及緩和衝突的適應手段，那就沒有理由認爲，我們目前的是非感會反映出對眞實的本質有任何更深刻的理解。因此，狹隘地聚焦於人們爲什麼像現在這樣思考與行爲的解釋，可能導致一個人認爲「道德眞理」的觀念眞的無從理解。

不過値得注意的是，頭兩個課題對「道德」如何切入自然世界給了相當不同的說法。在課題一裏，「道德」是演化自始以來對我們錘成的衝動和行爲（以及伴隨而來之文化表現和神經生物學基礎）的集合。在課題二裏，「道德」指的是我們所能遵行得以將未來安康最大化的衝動和行爲。

舉個具體的例子：想像一下在健身房裡有個英俊的陌生人想誘惑另一個人的妻子。當那女子客氣地告訴這位愛慕者她已經結婚了，那無賴還堅持，好像快樂的婚姻對他的魅力不會是障礙。不久那女子就把談話打斷。不過其速度遠遠不及其他也符合物理法則的可能反應。

我現在是在對新近經驗的狂暴怒視下寫的。昨天當內人向我描述這件事時，我馬上認爲它在道德上是鮮明無疑的。其實她還沒說完第三句話，義憤的黑暗汁液已開始流過我的腦際——嫉妒、羞赧、憤怒等等——儘管只是涓涓細流。起初，我對那男子的行爲惱火——而且我懷疑如果我在場目睹的話，惱怒的程度會更大得多。如果那個唐璜在我面前也跟在我背後一樣不把我當一回事，我能想像這樣的情節會以肢體暴力收場。

要解說我在那個情況的反應，沒有演化心理學家會覺得困難——而且幾乎所有研究「道德」的科學家都會把注意力限制在這套事實上：我的內在猿猴原形畢露了，而任何我可能懷有的對「道德眞理」的念頭，都只是掩飾性的語言面具，眞正重要的是底層的動物性考量。我是一個演化史的產物，在那個歷史中，每個物種的男性一直都得防範其資源濫用到另一個男人的後代。如果用儀器掃描我的大腦，並把我的主觀感覺與神經生理學的變化連結起來，對這些事件的科學描述即幾近完備。課題一就這樣結束了。

可是一隻猿猴對其他猿猴中意其妻可能有許多不同的反應方式。如果此事發生在一個以名譽爲上的傳統文化，那嫉妒的丈夫可能會揍他太太，把她拖到健身房去，強迫她指認誰是追求者以便他能朝那人腦袋打一槍。事實上，在一個注重門風的社會裏，健身房的員工可能同情這個計畫，而幫忙安排一場適當的決鬥。或者做丈夫的會滿足於比較間接的行動，即殺死一名對手的親戚而啓動一場古典的血債血償。無論哪種情況，假設他自己沒在過程中被殺的話，他可能接著會殺掉太太以端正家風，結果使他的孩子失去母親。地球上有許多社群普遍施行這套男人法則，而甚至現在就有數以億計的男孩正開始在其腦海裏運行這套古老的軟體。

然而，我的內心顯露了一些不確定的文明跡象：其一是我以懷疑的眼光看待嫉妒心。更重要的是，我正巧愛妻子而且眞的希望她快樂，而這涵蘊了對其觀點進行某種設身處地的理解。多想想後，我能對她的自尊因爲那個男人的注意而提升感到高興；我也能對最近我們的第一個孩子出生以後她的自尊需要打氣的事實感到同情。我也知道她不想無禮，而這可能是使她從那個轉錯彎的談話脫身慢了點的原因。而且我也沒有自以爲是她在地球上唯一感覺有吸引力、會使她暫時分心的男人，我也沒想過她對我的忠誠必須包括將其注意力弄到不可思議的狹隘。那麼我覺得那男人怎麼樣呢？嗯，我還是覺得他的舉止令人反感——因爲我不能同情他想拆散人家婚姻的嘗試，而且我知道我不會像他那樣表現——可是我同情他肯定感覺到的其他所有事情，因爲我也恰巧認爲我的太太很漂亮，而且我知道在叢林裏當個單身的猿猴是怎麼回事。

最重要的是，我重視我自己的安康，以及我太太和女兒的安康，而且我想生活在一個使人類安康的可能性最大化的社會裏。課題二就在這裏開始了：對如何使安康最大化的問題，答案有對錯之別嗎？如果我對這椿插曲的回應方式是把太太殺掉，我的生活會受到什麼樣的影響？我們不需要一套完整的神經科學，就知道我的快樂以及其他許多人的快樂，會因此而大大縮減。那麼，在可能支持那種行爲的「名譽社會」中，人們的集體安康會如何？在我看來那些社會的成員顯然都更不好了。然而，如果我在這點上判斷錯誤，也就是說，事實上有辦法組織一個能達致相同程度之人類昌盛的「名譽文化」——那就隨它去吧。那將代表道德風景中的另一座山峰。再次重申，多重山峰的存在並不表示道德眞理僅僅是主觀的。

在道德風景的框架中，鐵定有許多人會有錯誤的道德構想，就像許多人有錯誤的物理概念一樣。有些人認爲「物理學」包括了（或者證實了）像占星術、巫毒教、順勢療法等實務領域。但這些人，不管以何種姿態出現，對物理學的看法根本是錯的。在美國，大多數人（百分之五十七）相信禁止同性戀者結婚是個「道德的」誡命。㊱然而，如果這個信念的立基點是錯誤的，也就是誤判了如何能把我們的安康最大化的觀念，那麼這種人對於道德的界定可能根本是錯的。數以百萬計的人把「道德」一詞當作宗教教條主義、種族歧視、性別歧視、或其他缺乏洞識和悲憫的同義詞，直到世界末日我們都不該被迫接受其用語。

獲取一個對人類心靈深刻的、一貫的、及完整的科學性理解，對我們有什麼意義？雖然還有許多不清楚的細節，但在我們對現世既知的條件下，迎面而來的挑戰是要開始理智的談論是非與善惡。這樣的對話似乎注定了會在未來的歲月裡，塑造我們的道德和公共政策。㊲

2 善與惡

也許沒有什麼比人類合作更重要的事了。每當緊迫性的憂慮——像致命的大流行病、小行星撞地球、或其他全球性的大災難——眼看著就要發生時，人類合作便是唯一的補救（如果還有得補救的話）。合作是構成有意義的人類生活和可行性社會的重要元素。因此，很少主題會比成熟發展之人類安康的科學更切題。

無論今天或人生中的任何一天，當你打開報紙，就會目睹從世界各個角落通報來的大大小小人類合作的失敗。這些失敗的結果不會因爲司空見慣就更不具悲劇性：詐騙、偷竊、暴力、以及與它們相伴而生的苦難，因無歇無止的誤用人類精力而產生。當我們考慮到在時間和資源有限的情況下，卻必須耗費如此高的比例來防範偷竊和暴力（還未針對其後果來談），就不免會將人類合作的問題視為唯一值得思索的問題了。①「倫理」和「道德」（對這兩詞，我會相互替換地使用）是我們對這些事情深思熟慮的概括名稱。②顯然，很少主題對人類安康的問題有更大的影響力。

隨著對人腦的運作更加瞭解，我們將越來越明白使朋友和陌生人得以對文明之共同課題成功合作的所有力量——慈悲、互惠、信任、對論述的開誠布公、對證據的尊重、對公平的直覺、對衝動的控制、對攻擊性的舒緩等等。以這種方式瞭解我們自己，以及用這種知識去改進人類生活，將是未來數十年在科學上最重要的一個挑戰。

許多人想像演化論蘊含做為生物性本能的自私。這個普遍的誤解對科學的名譽傷害很大。其實人類的合作及隨之而生的道德情感與生物演化是完全相容的。在「自私」基因層次的生物選擇壓力下，像我們這樣的動物自然會傾向於為自己的親人犧牲，只因為親人跟我們分享了同樣的基因：這個眞理反省起來雖然未必明顯，但你的兄弟或姊妹生育上的成功，在某種程度上就是你的。這個現象叫作**親族選擇**（kin selection），直到一九六〇年代才在威廉・漢密爾頓（William Hamilton）的著作中被正式分析，③但至少已暗藏於更早的生物學家的理解當中。據傳，霍爾丹（J. B. S. Haldane）有次被問到，他願不願意冒生命危險去救一個落水的兄弟，他俏皮地答道：「不願意，可是我願意救兩個兄弟或八個堂兄弟」。④

演化生物學家羅伯特・特里弗斯（Robert Trivers）關於**互惠利他**（reciprocal altruism）的著作，對解釋跟沒有親屬關係的朋友和陌生人之間的合作邁進很大的一步。⑤特里弗斯的模型納入了許多關於利他和互惠的心理因素和社會因素，包括：友誼、道學的攻擊（moralistic aggression，即處罰作弊者）、內疚、同情、感激等，以及連同模仿這些狀態以矇騙他人的傾向。正如最先由達爾文提出，而晚近由心理學家傑佛瑞・米勒（Geoffrey Miller）所闡述者，**性選擇**（sexual selection）也許進一步的鼓勵了道德行爲的發展。因爲美德對兩性都有吸引力，它可能被當作孔雀尾巴來使用：製造和保養的代價不菲，可是最終對一個人的基因有益。⑥

顯然，我們的自私與不自私間並不永遠存在利益衝突。其實，別人的安康，尤其是那些與我們親近的人的安康，是我們的主要（而且的確是最**自私的**）利益之一。雖然關於我們道德衝動的生物性還有很多地方尚待理解，但親族選擇、互惠利他、性選擇等解釋了我們並非僅僅受制於私利的原子化自我，而是演化成樂意爲共同利益服務的社會自我。⑦

若干生物特質似乎是由人類的合作潛能塑造出來並予以提升的。例如：不像地球上的其他動物，包括同目的靈長類動物在內，只有我們眼睛的鞏膜（sclera，包圍有顏色的虹膜的部位）是白色的並且是裸露的。這使得人正在注視哪裏很容易被偵測到，於是彼此間即便視覺注意力最細微的轉移也可能被察覺。心理學家邁克爾・托馬塞洛（Michael Tomasello）提出以下的適應邏輯：

> 如果我實際上會顯露眼睛注視的方向，那我處的社會環境一定充滿了不常想利用這個來害我的人，例如比我搶先取得食物或躲掉攻擊。的確，我一定是在一個合作性的社會環境，探隨我眼光的人多少對我有助益。⑧

托馬塞洛發現，連十二個月大的小孩也會跟隨別人的眼光，而黑猩猩往往只對頭部動作感興趣。他主張我們對注目方向獨特的敏感促成了人類的合作和語言發展。

雖然我們每個人都自私，但不是只有自私而已。我們自己的快樂要求我們把私利圈子延伸到他人——像是家人、朋友、甚至完全陌生的人，只要其愉悅和痛苦是我們在乎的。雖然很少有思想家比亞當・斯密（Adam Smith）更關注競爭私利在社會中扮演的角色，但連他都承認，我們每個人都深深關懷別人的快樂。⑨然而，他也同意我們對別人的關懷有其極限，而這些極限本身就是我們個人和集體關心的對象：

且讓我們假想龐大的中華帝國與其無數的居民突然被一場地震吞沒，再讓我們設想歐洲有位仁者，他跟世界的那部分毫無任何干係，當他接到這個可怕災難的情報時，會如何反應呢？我猜想，首先他會對那個不幸民族的厄運表達強烈的悲傷，會對人生的無常做出憂心忡忡的反省，想到人的所有勞動不過是鏡花水月，能在一瞬間就灰飛煙滅。如果他是個喜歡投機的人，或許也會開始做許多推測，考慮這場災難可能對歐洲商業產生的後果，以及對一般世界貿易和商業會造成怎樣的影響。而當這些美好的哲理全都思索過後，所有人道的情緒也已經表達得差不多了，他就會同樣輕鬆、平靜的追求其事業或樂趣，從事休憩或消遣，好像這樣的事故從沒發生一樣。然而，降臨己身最瑣碎的倒楣事反倒會惹起更真實的騷動。假設他知道明天會丟掉一根小指頭的話，今天晚上肯定會睡不著覺；可是只要他眼不見，哪怕一億個同胞毀滅了，他仍能安安穩穩地酣睡。對他而言，那麼大程度的覆滅比起自己微不足道的不幸，其實更無利害關係。因此，若為了免除自己這微不足道的不幸，在可以永遠眼不見為淨的情況下，一位仁者會願意犧牲一億同胞的性命嗎？人性會對這種想法感到震驚，而世界在最墮落和最腐敗的時候，也從未產生過一個敢這樣做的惡棍。可是，是什麼造成這個差別的呢？⑩

斯密在這兒可說比誰都更貼切地抓住了我們的反射性自私與更廣泛的道德直覺之間的緊張。關於我們的眞相再明白不過了：我們大部分的人幾乎在生活中的每一刻都被自私的慾望強力懾服；我們對自己痛楚和愉悅的注意簡直不敢稍有怠慢；只有最刺耳的無名受難者的哭嚎，才能引起我們的注意，而且稍縱即逝。然而，當我們有意識的反省我們應該做什麼的時候，一個仁慈、公正的天使似乎就在我們內心展開了祂的翅膀：我們誠摯的想要公平正義的社會；我們要別人實現他們的希望；我們希望離開世界時比初見它時更好。

人類安康的問題比任何明白的道德準則都更深刻。道德——就有意識遵守的規戒、社會契約、正義觀念等等而言——是個相對晚近的發展。這種公約最起碼得要求一種複雜的語言和與陌生人合作的意願，由此帶領我們超越霍布斯（Thomas Hobbes）的「自然狀態」一兩大步。然而，任何有助於減輕我們祖先自相殘殺苦痛的生物性變化，都會落入做為個人安康和集體安康指引的道德分析的範圍內。在此且把事情大大的簡化：

一、大腦的基因變化引起了社會情感、道德直覺、語言等……

二、這些容許了越來越複雜的合作行為、承諾的遵守、對自己名譽的關心等等……

三、這又變成文化規範、法律、社會制度等的基礎，其目的一直在於使這個成長的合作體系在面對抵消力量時能持久生存。

這樣的進化曾經以某種形態發生在我們身上，而且每個步驟代表了我們個人安康和集體安康不可否認的提升。當然，災難性的退化總是可能的。我們可能（由於設計或疏忽）運用辛苦贏得的文明果實，以及幾千年生物和文化演化造成之情感和社會的槓桿，把自己弄得比自然獨力所能造成的慘況更加徹底。想像一下，全球若都像北韓那樣，大部分饑饉的人民都被一個頭髮蓬鬆的狂人役使：這可能比一個充滿好戰南猿的世界更糟。在這個脈絡下「更糟」是什麼意思呢？正是我們的直覺所提示的：更痛苦、更不令人滿意、更容易導致恐怖和絕望，諸如此類。把這種不符現實的假設狀態拿來比較或許並不可行，但這並不意味著沒有經驗性的眞相可以比較。再一次強調，**實務性的答案**和**原則性的答案**之間有所差別。

我們一旦開始就安康來思索道德，就很容易看出一個跨人類社會的道德級系。且來考慮以下潘乃德對多布島民（Dobu Islanders）的說法：

> 在大多數社會，人們藉文化制度的約束而減輕憎恨敵對；相反的，多布族的生活方式與文化制度，卻在在使憎恨敵對達到最極端的地步。在他們心目中，這個宇宙充滿了險毒的情勢，人就是要在這種環境下求生存。根據他們的生活哲學，人類

社會與自然力量都充滿了惡毒的意圖；能夠找到對象發洩此意圖，斯為美德。生存就是一場劇烈的競爭，對立的雙方拚命爭取生活所需。猜疑和殘酷是最妥當的策略；既不憐憫別人，也不求人憐憫。〔黃道琳譯，《文化模式》，臺北：巨流，一九七六年，頁二一〇〕⑪

多布人似乎對眞正合作的可能性和對現代科學的眞理同樣盲目。雖然應該有數不清的事情値得他們注意——畢竟，多布人極爲貧窮且十分無知——但他們似乎把惡意的妖術當作主要的當務之急。每個多布人的首要興趣是對部落的其他成員下咒，以祈使他們生病或死亡，並希望用魔法佔用他們的收成。相關的咒語一般從舅舅傳下來而變成每個多布人最重要的資產。不消說，沒有這種繼承物的人咸認爲處境非常不利。然而，咒語可以購買，而多布人的經濟生活幾乎完全貢獻在交易這種荒誕的商品上。

部落的若干成員被理解爲擁有對特定疾病的成因和療法兩者的專利。這種人受人畏懼而不斷地被取悅。其實，連最平凡的活兒，大家也相信必須有意識的運用魔咒。連地心引力的作用也得用不懈的魔法補充；少了正確的咒語，一個人種植的菜蔬就可能會冒出土壤後憑空消失。

更糟的是，多布人想像好運符合嚴格的熱力學法則：一個人如果比鄰人種出更多薯蕷，他餘裕的收穫一定是透過妖術偷盜來的。由於所有的多布人都不斷努力用這種方法來偷取他人的收成，幸運的農夫就很可能用完全相同的眼光來看待自己的餘裕。因此豐收就等於「承認偷竊」。

這個貪婪和魔法思維的奇怪結合，製造出多布社會對祕密的完全癡迷。愛和眞正友誼的可能性無論還剩下什麼，都似乎被一個最終信條撲滅了：咸信一個人若與其意圖加害者的關係越緊密，妖術的力道便會隨之增強。這個信仰讓每個多布人對其他人產生熾烈的疑慮，而且對最親近者最烈。因此，如果一個男人生重病或死亡，他的不幸馬上會被怪罪到妻子頭上；反之亦然。整個圖像呈現出一個完全受制於反社會妄想的社會。

多布人愛他們的朋友和家人，如同我們愛我們的朋友和家人一樣深嗎？許多人似乎認爲這種問題的答案在原則上一定是「對」的，或者認爲該問題本身就是虛妄的。然而，我認爲很明顯地，這是個好問題，而且很容易回答。答案是「不」。做爲智人（Homo sapiens）同胞，我們必須認定多布島民的大腦跟我們類似到足以相提並論。多布人的自私和普遍的惡意會表現在他們的大腦層次，這有任何疑問嗎？除非你認為大腦除了從血液中過濾出氧和葡萄糖外不做別的事。我們一旦更充分地瞭解像愛、悲憫、信任等狀態的神經生理學，就有可能更詳細地闡明我們自己和多布人那類民族之間的差異。可是我們用不著等待任何神經科學的突破，就能看出一般性的原則：正如個人和團體可能對怎樣維持其身體健康犯錯一樣，他們在如何把個人和社會的安康最大化上也可能犯錯。

我相信我們將越來越根據科學而瞭解善惡、是非，因為道德關懷轉譯成了關於我們的思想和行為如何影響有意識動物的安康的事實。如果對這種動物的安康有事實可知——並且的確有——那麼對道德問題的答案，一定有對有錯。學哲學的人會注意到這使我承擔起某種形式的道德實在論（moral realism）（即道德主張確有眞假）以及某種形式的結果論（consequentialism）（即一件行為的正確性端賴它如何衝擊有意識動物的安康）。雖然道德實在論和結果論在哲學圈裏都承受不少壓力，但它們的優點在於能夠符應許多我們對世界怎麼運作的直覺。⑫

我的（結果論）起點是這樣的：所有關於價值的問題（是非、善惡等等），端賴於經驗這種價値的可能性。少了在經驗層次的潛在後果——幸福、受苦、喜樂、絕望等等——所有價値討論都是空話。因此，說一項行動在道德上是必要的、或邪惡的、或無可指責的，就是對它在有意識動物生命中的後果（無論實際的或潛在的）做（不言而喻的）斷言。我沒察覺這個規則有任何値得注意的例外。不用說，如果一個人爲取悅上帝或祂的天使而擔心，就假設了這種看不到的實體能夠意識（在某種意義下）並認知人類的行爲。同時一般也假設了無論在今生或來世，都有可能遭受祂們的天譴或享有祂們的恩允。因此，即便在宗教中，後果和意識狀態仍然是所有價値的基礎。

且考慮一下決定把自己跟一群異教徒一起毀滅的穆斯林自殺炸彈客的想法：這個看來是對結果論態度完全的否定。然而，當我們看看在伊斯蘭教中追求殉死的理據，就會知道這種行動的後果，無論眞的或想像的，都完全是關鍵所在。立志當烈士的人期待取悅眞主並經驗死後的永恆快樂。我們如果完全接受傳統伊斯蘭教形而上學的預設，則必須將殉道看成是事業升進的終極嘗試。烈士也是最偉大的利他主義者：因爲他不僅爲自己在樂園中取得一席地位，也爲七十位與他最近的親人取得了入園門票。立志當烈士者也相信，他們正在地球上推動眞主的工作，能由此獲致生命欲求的結果。我們對這些人怎麼想知道很多——的確，他們不停地宣揚他們的觀點和意圖——全都離不開相信眞主在古蘭經和聖訓（hadith）中確切告訴他們的，若干思想和行動的後果將是什麼。當然，要說我們的宇宙是設計來獎賞那些既相信特定書籍之神聖起源、又彼此殺戮的靈長類動物個體，這似乎極不可能。立志當烈士者對其行爲後果幾乎肯定錯誤的事實，正是使其行爲顯得格外駭人且不道德的濫用人類生命之處。

由於大部分宗教把道德構想成聽從上帝話語的事情（通常是爲了獲得超自然的獎賞），宗教的戒律就常常和在**此世**將安康最大化毫無干係。因此，信教的人能宣稱避孕、自慰、同性戀等等不道德，卻從不覺得有義務辯解這些作爲會實際造成苦難。他們也可能追求千眞萬確不道德的目標，沒必要的使人類的痛苦永存，而同時相信那些行動是出於道德義務。這種虔誠的把道德關懷與人類及動物受苦的事實分開，曾造成了極大的傷害。

顯然有某些心智狀態和機能對我們的一般安康（幸福、悲憫、和善等等）做出了貢獻，也有一些心智狀態和無能消滅了安康（殘忍、憎恨、恐怖等等）。因此，問一個具體行動或思考方式會不會影響一個人的安康及／或別人的安康是有意義的，而我們對這種效果的生物性最終可能得知很多。一個人發現，他自己在這個可能狀態的連續體位於何處，將由許多因素決定——遺傳的、環境的、社會的、認知的、政治的、經濟的等等——而雖然我們對這種影響的理解可能永遠不會完備，但它們的效果是在人類大腦的層次實現。因此，當我們對人腦越來越瞭解時，關於思想和行動如何影響人類福祉的各種主張，將顯得越來越相關。

注意！我在前段中沒提道德，或許根本不需要吧。我在本書一開始就主張，即使有部分科學家和哲學家一個世紀的怯懦，道德還是能跟關乎有意識動物的快樂和受苦之事實直接連結。然而，有意思的是，設想一下，如果我們乾脆忽視這個步驟而僅僅談「安康」會怎麼樣。如果我們停止對「是非」和「善惡」操心，而僅僅針對把自己和別人的安康最大化來行動，那我們的世界會是什麼模樣？我們會失去任何重要的東西嗎？而如果重要，那按照定義，難道不是**某人**安康的事情嗎？

我們對是非能否總有「對」的時候呢？

哲學家暨神經科學家約書亞・格林（Joshua Greene）在道德的神經影像方面，做過一些最有影響力的研究。⑬格林想要瞭解主宰我們道德生活的大腦過程的同時，他相信在形而上學的立場上，我們應該對道德實在論抱持懷疑的態度。對格林而言，問題不在「你怎能確知你的道德信念爲眞？」，而在「怎麼可能有任何人的道德信念爲眞？」換言之，到底是關於世界的什麼能使一個道德主張爲眞或假？⑭他顯然相信這個問題的答案是「並無此物」。

然而，在我看來這個問題很容易回答。如果道德觀甲勢必導致對人類思想／意圖／行爲與人類安康之間的關聯更正確的理解，那麼道德觀甲就比道德觀乙更眞。強迫婦人和女孩穿罩袍會對人類安康有正面的淨貢獻嗎？它會產生更快樂的男孩和女孩嗎？它會產生更悲憫的男人和更滿足的婦女嗎？它會使男女間、母子間、父女間的關係更好嗎？我敢以生命打賭，這幾個問題的答案都是「不會」。我想許多科學家也會跟我下同樣的賭注。然而如我們所見，大部分科學家被訓練成認爲這種判斷不過是文化偏見的表現——而因此在原則上並不科學。我們很少有人願意承認，這種簡單的、道德的眞理越來越落入我們科學世界觀的範圍內。格林把盛行的懷疑論闡明得相當好：

在大多數情況下，促動道德判斷的來源不是道德推理，而是情感性質的道德直覺。我們對道德判斷的能力是對極度社會性的生活所產生的一種複雜的演化適應。事實上，我們對做出道德判斷適應得很好，乃至從我們的觀點來看，下道德判斷相當容易，只是「常識」的一部分而已。而且就像其他許多常識能力一樣，做出道德判斷的能力感覺像個感知能力，一個在這種情況能立即可靠地辨別獨立於心智外的道德事實的能力。結果，我們自然傾向於一個對道德實在論的錯誤信仰。鼓勵這種錯誤信念的心理傾向具有重要的生物性目的，這解釋了我們為什麼會覺得道德實在論這麼有吸引力，即使它並不真確。再次強調，道德實在論是個我們生來會犯的錯誤。⑮

格林聲稱，道德實在論假設了「在人們基底的道德展望中有足夠的統一性，乃至能據理引伸，彷彿關於『對』或『錯』、『公正』或『不公正』有一個明擺著的事實」。⑯可是為了讓道德問題有對的答案，我們眞的需要假設這樣的統一性嗎？生理的或生物的實在論是建立在「人們基底的（生理或生物性的）展望中有足夠的統一性」嗎？就人性整體而言，我相當肯定人們對殘忍是錯的（一個共同的道德信條），比對時間的推移與速度俱變（特殊相對論），或比對人類和龍蝦有共同祖先（演化），有更大的共識。我們對這些生理或生物性的眞理斷言該懷疑是否有個「明擺著的事實」嗎？一般人對特殊相對論的無知，以及美國人普遍不願接受演化的科學共識，會使我們的科學世界觀遭受一丁點的懷疑嗎？⑰

格林指出，關於道德眞理要讓眾人同意經常是困難的，甚至很難使某個人在不同的脈絡中同意自己。這樣的緊張關係導致他做出以下結論：

> 道德理論化會失敗，是因為我們的直覺並不反映一套渾然一體的道德真理，而且也沒被天擇或其他什麼設計來表現得好像環環相扣……你如果想要搞清楚你的道德感，那就轉向生物學、心理學、和社會學吧——別再找規範倫理學了。⑱

以此反對道德實在論看似合理，直到我們察覺它可以同樣強度適用於人類知識的任何領域。例如：我們可以同樣批判邏輯學、數學、和物理學的直覺並沒有被天擇設計來追蹤眞理。⑲ 難道這意味著，我們必須揚棄關於物理現實的實在論嗎？在科學上，我們不必多費工夫，就能找到無法輕易綜合的理念和意見。有許多科學框架（及描述的層次）抗拒整合，它們把我們的論述分割成多個專業領域，甚至使同一學科的諾貝爾獎得主彼此針鋒相對。這是否意味著我們永遠無法冀望去瞭解世界是怎麼回事嗎？不！它意味著的是，彼此間的論述對話必須繼續。⑳

在道德領域建立完整的統一性——無論人際間或個人心智內——也許沒有希望。那又怎樣？這正是我們在人類知識的所有領域所面臨的未決狀況。做爲科學目標的完全共識，只存在於限制性的假想當中。爲什麼我們對人類安康的思考不能容忍同樣的開放性？

再一次，這並不意味著所有對道德的意見都是合理的。正好相反——我們一旦接受人類安康問題的答案有對有錯，就必須承認許多人對道德根本錯了。在中國的紫禁城有一個朝代接著一個朝代服侍皇家的太監，他們似乎覺得自己的發育被打斷、人生被隔絕，可藉由在宮廷獲得的影響力加以補償，並且相信其生殖器一直保存在罐子裏，死後跟人一起埋葬，可確保他們能再投胎爲人。碰到這樣的奇異觀點時，一個道德實在論者會想說，我們目擊的不僅是意見的不同：我們面對的是道德錯誤。做父母的把兒子賣去服侍政府，而這個政府打算「只用辣椒醬做局部麻醉」來把兒子的生殖器割掉，㉑在我看來，我們能很有自信地據理認定那是壞的行徑。這意味著在一九九六年九十四歲時辭世的皇帝的最後太監孫耀庭錯了，因爲他胸懷的最大遺憾是「矢志奉侍之帝王體系的崩落」。大部分科學家似乎相信，無論一個人的道德承擔有多不適切或多麼受虐，都不可能說他對什麼構成好的生活會是錯的。

弔詭的道德困境

結果論在實踐上的一個問題就是，我們無法每次都能決定一個行動的效應究竟是好是壞。其實，令人吃驚的是，連回顧時也可能很難決定。丹尼特把這個問題稱之爲「三哩島效應」。㉒三哩島的爐心熔毀結果是好是壞？乍看之下當然似乎是壞的，但它也可能使我們邁向更大的核子安全的途徑，因而拯救許多性命。或者它可能導致我們益發依賴更污染的技術，助長了更高的癌症率和全球性氣候變遷。或者它可能產生多重效應，有些互相加強，又有些互相抵消。我們如果連一個分析得這麼好的事件的淨結果都無以決定，那我們怎麼評斷我們一生中必須做的無數決定的後果呢？

我們在決定一個事件的道德效價時所面臨的一個難題，就是常常似乎不可能決定我們應該最關懷誰的安康。人們有互相競爭的利害、互不相容的對快樂的看法，而且我們一旦開始思索全體人口的福祉，就有許多周知的弔詭跳進我們的路徑。正如我們即將看到的，人口倫理學是個惡名昭彰的弔詭引擎，而就我所知，沒人想出過衡量集體安康的方法，是保留了我們所有的直覺。正如哲學家帕特麗夏・丘奇蘭德（Patricia Churchland）所說：「對於如何比較五百萬人的輕微頭疼和兩人的斷腿，或者比較自己兩個孩子的需要和塞爾維亞一百名頭腦受損兒童的需求，無人摸得著頭緒。」㉓

這種謎團也許看來只有學術價值，直到我們察覺人口倫理學主宰了大部分社會所做的最重要的決定。在戰爭時、疾病擴散時、數以百萬計的人饑饉時、或全球資源匱乏時，我們的道德責任是什麼？這些是我們必須以理性和倫理的方法去評估集體福祉變遷的時刻。當二十五萬人死於海地島上的一場地震時，我們必須多積極去作爲？無論我們知道與否，對全體人口福祉的直覺決定了我們對這些事情的思維。

也就是說，除非我們單純的忽略人口倫理學——但我們似乎又在心理上傾向於這麼做。心理學家保羅．斯洛維克（Paul Slovic）及其同事的研究揭露出令人吃驚的結果：當我們考慮一大群人——或其實該說，多於一個人的群體——時，我們的道德推理能力出現嚴重的局限性。㉔斯洛維克觀察到，當人命受到威脅時，我們的關懷應該隨著攸關的生命數目而增加，這似乎才合乎理性與道德。而且如果我們想到損失許多性命可能會有一些額外的負面後果（像文明的崩潰），我們的關懷曲線就應該變得更陡。但這並不是我們對別人受苦時的典型反應。

斯洛維克的實驗研究顯示，我們在直覺上對單一的、可識別的人命最關心，對兩條命就稍不關心了，而隨著死者數目的增加我們就變得更冷漠。斯洛維克相信這種「心靈麻木」解釋了衆以爲憾的事實，即我們一般對一個孩子（甚至一隻動物）的受難，比對眞正的滅種屠殺還要苦惱。斯洛維克稱之爲「滅種屠殺的忽視」——面對最可怕之沒必要的人類苦難，我們無論在實踐上或情感上總是欠缺反應，這代表了我們道德直覺中一個比較令人費解、而且造成嚴重後果的失敗。

斯洛維克發現在給予一個捐錢贊助貧苦兒童的機會時，倘若只告訴意圖捐贈者單一孩子的苦難，他們捐錢最大方，也最感同身受。當介紹兩個貧童的案子時，他們的悲憫就減弱了。而且這個極其惡劣的傾向會繼續下去：需要越大，人們越不動情，也越不願意捐錢。

當然，慈善機構早就心知肚明，在資料上放張臉，就會使勸募對象跟有人受苦的實情連結起來而增加捐款。斯洛維克的研究證實了這個猜想，現在多了個名稱叫作「可識別受害者效應」。㉕然而，令人訝異的是，若把這些個別性的訴求擴大範圍，增添資訊以提高問題的幅度，反倒證明適得其反。斯洛維克顯示，把一個待援者的故事放進更寬廣的人類需求脈絡裏，總會削弱利他的心意。

人們面對人類苦難的增加似乎反倒較不關心，代表了一個對道德規範的明顯違犯。然而，重點在當我們一旦被點醒，就馬上明瞭這種對情感和物質資源的分派是多麼無以辯駁。實驗結果真正引人側目之處是它們明顯的前後矛盾：你如果個別關心一個小女孩怎麼了、以及她弟弟怎麼了，那你應該至少同樣關心他們倆合起來的命運，你的關懷就應該（就某種意義來說）是累積性的。㉖當你對這個原則的違犯被揭發時，你會覺得你犯了一項道德錯誤。這解釋了爲什麼這種結果只能從研究對象之間取得（即一群人被要求捐助一個小孩，另一群人被要求贊助兩個小孩）；我們有把握在研究中如果對每個參與者同時提出這兩個問題，效應就會消失（除非研究對象在違反道德推理規範時，並未察覺自己犯錯了）。

顯然，文明的一大任務，就是創造諸文化機制來保護我們免於片刻性的倫理直覺失靈。我們必須把自己好的一面建立到我們的法律、稅則、和制度裏去。既然知道我們一般沒有辦法重視兩個孩子甚於其中的一個，就必須建立一個能夠反映並加強我們對人類安康更深刻理解的結構。這就是道德科學不可或缺的地方：我們越瞭解人類成就的起因和組成，以及越瞭解同胞們的經驗，我們對採納什麼社會政策就越能做出明智的決定。

例如：估計有九萬人在洛杉磯的街上過活。他們爲什麼無家可歸？這些人裏面有多少患有精神疾病？有多少對藥物或酒精上癮？有多少不過是在我們的經濟中失敗了？這樣的問題是有答案的。而且這每個問題都允許了某種特定範圍內的反應，以及可能錯誤的解決方法與輕忽。有沒有我們能採取的政策，使得在美國的每個人都能輕易幫忙紓解自己社區的街友問題呢？有沒有什麼沒人想過的妙方，能使人們比起想要看電視或玩電子遊戲，更想要紓解街友問題呢？有沒有可能設計一個電子遊戲來幫忙解決真實世界中的街友問題？㉗再一次，這類問題開啓了一個事實的世界，無論我們能否使相關事實顯現。

顯然，道德在很大的程度上是由文化規範所塑造，而且獨力做自己相信是對的事可能很困難。有位朋友的四歲女兒最近注意到在做道德決定時社會支援所扮演的角色：

她貪婪地啃著羔羊排骨時說：「吃羊寶寶好傷心喔！」

「那妳怎麼還吃個不停？」她爸爸問。

「他們為什麼要殺這麼溫柔的動物？他們為什麼不殺別的動物？」

「因為，」她爸爸說：「大家喜歡吃這種肉，就像妳現在一樣。」

他女兒反省了一會兒——一面還在啃羊肉——然後答道：

「那不好。可是他們不停止殺牠們的話，我就不能停止吃牠們。」

而結果論的現實問題並不就此打住。當思索把某人口群的安康最大化時，我們是按照總體安康還是平均安康來想呢？哲學家德里克・帕菲特（Derek Parfit）揭示了兩種計算基礎都會導致麻煩的困境。㉘我們如果只關心總福祉，那比起我們當中有七十億人生活在完美極樂的世界，我們應該更偏愛幾千億人都僅僅苟且維生的世界。這是帕菲特著名論證的結果，一般稱爲「矛盾的結論」（Repugnant Conclusion）。㉙另方面，我們如果關心的是人口群的平均福祉，我們就應當偏愛只包含一名幸福居民的世界，而不喜歡一個幾十億居民只稍微不快樂的世界；甚至建議我們，可能會想不帶痛苦地殺掉許多現在活著的最不快樂的人，以便增進人類安康的平均值。偏愛平均福祉也會導致我們更喜歡幾十億人生活在不斷受折磨的不幸世界，而不喜歡僅僅一人稍微多受點折磨的世界。它也可能使一個行動的道德性端賴不受影響的人們的經驗。正如帕菲特所指出的，我們如果在意歷時性的平均，我們可能認爲今天生孩子是錯的，因爲他的生活雖然非常有價值，但卻比不上古埃及人的生活。帕菲特甚至設想出某種情節，其中每個現存者的生活品質會比別種方式要低些，但平均生活品質卻會提高。㉚顯然，這證明了我們不能把福祉用簡單的加總或平均來做爲唯一的度量標準。然而，就極端的案例而言，我們也看得出人類福祉必須用某種方式來累積：我們大家都深深滿意，確實要比每個人都活在絕對的苦惱中來得好。

只把後果放進我們道德平衡的考量也導致難以啓齒的問題。例如：我們有沒有道德義務在救窮的、病的、笨的人質之前，先解救有錢的、健康的、聰明的人質？畢竟後者釋放後，比較可能對社會做出正面的貢獻。還有對自己的朋友和家人保持偏心又如何呢？如果在過程中，我不去救陌生人的八個小孩而拯救了自己獨生子的性命，這錯了嗎？翻攪於諸如此類的種種問題，許多人因而相信，道德並不是遵從簡單的算術法則。

然而，這種困境無罪是在表明若干道德問題在實踐上很難或不可能回答；它們並不暗示道德端賴我們行動和意圖之外的任何東西。這是個常見的混淆來源：結果論比較不是回答道德問題的方法，而是對道德眞理地位的聲明。我們在道德領域對後果的衡量必須像在其他所有領域一樣進行：在不確定性的陰影下，由理論、資料、和誠實的會話來指引。我們思想與行動的後果可能經常難以獲知，甚至不可能知道，但這個事實並不意味著人類價値還有其他什麼基礎値得擔心。

在我看來，即便有這樣的困難，未來還是很有可能會解決常被認爲不能回答的道德問題。例如：就產生的後果而言，我們可能同意偏愛自己的摯友（一般福祉因此增加）比採取完全公正的態度要好。也就是說，或許對某種形式的愛與幸福最有利的，就是我們每個人特別與某個子集合的人類產生關聯。就描述我們目前的狀況而言，這點似乎毫無疑問為眞。例如：忽視雙親對自己孩子特別情深的公社實驗看來不太成功。以色列的集體農場（kibbutzim）從慘痛經驗中學到教訓：發現公社式的養育使得父母和孩子都更不快樂以後，他們恢復了核心家庭。㉛大部分人或許在一個保留對自己孩子自然偏見的世界裏更為快樂——假設在法律和社會規範無視這個偏見的情境中。當我帶女兒去醫院時，我自然對她比對候診室的其他孩子更關心。然而，我不期待醫院人員也有我的偏見。事實上，在有時間去反省以後，我意識到我不希望他們有我的偏見。這樣的否定個人私益，怎麼會反倒滿足了自我利益的需求呢？首先，一個體系可以有許多方法來對我不利而不是對我有利，而我知道比起一個容易腐敗的體系，我更可能從一個公正的體系獲益。我正巧也關心別人，而這種感同身受的經驗我甚為在乎。做為一個看重公平的人，我的感覺更好，而且我希望我女兒也變成一個共有這種價值的人。如果看小女的醫生眞的也有我對女兒的偏見，並認為她比他看診的其他病人重要得多，我會覺得怎麼樣呢？老實說那會令我不寒而慄。

不過，或許有兩個可能的世界都以完全同樣的程度將其居民的安康最大化：在世界甲中，每個人都不帶偏見的專注於所有他人的福祉，同時在世界乙中，每個人都對他們的朋友和家人表現了某種程度的道德偏愛。也許就其居民都享有完全一樣程度的安康而言，這兩個世界同樣好。它們可以被想成是道德風景中的兩座峰巒。也許還有其他山峰。這對道德實在論或結果論構成威脅了嗎？沒有！因爲從我們目前在道德風景中的位置移向哪個山巔的方式還是有對或錯，而一切終究關乎是否增加了安康。

且讓我們回到保守的伊斯蘭教，針對其位階特低的行爲後果加以討論：絕對沒有理由認爲把同性戀者妖魔化、拿石頭砸通姦者、要婦女戴面罩、懸賞謀殺藝術家和知識分子、慶祝自殺炸彈客的動績等，會使人性移向道德風景中的一個山頭去。我認爲這個主張和我們在科學中所能提出的主張同樣**客觀**。

且考慮一下丹麥漫畫的爭議：由此爆發出的宗教瘋狂，至今仍未歇止。漫畫家庫爾特・韋斯特加德（Kurt Westergaard）畫了那些完全無害，但卻被認爲深具煽動性的漫畫，而從二〇〇六年虔誠的穆斯林呼籲格殺他之後，他就隱居起來了。幾星期前——從爭議開始的三年多以後——一名索馬里男子持著斧頭闖進韋斯特加德家。多虧韋斯特加德建造了一間特別設計的「保險室」，才得以免於為了眞主的榮光而被殺（他的五歲孫女也目睹了襲擊）。韋斯特加德現在過著有警方無歇無止保護的日子——丹麥其他八十七名不幸也叫作「庫爾特・韋斯特加德」的男子亦然。㉜

在全世界幾乎每個社會中，伊斯蘭教的特殊顧慮，都造就出面對批評就變得非常抓狂的社群；單單為了漫畫，他們會產生暴動、燒大使館、獵殺和平人士。順便一提，這是他們在抗議穆斯林同胞對他們不停施暴時從不會做的事情。這種優先次序的錯置駭人聽聞，其無法將人類快樂最大化的原因可以從許多層次分析——範圍從生物化學到經濟學。但面對這樣的案例，我們還需要進一步的資訊嗎？在我看來，我們已經對人類狀況多所瞭解，足以知道格殺褻瀆眞主的漫畫家，並不會引領我們至道德風景中任何値得去的地方。

還有其他心理學和行為經濟學的結果使得人類安康的變化難以衡量。例如：人們往往認為損失比被放棄的收益重大，即使淨結果一樣時亦然。例如：當面對有百分之五十的機會損失一百美元的打賭時，大部分人會認爲只要賭贏的潛在獲利比二百美元少就沒吸引力。這個偏見與已被知道的「敝帚自珍效應」（endowment effect）有關：人們對已經擁有的東西，會比當初要他們去買那東西願意花的錢要求更多，才肯交易出去。用心理學家丹尼爾・卡尼曼（Daniel Kahneman）的話來說：「一貨品若被認爲可能失去或放棄，就比被評估成潛在獲益時值錢。」㉝這種對損失的規避使得人們一般寧可錯在維持現狀。它也是靠協調來化解衝突的重要障礙：因爲如果各方都認爲對方的讓步是得而自己的讓步是失，那各方都將注定感覺自己的犧牲較大。㉞

損失規避曾被用功能性磁共振成像（fMRI, functional magnetic resonance imaging）來研究。如果這個偏見是伴隨潛在損失而來之負面感覺的結果，我們會預期其勢必與被認定主宰負面情緒的大腦區域相關。然而，隨著損失的增加，研究者並沒有發現大腦的任何區域有活動增加。反之，隨著潛在損失的增加，代表獲益的那些區域顯示了活動減少的跡象。事實上，這些大腦結構本身呈現出「神經系統的損失規避」：在面臨潛在損失時，它們的活動減少率比對潛在獲益時的增加率更陡峭。㉟

已經有案例明確顯示這種偏見似乎產生了道德錯覺——個人的是非觀將視結果被描

述成得或失而定。這些錯覺當中，有的可能不容易受到完全矯正。就跟許多知覺上的錯覺一樣，即使明明「知道」兩種情況在道德上相等，卻依然無法把它們「看成」相等。在這樣的案例中，也許把事情看起來如何徹底忽略才合乎道德。或者可能是我們所採取之可以獲致同一結局的途徑，對我們而言真的重要——因此使得兩者得失無從比較。

且想像一下，例如：有個孩子在一家醫院受到不符標準的治療，你擔任一個民事審判的陪審員，必須決定該醫院得對孩子的父母賠償多少損失。有兩種情節可以考慮：

夫婦甲得知他們的三歲女兒被醫院人員非故意的注射神經毒素。女兒在入院前是個智商一九五的音樂天才。之後，她失去了全部的知性天分。不再有任何奏樂的靈巧，智商也只剩下剛好是平均值的一百。

夫婦乙得知醫院因疏忽而沒給他們智商一百的三歲女兒一種完全安全而且不貴的基因強化劑，否則她就會變得有非凡的音樂天才而且智商幾乎加倍。現在，女兒的智商依舊普通，也缺少任何可以察覺的音樂天分。並且，施予這種強化劑的關鍵期已經錯過了。

兩個情節的最終結果顯然都是一樣的。可是萬一件隨損失而來的心理痛苦，注定比伴隨被遺忘的獲益時來得大的話，會怎麼樣？果眞如此的話，也許把這個差別考慮進來是妥當的，即使我們對爲何失去什麼比沒有得到什麼更壞無法給予一個理性的解釋。這是道德領域中另一個困難的源頭：不像行爲經濟學中的兩難，它要建立兩種結局能被判斷爲均等的準繩常常很難。㊱然而，在這個例子中可能有另一個原則在作用：人們常常對蓄犯之（sin of commission）（譯按：做了不該做的事，相形於疏忽之罪〔sin of omission〕，沒做該做的事）更嚴厲看待。我們不清楚該怎麼解說這個偏見。不過，再一次，說對如何把人類安康最大化的問題有對的答案，並不是說我們將總是位於能回答這種問題的立場。無論我們是否總是知道走哪條路上山，在道德風景中將有峰巒與幽谷，而且在它們之間移動顯然有可能。

我們的主觀性還有許多其他特徵具有道德意涵。例如：人們往往根據一個經驗的高峰強烈程度（無論是正面的或負面的）與其最後時刻的品質來評估它。在心理學上，這個叫作「峰／終定律」（peak/end rule）。在臨床環境中測試這個規則：一個小組發現做大腸鏡檢查的時候（在還不用麻醉的時代），如果醫生在病人的不快感最低時沒必要的把大腸鏡多留插幾分鐘，會顯著的降低病人的痛楚感知，而且會增加他們回來複檢的可能性。[37]相同原理似乎也對令人嫌惡的聲音[38]以及受凍成立。[39]這種發現顯示出，在若干情況下，**沒必要的延長一個人的痛楚**以減少後來他對受苦的記憶是悲憫的。的確，不這麼做可能不倫理。不消說，這是個極爲反直覺的結果。但這正是科學之所以如此重要的地方：它用深入表象背後的方式使得我們能探究世界，以及我們在其中的位置。爲什麼我們不對道德及人類價值也這麼做？

公平與級系

咸信把焦點放在個人行動的後果不過是達到倫理學的若干途徑之一，一個爲弔詭所擾而常不可能落實的手段。可以想見的其他選擇，要不就像現代哲學家約翰．羅爾斯（John Rawls）的著作中那樣高度理性，[40]要不就斷然相反，如我們在世界主要宗教頒布之經常相互矛盾的異類規誡所見。

我擯斥天啓宗教做爲道德指導的根源，理由已在別處闡明；㊶所以除了指出明顯的要點外，這裏不再贅述這個老話題：㈠有好多天啓宗教可供我們信仰，而它們提供了彼此不相容的教義；㈡許多宗教的經文，包括最被贊同者（即基督教和伊斯蘭教）在內，公然支持像奴隸制之類不合倫理的慣行；㈢判斷金箴（the Golden Rule）是明智的，而殺死叛教者是愚蠢的——這些我們用來確認宗教規誡的本領是我們帶去給經文之物；因此它不是來自經文之物；㈣相信世界的任何宗教是「天啓」於我們祖先（而非單單由沒福氣接受二十一世紀教育的男女所發明）的理由，若不是荒唐的，就是不存在的——這些彼此抵觸的每個教義不會錯的理念，在邏輯上是不可能的。在這兒我們能拿羅素著名的評論來避難，他說：即使我們有把握世界諸宗教有一個完全是眞的，而既然有那麼多相互衝突的信仰可供選擇，純粹做爲一個概率問題，每位信徒都應該期待天譴。

在對結果論的理性挑戰中，約翰・羅爾斯的「契約主義」（contractualism）是近幾十年來最有影響力的。羅爾斯在《正義論》（*A Theory of Justice*）中，提供了一個建立公平社會的途徑，他認爲那是對於把人類安康最大化目標的一個替代選擇。㊷這本著作因其主要方法而聲名大噪：如果人們不知道他們在一個社會中會是什麼樣的人，那他們在私利的引導下會多合理的建構該社會？羅爾斯管這個新奇的起點叫作「原初境況」（the original position），每個人必須由此原初境況在「無知之幕」後面，判斷每個法律和社會安排的公平性。換句話說，只要我們假定沒有事先知道自己會是白人或黑人、男或女、年輕或年老、健康或有病、智慧高或低、長得美或醜等等，我們就能設計任何喜歡的社會。

做爲判斷公平性的方法，不容否認這個思維實驗是很高明。但它眞是個思考我們行爲實際後果的替代選擇嗎？我們如果戴著無知的面罩建構了我們的理想社會以後，被一個全知全能的存在告知我們所做的幾個選擇，雖然極其公平，卻會導致數以百萬計的人沒必要的苦難，同時稍微較不公平的參數就不會蘊含這種受苦，會覺得怎麼樣？我們能對這個資訊無動於衷嗎？我們設想正義是與人類安康完全分離的瞬間，我們就面對了底下的可能性：道德上是「對的」行爲和社會體系，總體而言卻對每個受其影響者不利。在這點上若僅僅像羅爾斯那樣硬著頭皮接受，並表示「沒有理由認爲正義直覺會把善最化」㊸，那似乎就代表了道德和哲學的挫敗。

有些人擔心致力於社會福祉的最大化，可能導致只要極少數人的損失能被許多人更大的獲益抵消，我們就會犧牲那極少數人的權利和自由。爲什麼不有個社會，在其中幾名奴隸不停的爲其餘人的愉悅工作到死？其擔憂是若把焦點放在集體福祉上，似乎就不把人當作目的本身來尊重。而且我們應當關心誰的福祉呢？例如：持種族偏見的人凌辱某少數族群所得的樂趣，似乎和一位聖人犧牲自己的性命去幫助陌生人所得的樂趣一致。如果持種族偏見的人比聖人多，似乎持種族偏見的人就會贏，我們就有義務建設一個社會來把不正之人的樂趣最大化。

不過這種顧慮顯然寄託於一幅不完整的人類安康的圖像上。就某種程度而言，把人當作目的本身來待人，是個保障人類安康的好方法，也正是我們應當做的。公平並不只是個抽象原則——它是個感受到的經驗。我們當然都從心裏知道這點，可是神經影像學也已顯示了公平驅動頭腦中與報酬有關的活動，而接受不公平的提案需要規制負面的情感。㊹把別人的利益列入考慮、做出不偏不倚的決定（而且知道別人會這麼做）、對貧困的人提供幫助——這些是對我們的心理安康和社會安康做出貢獻的經驗。在結果論的框架下，我們每個人都順從一公正體系，在其中我們直接的、自私的利害常被對公平的考慮取代，這看來完全合理。然而，它只在每個人處於這樣一個體系中都往往會更好的假設下才合理；而看來他們會的。㊺

雖然每個個人對幸福的追求，可能不會與我們建立一個公正社會的努力相容，但我們可別忘記社會不會受苦的事實；受苦的是人。不公正唯一錯的地方，就是它在某個層次實際上或潛在上對人不好。㊻不公正使受害者明確顯示較不快樂；而且我們也很容易論證，它往往也使加害者比起如果他們在意他人安康的話更不快樂。不公正也破壞了信任，使陌生人很難合作。當然，這裏我們談的是意識經驗的本質，所以我們勢必得談論人類大腦的運作過程。道德和社會情感的神經科學才剛起步，但似乎無疑地，它有一天將對我們快樂和受苦的物質起因給予在道德上中肯的洞識。雖然在這條路途上可能有些意想不到的事等著我們，但有充分的理由期待仁慈、悲憫、公平、和其他古典的「好的」特質將會被神經科學證實——就是說，我們將只發現進一步的理由來相信它們對我們是好的，因爲它們普遍提升我們的生活。

我們已經開始察覺，道德就像理性一樣涵蘊若干規範的存在——即它不僅描述我們往往怎麼思考與行爲；它也告訴我們應該如何思考與行爲。道德和理性共有的一個規範，就是視角的可互換性。㊼對於一個問題的解決方法不應該端視你是丈夫或妻子、雇主或員工、債主或債務人等等。這就是爲什麼我們不能只根據偏好來爭辯我們觀點的正確性。在道德的領域中，這個要求位於我們所謂的「公平」者的核心。它也揭露了爲什麼對朋友和陌生人有不同的倫理準則不是好事。

我們都遇到過在業務上和私人生活中舉止相當不同的人。他們雖然永遠不會對朋友撒謊，但可能毫無疑慮的對客戶或顧客撒謊。這爲什麼是個道德缺失呢？最起碼，它容易受到可以稱之爲**不愉快的意外原則**所害。想想看，當這樣的一個人發現他的一位顧客其實是位朋友時會如何？「喔，妳爲什麼沒說妳是珍妮佛的妹妹呢！呃……好吧，別買那型的；買這個會更划得來。」在此瞬間暴露了一個人總是有損形象的倫理裂縫。有兩套倫理準則的人永遠容易遇到這類尷尬。他們也比較不可信賴——而信任是一個人在保衛別人的安康上有多可靠的一個量度。即使你正巧是這種人的密友——也就是你在他倫理思維「對」的一邊——也無法信任他跟你可能關心的其他人互動（「我不知道她是你的女兒，對不起啦」）。

或者考慮一下一名納粹分子在第三帝國下的立場，他完全獻身於消滅世界的猶太人，然後像許多人一樣，得知他自己就是個猶太人。除非有什麼不可抗拒的論據顯現其自殺的道德必要性，否則我們很難想像故事的主人翁會用他的納粹倫理處理自己眞正的身分。顯然，他的是非感是由他對自己身世的錯誤信念所斷定。一個眞正的倫理應該不那麼容易受到這種「不愉快的意外」影響。這似乎是獲致羅爾斯「原初境況」的另一途徑。對的事不能倚賴一個人是否身爲某部族的成員——如果除了一個人可能搞錯自己成員身分的事實以外沒其他原因的話。

康德的「定言令式」（categorical imperative）也許是所有的道德哲學中最著名的處方，其中捕捉到一些相同的顧慮：

> 因此僅有一個定言令式：「僅依據你能同時意願它成為一項普同法則的那項格局而行動。」㊽

康德雖然相信這個普遍適用性的準繩是純理性的產物，但它之吸引我們，是因爲它端賴對公平和正當理由的基本直覺。㊾除非一個人的觀點能概括到他人，否則那個人不能對任何事情聲稱是「對的」，無論那是理性事項或倫理事項。㊿

爲善會太難嗎？

大部分的人在一生當中都會花些時間決定，如何（或要不要）回應地球上有其他人沒必要的死於饑饉的事實。我們大部分人也會花些時間決定，在家裏或在喜歡的飯館想吃什麼令人愉快的食物。以年度計算，這兩個課題哪個吸收掉你更多的時間和物質資源呢？你如果像大部分生活在已開發世界的人，那這樣的一個比較不會帶領你成聖。我們對滿足私欲的承擔，與我們對解除幾百萬人沒必要的苦難和死亡的承擔，兩者之間的差距能在道德上合理化嗎？當然不能。這種倫理一貫性的失敗常被看成是對結果論的打擊。但，不該是如此。誰敢說眞的爲善或甚至道德上的一致，必定是容易的？

我並不懷疑，自己實際的善比不上能夠做到的善。也就是說，我沒有用眞正使他人的安康最大化的方式過活。然而，我也幾乎能確定我並沒有用使我自己的安康最大化的方式過活。這是人類心理的弔詭之一：我們常未能做我們表面上想做、最符合自我利益的事。我們常未能做我們**最想做的**——或者我們未能在一天（或一年、或一生）結束時，完成我們最希望完成的事。

只要想想許多人不過爲了戒菸或減肥而必須忍受的艱苦奮鬥。正確的行動途徑一般都很明顯：你一天抽兩包香菸或過重五十磅，當然沒有把自己的安康最大化。也許現在這對你沒有那麼清楚，不過想像一下：如果你能戒菸或減肥成功，那一年以後你會對這個決定後悔的機會有多大？大概是零吧。然而，如果你像大部分人，你將發現要得到你想要的結果，所需做的簡單行爲的改變極爲困難。51

我們大部分人就道德而言都處於這個困境。我知道幫助挨餓的人比我所做的大部分事情都重要得多。我也不懷疑做最重要的事情給我的樂趣和情感的滿足，會比我透過追求樂趣和情感的滿足所做的大部分事情多。可是這個知識並沒有改變我。跟幫助挨餓的人相比，我還是比較想做能直接帶來愉悅的事。我非常相信如果我更想幫助挨餓的人，我會更快樂——而且我不懷疑如果我花更多的時間和金錢幫助他們的話，他們會更快樂——但這些信念並不足以改變我。我知道我如果在這些方面不同的話會更快樂，而且世界會是個（稍微）更好的地方。因此，我確定自己並沒像我所能做的那麼道德，也沒那麼快樂。52 我知道這一切事情，而且我想把自己的快樂最大化，可是我一般沒有感動到去做我相信會使自己比現在更快樂的事。

歸根結蒂，這些主張是關於我心靈的架構和關於我們世界的社會架構。對我而言很清楚的是，給予我目前的心靈狀態——即我的行動和對注意力的運用如何影響我的生活——我如果比較不自私就會更快樂。這意味著我如果比較不自私的話，反倒呈現更明智、更有效的自私。這並不弔詭。

如果我能改變自己的心靈架構呢？在某層次，這總是可能的，就像我們花費了注意力的每件事、採取的每項紀律、或者獲得的每件知識，都改變了我們的心靈。我們每個人現在也有管道使用一大堆規制情緒、注意力與清醒狀態等的藥物，而且更徹底的（以及更精準的）改變我們心智力的可能性，或許也指日可待。影響是非感的心靈改變是好的嗎？我們能改變道德感的能力會削弱我對道德實在的論述嗎？例如：假如我能重塑大腦，使得吃冰淇淋不僅極為舒暢而且感覺像是我所能做的**最重要**的事情，那會如何呢？

即便冰淇淋唾手可得，我的新狀態似乎對自我實現呈現若干轉變。我會增加體重。我會忽視社會義務和知性追求。無疑的，我不久就會以我歪曲的優先次序冒犯他人。可是，如果神經科學的進步終於允許我們改變每個大腦對道德相關經驗的反應，那又會怎麼樣呢？如果我們能重新設計使整個物種痛恨公平、讚賞欺騙、喜愛殘忍、鄙視悲憫等等，又將如何呢？這會是道德上好的嗎？再一次，魔鬼存在細節中。這眞是個與我們同等安康的世界嗎？其中「安康」的概念也像我們的世界一樣，易受檢視和修正嗎？果眞如此的話，就隨它去吧。還有什麼會比眞正的安康更重要的呢？可是給予安康的概念在我們的世界所蘊含的一切，很難想像隨著我們在道德風景中移動，它的性質能夠完全互換。

此兩難困境的迷你版確已顯露端倪：我們越來越需要考慮利用藥物來舒緩心靈受苦的倫理。例如：一個人吃了藥就對孩子的死無動於衷，這樣對她好嗎？當然她還負有當母親的責任時不好。可是如果一位母親失去了她唯一的孩子因而傷心欲絕呢？她的醫生應該使她比承受傷心欲絕的感覺好多少呢？她應該**想要**感覺多好呢？我們任何人在這種情況下，會想要感覺完全快樂嗎？可以選擇的話——而這種選擇肯定會以某種形式降臨——我想我們大部分人會希望我們的心靈狀態與我們的生活實況掛鉤，即使無論多鬆散。要不然我們彼此間的紐帶如何能維持？例如：我們能愛自己的孩子，卻完全不在乎他們的受苦和死亡嗎？我懷疑我們不能。可是一旦我們的藥房開始販售悲傷的眞正解藥時，我們會怎麼做呢？

我們如果總是不能解決這種難題的話，那該怎麼繼續下去呢？是的，我們無法完美地衡量或調解幾十億生靈互相競爭的需求，也經常無法對我們自己的競爭性需求有效的劃分優先順序。我們能做的是，試著在現實的極限內，遵循一個看來最能既使我們自己的安康最大化又使他人的安康最大化的途徑。這就是明智生活和倫理生活的意義。正如我們將看到的，我們已經開始發現大腦的哪個區塊允許我們這麼做。然而，對道德生活完整意涵的理解，需要一個道德的科學。

爲多樣性困惑

心理學家喬納森・海特在道德判斷上，提出了一個非常有影響力的論題，叫作「社會直覺式模型」（social-intuitionist model）。海特在一篇廣被引用的文章〈感情的狗及其理性尾巴〉（"The Emotional Dog and Its Rational Tail"）中，總結了我們的困境：

> 我們的道德生活被兩個錯覺困擾。第一個錯覺可以叫作「尾搖狗」：我們相信自己的道德判斷（狗）受自己的道德推理（尾巴）驅動。第二個錯覺可以叫作「搖別的

> 狗的尾巴」：在一個道德的爭辯中，我們期望成功反駁對手論證會改變對手的心。
> 這樣的信念可比擬成相信用你的手來強搖一隻狗的尾巴應該會使那狗高興。[53]

海特並沒有走到宣稱推理**永遠不會**產生道德判斷的地步；他不過是說這比大家想的更不常發生得多。海特對於我們到底能不能對是非或善惡做出切合實際的主張是悲觀的，因爲他觀察到人類往往根據情感來做道德的決定，用事後歸因的推理（post hoc reasoning）來爲這些決定辯解，而且在他們的推理已肯定不通時還固執己見。他指出，當人們被要求爲他們對特定道德的（或假道德的）兩難的反應辯解時，他們常常「在道德上呆若木雞」。他的實驗對象會「結巴、傻笑，並對自己無法找到支持理由表示吃驚，但他們還是不會改變原來的判斷……」。

然而，對於我們的無法有效推理也可以這麼說。且考慮一下蒙提・霍爾問題（Monty Hall Problem）〔根據電視博弈節目「一錘定音」（*Let's Make a Deal*）〕。想像你自己是一個博弈節目的參賽者，製作單位給你三扇關著的門：在一扇門後面擺著一輛新車；另外兩扇門後面藏了山羊。選對了門，車就是你的。

遊戲是這麼進行的：假設你已選了一號門。主持人打開二號門，露出了一隻山羊。現在他給你一次機會可以把你打的賭從一號門換成剩下的三號門。你該換嗎？正確的答案是「該」。可是大部分人覺得這個答案非常費解，因爲它違反了通常的直覺，即：既然還有兩扇門沒開，那車在兩者之一的機率應該是二分之一。然而並非如此，你如果堅持原來選擇的話，你的勝算其實是三分之一。如果換了，那勝算就增加到三分之二。54

說蒙提・霍爾問題使許多陷入困境者「邏輯上呆若木雞」是公平的。就算人們在觀念上理解了他們爲什麼該換門，他們還是無法擺脫起初的直覺，而以爲每扇門代表二分之一的成功機會。這種人類推理的普遍失敗名副其實——就是推理的**失敗**。但它並不表示蒙提・霍爾問題沒有正確答案。

然而像約書亞・格林和喬納森・海特之類的科學家似乎認爲，道德爭議的存在本身就抵消掉道德眞理的可能性。按照他們的意見，我們能做的，不過是研究人類以「道德」之名做些什麼。因此，如果信教的保守派覺得同性戀者結婚的可能性可憎，而世俗的自由派覺得完全可以接受，那我們面對的就不過是個道德偏好的差別——不是與人生更深層眞理有關的差異。

海特認爲，自由派的道德看法是個「關於人們彼此該如何關聯之正義的、權利的、福祉的規定性判斷」體系，並進而反對時，要求我們思索以下之類的謎團：

> 如果道德是關於我們如何彼此對待，那為什麼有那麼多古代文本會花那麼多篇幅在關於手淫、誰能吃什麼、誰跟誰能性交等的規則上呢？[55]

有意思的問題！這些是跟把奴隸制看成道德上沒問題同樣的古代文本嗎？也許奴隸制確實沒有道德含義——要不然這些古代文本鐵定會有相當多話可用來反對它。廢除黑奴制度會不會是自由派偏見的終極例子？或者，遵循海特的邏輯，爲什麼不問：「如果物理學不過是個按照質與能來解釋宇宙結構諸法則的體系，那爲什麼這麼多古代文本花了那麼多篇幅在上帝之非物質影響力和奇蹟行爲上？」的確，爲什麼呢？

海特顯然認爲無批判地接受他研究對象的道德範疇是項知性美德。可是哪裏寫著人們以「道德」之名所做或決定的每件事都值得被認爲是道德的主題事項的部分？大多數美國人相信聖經提供了對古代世界的正確敘述。好幾百萬美國人也相信癌症的主要成因是「壓抑的憤怒」。慶幸的是，當涉及關於歷史和腫瘤學的嚴肅討論時，我們並不會讓這些意見爲我們定錨。看來足夠清楚的是，許多人對於道德根本錯了——就像許多人對物理、生物、歷史、以及每件値得瞭解的事物錯了。把我們的眼光調離開這項事實達成了什麼科學目的呢？如果道德是個思索關於像我們這樣的有意識動物的安康（以及使之最大化）的體系，那許多人的道德關懷一定是不道德的。

像海特之類的道德懷疑論者一般都強調道德爭論的棘手性：

大部分道德爭論的殘酷慘烈、徒勞和自以為是，現在已能被闡明了。在一個關於墮胎、政治、兩廂情願的亂倫、或我的朋友對你的朋友怎麼了的辯論中，雙方都相信，他們的立場是基於對事實與涉及事項的推理（尾搖狗錯覺）。雙方都提出他們認為支持自己立場的絕佳論證，雙方都期待對方對這種理由有所反應（搖別的狗的尾巴錯覺）。當對方不為這麼好的理由所動時，各方就做出對方一定是思想封閉或不誠懇的結論。就這樣的對於同性戀和墮胎之類問題的文化戰爭，就能在雙方生成受道德驅策的競賽者，他們相信對方未受道德激勵。[56]

不過海特描述的動態，對每個曾經就任何題目辯論過的人而言應該都不陌生。這種說服的失敗並不表示爭議雙方都同樣可信。例如：以上片段完美的捕捉住我偶爾與九一一陰謀論者的衝突。美國俄亥俄大學斯克里普斯調查研究中心（the Scripps Survey Research Center）所做的一項全美民意調查發現，超過三分之一的美國人懷疑，美國聯邦政府「幫助了九一一恐怖分子襲擊或未採取行動來制止他們，以便美國能到中東打仗」，而且百分之十六的人相信這個主張「非常可能」是眞的。[57] 許多相信世界貿易中心雙塔之所以倒塌，不是因爲加滿油的噴射客機撞上，而是小布希政府祕密的在那兩座建築中安裝了炸藥（所有回答者中百分之六判斷這「非常可能」，百分之十判斷「相當可能」）。每當我遇到心懷這種信念的人，海特所描述的僵局便準備就緒了：雙方「都提出他們認爲支持自己立場的絕佳論證。雙方都期待對方對這種理由有所反應（搖別的狗的尾巴錯覺）。當對方不爲這麼好的理由所動時，各方就做出對方一定是思想封閉或不誠懇的結論」。然而，不容否認的是，如果這個辯論的一方對二〇〇一年九月十一日到底發生了什麼是對的，那另一方就一定絕對錯誤。

當然，衆所周知我們對客觀推理的感覺常是錯覺。(58)然而，這並不意味著我們不能學會更有效的推理，更注意證據，並變得更在乎無時不在的犯錯的可能性。海特注意到大腦的感情線路常支配我們的道德直覺，而且感覺驅動判斷的方式肯定值得研究是對的。但這並不意味著對道德問題的答案沒有對錯。就像人們聲稱理性時常不太理性一樣，人們聲稱道德時可能並不太道德。

海特在描述我們可用的不同道德形式時，提供了「契約式」和「蜂窩式」兩途徑的選擇：第一個說是自由派的領域，而自由派關心的主要是傷害和公平；第二個代表保守的（一般是宗教的）社會秩序，它進一步的納入了對團體的效忠、對權威的尊敬、以及宗教的純粹。這兩種對好生活概念的對立也許值得討論，海特關於自由派和保守派之間差異的資料也很有趣，可是他的詮釋正確嗎？例如：他的道德五項基礎也許不過是對傷害更一般性之關懷的諸面向。

褻瀆一部古蘭經到底有什麼問題？除了人們相信古蘭經是憑神力著作的文本的事實

外，就不會有問題。那種人幾乎確切相信，這種瀆聖必然會導致某種傷害降臨其身或他們的部落——如果不在此生那就在來世。更玄奧的觀點則可能是任何褻瀆經文的人將會直接傷害到他自己：缺少崇敬本身可能就是懲罰，因爲遮蔽了信仰之眼。無論我們偏好哪種詮釋，神聖與對宗教權威的尊敬似乎都同樣化約成對傷害的關切。

同一論點朝相反方向也能推演：連一個像我這樣的自由派，傾心於按照傷害和公平來思考，也馬上能看出我對好生活的願景必須防範他人侵略性的部族主義。當我捫心自問時，我發現自己與我的保守鄰居們同樣想把蠻族擋在城牆外，而且我知道爲了這個目的，也許值得犧牲我自己的自由。我期待這種頓悟在未來的歲月會大幅增加。例如：且想像一下，在一樁核子恐怖主義事件後，自由派會怎麼去想伊斯蘭的威脅。也許有天自由派對幸福和自由的渴望，會產生若干非常強硬的對更嚴厲的法律和對部族忠誠的呼籲。這會不會意味著自由派變成了渴望蜂窩的宗教保守派了呢？或者自由派的避免傷害的看法，足夠有彈性到去包含對秩序的需要以及群內與群外之別呢？

還有個問題就是保守主義是否包含了對認知偏見——或者根本是僞善——的額外通融？因爲社會保守派的道德信念經常與他們的悖德行爲不符。美國最保守的地區往往有最高的離婚率和青少年懷孕率，以及對春宮作品的最大需求。[59]當然，我們可以爭辯，社會保守主義正是周遭犯罪氾濫的後果。不過這似乎是很不可能的解釋——尤其對那些高度保守道德主義和對罪的偏愛能出現在同一個人身上的例子。你如果想要看著這種僞善的人物，福音派牧師和保守派政客似乎很少令人失望。

什麼時候一個信仰體系不只爲假，而且非常鼓勵虛僞和無必要的受苦程度才值得我們譴責呢？根據晚近的一項民意調查，百分之三十六的英國穆斯林（年齡從十六歲到二十四歲）認爲，叛教者應該爲他們的不信眞主而處死。[60]這些人是出於海特意指之「道德動機」呢？還是不過在道德上困惑罷了？

而如果無論我們怎麼擺弄海特的傷害、公平、對團體的效忠、對權威的尊敬、精神的純粹等五個變項，若干文化包庇的道德準則看起來都很糟糕，那該怎麼辦呢？如果我們發現一個集團的人對傷害和公平並不特別敏感，或者對神聖不察知，或者未以任何其他方式在道德上敏於行事，那又該怎麼辦呢？然而海特對道德的構想，就能允許我們制止這些蒙昧的人虐待他們的孩子嗎？或者那是不科學的呢？

道德的頭腦

想像一下你到一家餐廳用餐，瞥見你最好朋友的太太坐在稍有距離的地方。當你站起來要打招呼的時候，注意到坐在她對面的不是你最好的朋友，而是一位英俊的陌生人。你猶豫了。他是她工作上的同事嗎？還是她外地來的兄弟呢？眼前的景象讓你覺得有些不正當。雖然聽不到他們在談什麼，可是兩人之明顯起著性方面的化學作用。你突然想起，你最好的朋友正離家開會去了。他的太太是在幽會嗎？你該怎麼辦？

大腦的好幾個區塊會對這個道德凸顯的印象以及隨後道德感情的激盪做出貢獻。有許多不同股的認知和感覺在這裏交錯：對脈絡的敏感，對他人信念的推想，對面部表情和肢體語言的詮釋、懷疑、憤慨、衝動控制等等。這些完全不同的過程在什麼時間點構成一個道德認知的例子呢？很難說。至少，我們知道，一旦有意識地想到干係道德的事件（例如友妻背叛的可能性）時，就進入了道德的領域。爲了這個討論的目的，我們無需把線畫得比這個還清楚。

涉及道德認知的大腦區，橫亙在前額葉皮層（prefrontal cortex）和顳葉（temporal lobes）

的許多地方。神經科學家豪爾赫・莫爾（Jorge Moll）、里卡多・德奧利維拉—索薩（Ricardo de Oliveira-Souza）與同事們寫下了對這項研究最周全的評註。61 他們把人類行動分成四個範疇：

一、不影響別人的利己行為
二、對別人有負面影響的利己行為
三、有高度或然率會互惠的對別人有益的行為（「互惠利他」）
四、沒有直接私人利益（物質的或聲譽的收益）的對別人有益並且沒有互惠可期待的行為（「真正利他」）。這包括利他的說明以及對違犯規範者之代價高昂的處罰（「利他處罰」）62

正如莫爾與同事們所指出的，我們與其他社會性哺乳動物共有一到三的行爲，而四似乎是人類的特殊領域（我們也許應該補充說明，這種利他必須是故意的/有意識的，這樣才能排除在蜜蜂、螞蟻、白蟻等完全社會性（eusocial）昆蟲所見之眞正英雄性的自我犧牲〕。莫爾等人雖然允許忽視眞正利他的報償成分〔常被稱作與合作關聯的「融融感」（warm glow）〕，我們從神經影像學研究知道，合作與頭腦中報償區加劇的活動關聯。㊸這裏再次顯現，自私動機與不自私動機的傳統對立似乎打破了。如果幫助別人能覺得有報償，而不是僅僅痛苦，那應當想成是另一種爲自己服務的方式。

正面和負面動機在道德領域扮演的角色很容易看出來：我們對別人在道德上的越軌感到鄙夷／憤怒，對自己在道德上的差錯感覺歉疚／羞恥，而當我們對別人好時會產生報償的融融感。少了這種動機機制的糾結，道德的處方（純粹理性的「應然」看法）就很不可能轉譯成實際行爲。動機是個分離變數的事實解釋了上面簡短觸及的難題：我們常知道什麼會使我們快樂，或者什麼會使世界變成一個更好的地方，然而我們發現自己沒有動機謀求這些目的；反之，我們常主動以自己知道以後會後悔的方式去行爲。顯然，道德動機能和道德推想的果實脫軌。一門道德的科學必然需要對人類動機有更深的理解。

統御是非判斷的腦區包括一個皮層結構和皮層下結構組成的廣泛網絡。這些地方對道德思想和道德行爲的貢獻因情感基調而異：外側額葉區（lateral regions of the frontal lobes）似乎統御與處罰越軌者聯想的憤慨，同時內側額葉區（medial frontal regions）產生與信任和回報聯想的報償感。⑭而如我們將看到的，個人的與和個人無關的道德決定之間也有差別。結果的圖像很複雜：像道德敏感度、道德動機、道德判斷、道德推理等因素端賴可分的、相互重疊的過程。

關於道德和大腦間的探討，內側前額葉皮層（MPFC, medial prefrontal cortex）是多數討論的重心。正如在第三、四章進一步討論的，此區涉及自我相關（self-relevance）的情感、報償、和判斷。它似乎也註記了信與不信之別。在這兒受傷已與多種缺陷關聯，包括糟糕的衝動控制、情感鈍化，以及像同理心、羞恥心、尷尬、內疚等社交情感的衰減。當額葉損傷局限於內側前額葉皮層時，推理能力以及道德規範的概念知識一般都能幸免，但適當的對待別人的能力則往往被擾亂了。

有趣的是，在評估若干道德兩難時，內側前額葉皮層受到損傷的病人，比正常的研究對象更傾向於結果論的推理——例如：當犧牲一個人的性命以拯救許多人的手段是個人的而不是非個人時。⑮且考慮以下兩種情節：

一、你在一輛速度失控而迅速接近軌道分叉處的有軌電車的駕駛座上。通往左邊的軌道上有一組五名鐵道工人；通往右邊的軌道上則只有一名鐵道工人。

你如果什麼也不做，那電車會繼續往左，造成那五名工人死亡。要避免那些工人死亡的唯一方法，就是按儀表控制盤上的一個開關來讓電車往右邊前進，造成那名單獨的工人死亡。

你按開關來避免五名工人之死是恰當的嗎？

二、一輛失控的電車在軌道上朝著五名工人開來，如果電車在目前的路線上前行會撞死工人們。你正在鐵道上方的人行天橋上，位於接近中的電車和那五名工人之間。在天橋上你身邊有位正好塊頭很大的陌生人。

拯救那五名工人的唯一方法，就是把那位陌生人推下橋到下面的鐵道上，那樣他的大塊頭可把電車止住。你如果這麼做的話，那陌生人會死，但能救那五名工人。

你把陌生人推到鐵軌上以救那五名工人是恰當的嗎？(66)

大多數人在第一個情節中強烈支持犧牲一個人以救五個人，但卻認爲在第二個情節中這樣的犧牲在道德上令人髮指。這個弔詭在哲學圈已經衆所周知多年。[67] 約書亞·格林與同事們最先使用功能性磁共振成像（fMRI）來看大腦對這些兩難的反應。[68] 他們發現，這些像情節二描述的個人型兩難更強烈的啓動與感情關聯的腦區。之後另一個小組發現，人們對兩情節反應的差別能被情感脈絡調變，不過很輕微。研究對象在面臨人行天橋的兩難前，如果先看了幾分鐘愉快的錄影比較會把那個人推下去送死。[69]

內側前額葉皮層受傷的病患比較容易覺得爲多人犧牲一人的行爲可做不同的詮釋。格林把這個看成情感過程和認知過程常朝相反方向作用的證據。[70] 然而，我們有理由擔心，單單用結果論思維和負面感情間的對立並不能妥當的說明這些資料。[71]

我猜想，對涉及此類道德判斷的大腦過程進行更細緻的理解能影響我們的是非感。然而道德兩難間表面上的差異可能繼續在我們的推理上扮演一個角色。如果損失總是會比沒得到的收益造成更多折磨，或者推一個人去死保證會以按一個開關所不會的方式給我們帶來精神創傷，那這些區別就變成了限制我們能如何朝更高境界的安康跨越道德風景的變數。然而，在我看來一門道德的科學能吸納這些細節：在紙上顯然會導致同樣結果的情節（例如：丟一條命、救五條命），在眞實世界中其實可能會有不同後果。

精神變態

爲了瞭解心靈與大腦之間的關係，研究缺乏特定心智機能（無論出於疾病或受傷）的對象經常是有用的。好巧不巧，大自然就提供了我們一個對傳統道德近乎完美的解剖。所造成的人即一般稱之爲「精神變態者」（psychopaths）或「社會變態者」（sociopaths），⑫其數量似乎比我們大部分人所意識到的多很多。研究他們的頭腦對傳統道德的神經基礎，產生了相當可觀的洞識。

做爲一種人格失調，精神變態者在媒體上已被大肆渲染到研究時很難不覺得我們是在迎合自己或迎合我們的聽衆。然而，毫無疑問的是精神變態者存在，而且他們許多人公開談論他們從恫嚇與折磨無辜者得到的樂趣。最極端的例子，包括連環殺人犯和性虐待狂，看來使我們完全無法有同情的理解。的確，你如果埋首於這種文獻，每個個案看起來似乎都比上一個更可怕、更不可解。我雖然不願流通這些犯罪的細節，可是我怕抽象的談論會矇蔽基底的事實。儘管每天都被餵食揭示人類邪惡的新聞，我們還是很難記住若干人眞的缺乏關懷其他同胞的能力。讓我們看看一名因重複強姦與拷打其九歲繼子而被判刑的男子的陳述：

在猥褻我兒子差不多兩年，還有買過、租過、交換過那所有色情商品以後，我找到一些搞小孩的「枷鎖教訓」影片。我讀過的一些東西和看過的照片裡，呈現的是完全屈服。可強迫孩子們去做我想要的事。

而我終於開始把這種枷鎖教訓用在自己的兒子身上，它升級到我用大型可封口塑膠袋套在他頭上的地步，我用黑膠帶或黑的電工膠帶黏住他脖子，然後強姦他、猥褻他……直到他臉色發青、甚至昏厥過去。在那個時候，我會把袋子從他的頭上扯下來，不是怕傷害他，而是出於興奮。

我會因為造成痛苦而極度亢奮。而當我看他昏過去並變色了，我變得非常亢奮和高昂，隨即把袋子從他的頭上扯下來，然後跳到他胸口，對著他的臉打手槍，然後在他……開始甦醒過來時，強迫他吸吮我的雞雞。在他咳嗽和噎住的同時，我就強姦他的嘴。

用塑膠袋和膠帶進行同樣的虐待方式，每星期大概兩、三次，持續了應該一年多一點吧。⑬

我想對此男人私下激情的簡短一瞥就足以表達論點了。請放心，這還不是一個男人或女人只是爲了樂趣而對一個孩子所做的最壞的施虐。而且精神變態文獻上的一個不可思議的特徵就是，連最壞的人也能在某種程度上找到合作的共犯。例如：在這些案例中，暴力色情影片扮演的角色就很難被忽視。單單兒童色情商品——正如許多人所指出的，這是實際犯罪的視覺記錄——現在是高達幾十億美元的全球性產業，涉及了綁架、「性觀光」、有組織的犯罪、以及對網際網路極精湛的利用。顯然有足夠的人熱切渴望看小孩——以及越來越多的學步兒和嬰兒——被強姦和拷打，才能創造出一整套的次文化。⑭

雖然精神變態者在監獄裏呈現特別高的比例，⑮但有許多是在低於公然犯罪的門檻下生活。相對於每個殺小孩的精神變態者而言，其實就代表了有另外數十萬人幹了其他傷風敗俗的壞事。創造評估精神變態的標準診斷工具——精神變態檢查表修訂版（PCL-R, the Psychopathy Checklist-Revised）——的羅伯特・黑爾（Robert Hare）估計，在美國任何時點連環殺人犯大概不到一百名，但同時大概有三百萬名左右的精神變態者（約佔人口的百分之一）。㊆如果黑爾是對的，那我們每個人都經常遇見那種人。

例如：我最近遇到一個人，他相當自豪能夠過著對老婆不忠的生活卻仍風平浪靜。其實他也欺騙了那許多與他不忠的女人——因為每個第三者都以為他是忠實的。這一切「豪勇」都需要假名、假工作，更別提一大堆的謊話了。我雖然不能說這個人是精神變態，但相當明顯地，他缺少我們大部分人所認為的正常的良心。一個不停的欺騙與自私詭計的人生，似乎對他沒造成任何不適。㊆

精神變態者可由他們異乎尋常的自我中心，以及完全缺乏對別人受苦的關懷來辨別。顯示其最常見特色的清單，讀起來會像是一則來自地獄的個人廣告：鐵石心腸、愛擺布他人、好瞞騙、衝動、愛偷偷摸摸、浮誇、喜尋求刺激、性雜交、不忠、沒責任感、傾向於回應性的和算計性的攻擊，㊇並且缺乏感情深度。他們對（無論實際的或預期的）懲罰也表現出減弱的情緒敏感。最重要的是，精神變態者不會經驗正常範圍的焦慮和懼怕，這也許說明了他們爲什麼欠缺良心。

對精神變態者所做的第一樁神經影像學實驗發現，當與非精神變態的罪犯及非罪犯的對照組比較，他們在一般對情緒刺激做出反應的腦區，顯現出相當少的活動。[79]雖然我們大部分人寧可生活裏沒有焦慮和懼怕，但它們對社會規範和道德規範起了定錨作用。[80]少了對自己罪過（無論眞的或想像的）感到焦慮的能力，規範就變成不過是「別人定的規則」。[81]發展心理學的文獻也支持這個詮釋：膽怯的孩子顯示了較大的道德理解力。[82]因此，我們能多合理的想要免於焦慮仍然是個未解的問題。再一次，這是一門實證的道德科學才能決定的事情。而隨著更有效的對焦慮的治療法的可望出現，這是個我們得以用某種方式面對的議題。

據進一步的神經影像學研究顯示，精神變態也是病態的激發和獎勵的產物。[83]在精神變態人格清單上得分高的人，在其大腦報償區〔尤其是伏隔核（nucleus accumbens）〕對安非他命反應時，顯示了不正常高度的活動，而且同時期待獲得金錢利益。這個線路的超敏感特別連結到精神變態的衝動—反社會次元，該次元導致損人利己的危險行爲。研究者猜測，對預期報償的過度反應能防止一個人從別人的負面情緒學習。

精神變態者不像其他有心理疾病或情緒障礙的人，他們一般不覺得自己有什麼不對。他們也符合法律對神志清楚的定義，即他們擁有對是非之別的知性理解。然而，精神變態者一般無法區別傳統的冒犯與道德的冒犯。當被問到「如果老師允許，你就能在課堂上吃東西嗎？」對比「如果老師允許，你就能打同學嗎？」，三十九個月以上的孩子往往把這兩個問題看成根本有所區別，而認爲後者的冒犯是本質上的錯。在這點上，他們顯然是受到對潛在的人類受苦的知覺所影響。有精神變態風險的兒童往往認爲，這兩個問題在道德上無所區別。

當被要求僅僅根據人們眼睛的照片來辨識別人的心理狀態時，精神變態者顯示出沒有一般性障礙。⑭ 他們在「心靈理論」（theory of mind）的處理上（即理解他人心靈狀態的能力）似乎基本完整，只有一些細微的缺陷肇因於他們不在乎別人的感受。⑮ 然而，一個關鍵的例外就是精神變態者常無法認出別人懼怕和憂傷的表情。⑯ 而這也許就是造成所有差別的所在。

神經科學家詹姆斯・布雷爾（James Blair）與其同僚表示，精神變態導源於杏仁核（amygdala）和前額皮層（orbitofrontal cortex）的遺傳障礙所造成的情感學習的失敗，那些區塊對處理感情至關重要。[87]他人的負面情感，而不是來自父母的處罰，也許才是驅使我們社會化的來源。因此，精神變態可能是對別人的懼怕和憂傷學習失敗的結果。[88]

一個有精神變態風險的兒童，由於情感上對自己所造成別人的受苦盲目，可能在整個青春期和成年期爲了追求自己的目標，而越來越訴諸反社會的行爲。[89]正如布雷爾所指出的，增加同理心的育兒策略，往往在健康的兒童身上能成功的緩和其反社會行爲；但這種策略對呈現精神變態特有之麻木不仁／無感情（CU, callousness / unemotional）特質的兒童則難免失敗。雖然也許很難接受，但研究強烈表明有些人就是學不會關懷他人。[90]也許我們有天能發展出改變這種現象的干預法。然而，就本書討論的目的而言，指出我們正開始理解哪種頭腦病態導致最極端的人類邪惡，似乎就足夠了。而且正如有些人存有明顯的道德缺陷，必定有其他人具備道德天分、道德專長，甚至道德天才。就和任何人類的能力一樣，這些逐漸的變化肯定表現在大腦的層次。

博弈論建議，演化或許選擇了兩種穩定的進程朝向人類合作：**一報還一報**（常叫作**「強互惠」**）和**永久性倒戈**。[91]一報還一報即我們一般在社會中到處所見者：你對我表示了一些友好的舉動，我就急於回報你的好意；你做出粗魯或傷害性的事，我就變得很難抗拒不以同樣方式回報。但想想看永久性倒戈出現在人際關係上會是什麼樣子：倒戈者多半會持續詐欺和要手段，裝出道學的攻擊（以激起別人的愧疚和利他），以及策略性的模仿像同情之類的正面社會情緒（以及像內疚之類的負面情緒）。這聽起來有點像家常版的精神變態。精神變態者的存在似乎能用博弈論來預測，否則一切將顯得神祕難解。然而，一輩子都住在小村子裏的精神變態者肯定處於極不利的地位。永久性倒戈做爲策略的穩定性，需要倒戈者能找到對他的聲名狼藉還無所知的人來欺詐。不消說，都市的成長使這種生活方式變得比以往都更爲可行。

邪惡

當面對最極端的精神變態時，很難不按照善惡來想。可是我們如果採取一個比較自然主義的觀點，那會怎麼樣呢？且考慮一下與一隻野熊一起關在籠子裏的光景：這爲什麼會是個問題？是的，野熊顯然有某種明顯的認知缺陷和情感缺陷。你的新室友不容易說理或安撫；牠不太可能認知你擁有與牠自己可相比擬的利害，或者你們倆有共同的利害；而且牠即使能理解這種事情，大概也缺少關心的情感資源。從牠的觀點來看，你最多不過是個消遣，是個畏縮的討厭鬼，是個可用牙齒試試看的嫩東西。我們或許可以說野熊像個精神變態者，在道德上精神錯亂。然而，我們極不可能說牠的狀況是「邪惡」的一種形式。

人類的邪惡是個自然現象，而且某種程度的掠奪性暴力是我們與生俱來的。人類和黑猩猩往往對他者展現相同程度的敵意，但黑猩猩比人類在群體內攻擊性要強得多（大約兩百倍）。⑫ 因此我們似乎有黑猩猩所欠缺的親社會的能力（prosocial ability）。而且，儘管外表不是那樣，人類已變得越來越不暴戾。正如賈德・戴蒙（Jared Diamond）所解釋的：

當然，二十世紀的國家社會確實發展出大規模殺戮的強力科技，進而打破暴力死亡的所有歷史記錄。但這是因為它們享有人類歷史上空前最大的潛在被害人口；因暴力而死的實際人口百分比，在傳統的前國家社會平均起來，甚至比第二次世界大戰期間的波蘭或波爾・布特（Pol Pot）統治下的柬埔寨還多。⑬

我們必須不斷地提醒自己，在什麼是自然的和什麼是眞的對我們好之間有所差異。癌症是完全自然的，然而根除癌症是現代醫學的一個主要目標。演化也許選擇了地盤性暴力、強姦、和其他顯而易見的不合倫理的行爲，來做爲繁衍我們基因的策略——但我們的集體安康顯然端賴我們對這種自然傾向的反對。

地盤性暴力或許對無私利他的發展甚至曾經是必要的。經濟學家撒母耳・鮑爾斯（Samuel Bowles）主張致死的「外群」敵意（"out-group" hostility）和「內群」利他（"in-group" altruism）是一體之兩面。⑼⑷ 據其電腦模型顯示，少了某種程度的群體間衝突，無私利他就無從產生。如果上述爲眞，這就是我們必須透過理性來超越演化壓力的許多地方之一——因爲除了來自外太空的攻擊以外，我們現在缺少一個適當的、能激勵我們更進而利他的「外群」。

其實，鮑爾斯的研究對我道德風景的論述有著有趣的含義。且考慮看看以下帕特麗夏・丘奇蘭德的說法：

假定我們住在林地的猿類祖先以及我們自己的人類祖先都從事對外群的襲擊，

就像黑猩猩和幾個南美洲的部族現在還做的那樣，我們能有自信在道德上譴責他們的行為嗎？我看不出在實際上對這種判斷有任何基礎。如果像撒母耳・鮑爾斯所主張的那樣，即現代人類典型的無私利他和外群競爭一起演化，這樣的判斷就會有問題。⑯

當然，我的論證目的就是對價值的普同判斷提出一個「實際上的基礎」。然而，正如丘奇蘭德所指出的，如果我們的祖先在朝向利他的進步上，除了發展出對外群的敵意外別無其他方法，那也只好那樣了。假定就道德而言，利他的發展代表一個極其重要的進展（我相信如此），這就類似於我們的祖先在道德風景中降入一個不愉快的幽谷，只是為了朝向一個更高的山巒前進。重要的是，這樣的演化約束不再有效了。事實上，藉由晚近生物學上的進展，我們現在已對有意識的策動我們未來的演化有了頭緒。我們應當這麼做嗎？如果應當，該以什麼方式？只有對人類安康可能性的科學性理解才能指導我們。

自由意志的錯覺

大腦允許有機體改變它們的行爲與內在狀態，以對環境中的變化做出反應。這些結構的演化往往朝向大型化和複雜化，已導致地球上各物種如何生活的龐大差異。

人腦對來自幾個領域的資訊做出反應：從外在世界，從身體的內在狀態，以及越來越多的從意義的領域——包括口語和文字、社會線索、文化規範、互動儀式、對別人具備理性的假設、對口味和風格的判斷等等。一般而言，這些領域似乎在我們的經驗中是統一的：你瞧見你的摯友站在街角，衣冠不整，狀似怪異。你察覺她正在哭泣，並瘋狂的在手機上撥號。有人侵犯她了嗎？你衝到她身邊，感到想幫她的強烈渴望。你的「自我」似乎站在這些輸入和輸出的交叉點上。從這個觀點來看，你傾向於覺得你是自己思想與行動的源頭。你決定做什麼或不做什麼。你似乎是把自己的自由意志付諸實行的媒介。然而，如我們將看到的，這個觀點無法跟我們對人腦所知道的調和。

我們對每瞬間大腦處理的資訊只有一小部分有意識。我們雖然持續的注意到我們經驗中的變化——在思想、情緒、知覺、行爲等等上——卻對產生這些變化的神經活動毫無察覺。其實，別人不過瞄你一眼或聽你的口氣，就常常比你自己更清楚你的內在狀態和動機。然而我們大部分人還是覺得我們是自己思想與行動的創作者。

我們所有行爲都能追溯到自己意識不到的生物性活動：這已在在表示自由意志是個錯覺。例如生理學家本傑明・利貝特（Benjamin Libet）著名的證明：大腦運動區塊的活動能在一個人感到他決定做動作的三百五十毫秒之前就被測知。[96]另一個實驗室近來用功能性磁共振成像數據顯示了，有些「有意識的」決定能在它們進入知覺之前十秒就被預測（遠比利貝特測出的準備活動早得多）。[97]顯然，這類的發現很難與一個人是自我行動泉源的感覺調和。請注意，大腦中「高級」系統和「低級」系統的區別對我們一無是處：我並沒有比造成我大腦邊緣系統的動物性爆發更啓動了前額葉皮層執行區的活動。這樣的眞理看來不可避免：我，做爲自己經驗的主體，直到一個想法或意圖興起前，無法知道我下一步將怎麼想或怎麼做；而思想和意圖是由我無法知覺的身體活動和心靈醞釀所引起的。

許多科學家和哲學家早就明白，自由意志不能與我們對物理世界漸增的瞭解相符。[98]即便如此，許多人還是否認這項事實。[99]生物學家馬丁・海森堡（Martin Heisenberg）最近觀察到，大腦中一些像離子通道（ion channels）的開合及突觸囊泡（synaptic vesicles）的釋放之類的基本過程，是隨機發生的，因此不能由環境的刺激來決定。因此，我們的許多行爲可以想成是「自行生成的」，他想像自由意志的基礎就位於其中。[100]但在這個意義下，「自行生成的」意思不過是這些活動起源於大腦中。同樣的話也能拿來說一隻雞的大腦狀態。

我如果得知我之所以決定喝今天上午的第三杯咖啡，是出於神經傳導物質（neurotransmitters）的隨機釋放，那啓動事件的不確定性怎能算是我意志的自由行使呢？這種不確定性，如果一般對整個大腦有效，會抹殺任何類似「人媒」的可能。想像一下，如果你所有的行動、意圖、信念、欲望等，都是以這種方式「自行生成的」，你的人生會是什麼模樣：你會簡直沒有心靈似的。你會像被內在的風吹來吹去般的過日子。行動、意圖、信念、欲望等，都是只能存在於受行爲模式和刺激—反應法則重大約束的系統中的那種東西。事實上，能與其他人類理性溝通——或者，勉強認爲他們的行爲和言詞可以理解——的可能性，端賴對其思想和行動會乖乖遵循共有現實的假設上。極端一點而言，海森堡「自行生成的」心靈事件相當於徹底的瘋狂。[101]

問題在於，沒有任何因果關係的說明爲自由意志留下了空間。各種思想、情緒、欲望等不過是蹦了出來——並且爲了從主觀觀點來看完全高深莫測的原因驅動我們，或無法驅動我們。我在上一句話爲什麼用了「高深莫測」一詞呢？我必須坦承我不知道。我能自由採用別種方式嗎？這樣的主張可能是什麼意思？到底爲什麼「晦澀」一詞沒有出現腦際？是的，它原先就是沒有——而現在它已在本頁佔有一席之地了，可是我覺得我還是偏愛原來的選擇。我這個偏好是自由的嗎？**當我就是不覺得「晦澀」是更好的詞時，**我有覺得「晦澀」是更好的詞的自由嗎？我能自由的改變主意嗎？當然不能。能被改變的只有**我**。

說一個人若選擇別的做法他就會按別的做法去做是沒有意義的，因爲一個人的「選擇」不過出現在他心靈之流上好像從虛無中蹦出來似的。在這個意義下，我們每個人都像個由看不見的手敲奏的現象學鐘琴。從你的有意識心靈的視野來看，你對你下一樁思考（因而去**做**）的事，不比你被誕生到這個世界更有責任。⑩②

我們對自由意志的信念，出自於我們對特定先前原因之瞬間到瞬間的無知。「自由意志」一詞描述的是，對每個念頭出現在意識的當兒，與其內容**等同的感覺**是什麼。「我女兒生日我該給她什麼？我知道，我要帶她去寵物店讓她自己選幾條熱帶魚」，像這樣的一連串想法傳達的是自由選擇的明顯事實。但從更深層的角度來看（既談到主觀性又談到客觀性），念頭不過興起（否則它們還能怎樣？），無人「著作」，然而卻「著作」了我們的行動。

正如丹尼爾・丹尼特所指出的，許多人把決定論和宿命論混淆了。⒀這引發了諸如以下的問題：「如果每件事都是注定的，那我爲什麼一定要做什麼？爲什麼不就坐視看看會怎麼樣？」可是我們的選擇端賴先前的成因並不意味著它們無所作爲。我如果沒決定寫這本書，它自己不會寫成。我之選擇寫它無疑是它之所以應運而生的主要成因。決定、意圖、努力、目標、意志力等等是大腦的因果狀態，導致具體的行爲，而行爲導致在世界的後果。因此人的選擇與自由意志迷所相信的一樣重要。而「坐視看看會怎麼樣」本身就是個會導致它自己後果的選擇。它也極端難爲：就試著整天待在床上等事情發生吧；你將發現自己深受想起床做些什麼的衝動所折磨，而需要越來越卓絕的努力來加以抵抗。

當然，自願性行動和非自願性行動有所區別，但它毫不支持一般性的自由意志觀念（也不倚賴它）。前者與感覺到的意圖（欲望、目標、期待等等）相關，而後者則否。所有依不同程度的意圖所進行的傳統區別——從那古怪的神經性疾病異己手綜合症（異手症，alien hand syndrome）⑩到狙擊手的預謀行動——都能保留：因爲它們不過是描述當一項行動發生時心裏又浮現了別的什麼。自願性行動伴隨著要體現它感覺到的意圖，而非自願性行動則否。我們的意圖本身來自哪裏，以及在每瞬間什麼決定它們的特點，就主觀而言仍然是完全神祕的。我們對自由意志的感覺出於未能體會這項事實：我們並不知道我們將意圖做什麼直到意圖產生。要看出這點就得要明白，你並非像人們一般以爲的那樣是你自己思想與行動的「作者」。然而，這個洞識並未使社會自由和政治自由變得比較不重要。做自己意圖做的（而不做不意圖做的）自由，並不會比從前更不可貴。

道德責任

自由意志的問題並不只是哲學研討課的玩藝兒。對自由意志的信仰支撐了宗教對「罪」的看法，以及我們對報復性正義（retributive justice）歷久的信奉。⑩美國聯邦最高法院管自由意志叫作對美國法律體系的一個「普同且堅持不懈的」基礎，與「和我刑事司法體系基底信條不符之對人類行爲的決定論觀」有別（一九七八年的「美國對格雷森」法案〔*United States v. Grayson, 1978*〕）。⑯任何威脅我們對自由意志看法的科學發展，似乎都會質疑處罰壞行爲的倫理學。⑰

不過，當然，人之善和人之惡是自然事件的產物。令人大爲憂心的是，任何對人類行爲基底成因的誠實討論，似乎都腐蝕了道德責任的看法。我們如果把人們看成是神經元天氣模式，那我們怎麼能邏輯連貫的談道德呢？而如果我們繼續致力於把人看成人，有些人能與之說理而有些人不可理喻，我們似乎就必須找到某種符合事實的個人責任的看法。

對一項行動負責的意思到底是什麼？例如：我昨天到市場去；結果我衣冠整齊，沒偷任何東西，也沒買鳳尾魚。說我對我的行爲有責，不過是說我的作爲足夠符合我的思想、意圖、信念、慾望等，而能被認爲是它們的延伸。另一方面，如果我發現自己赤裸裸的站在市場裏，企圖偷拿數量盡可能多的鳳尾魚，這個行爲就完全不符合自己的特性；我會覺得我的心智不正常，要不然便是我對自己的行動沒有責任。因此，對於責任的判斷端賴一個人心靈的整體局面，而不在心智因果關係的形上學。

且考慮以下人類暴力的例子：

一、一個四歲的小男孩在玩父親的槍械時打死了一名年輕女郎。那把槍已經上膛，並放在沒上鎖的梳妝檯抽屜裏。

二、一名十二歲的少年是持續受肉體與情感虐待的被害人，因為一名年輕女郎逗弄他，他就拿他爸爸的槍故意把她打死。

三、一名二十五歲的男子在兒童時期曾不斷受凌虐，因為他的女朋友移情別戀而故意拿槍把她打死。

四、一名二十五歲的男子由好爸媽養大並且從來沒被凌虐過，他「只為了好玩」就故意拿槍打死一位素未謀面的年輕女郎。

五、一名二十五歲的男子由好爸媽養大並且從來沒被凌虐過，他「只為了好玩」就故意拿槍打死一位素未謀面的年輕女郎。對那男子的頭腦所做的核磁共振成像（MRI）顯示，在他的內側前額葉皮層（medial prefrontal cortex）（負責控制感情和行為衝動的區域）有個高爾夫球大小的腫瘤。

在每個案例中都有位年輕女郎死了，而且每個案例中她的死都是另一個人大腦活動衍生的結果。我們所感到義憤的程度顯然端賴每個案例中所描述的背景情況。我們懷疑一個四歲的孩子無法眞的意圖殺人，而十二歲孩子的意圖也不會像成人的那麼深。在案例一和案例二中，我們知道兇手的頭腦還沒完全成熟，而且還沒被賦予做人的全部責任。在例三中凌虐的歷史和突發狀況似乎減輕了那男子的罪行：這是個自己受別人傷害的人所犯的激情罪行。在例四中，沒有凌虐的因素，其動機給肇事者打下了精神變態者的烙印。在例五中，我們顯然有同樣的精神變態行爲與動機，但腦腫瘤就似乎完全改變了其道德演算：以它在內側前額葉皮層的位置，看來就使兇手擺脫了所有責任。當大腦及其背景在每個案例中都是一名女子死亡的眞正原因，且又以相同程度影響事件的發生時，我們能如何理解這些道德譴責的層次呢？

在我看來，我們並不需要有任何錯覺，以爲人的心裏住了一個因果的媒介來譴責那樣的行爲不倫理、玩忽、或者邪惡，而因此容易惹起更多傷害。我們對在另一個人身上所譴責的是其**施害的意圖**——因此任何使一個人無法藏匿這種意圖的條件或狀況（例如事故、精神病、年幼）都將減輕罪愆，而這完全不必求助於自由意志的觀念。同樣的，罪孽的程度，就像現在司法實務那樣，將援引案例的相關事實來判斷：被告者的人格、前科、與他人交往的模式、對致醉物質的使用、自己承認對於被害人的意圖等等。如果一個人的行動似乎已經完全反常，這將會影響我們對他現在對別人造成威脅的感覺。如果受控者顯得不思悔改並渴望再殺人，我們毋需援引任何自由意志的觀念，就會把他當成對社會的危險。

當然，我們彼此問責的比那些我們有意識計畫的更多，因爲多數自願性行爲的發生並未經過明確的計畫。[108]但爲什麼有意識的決定去傷害別人特別應該譴責？因爲意識是一種脈絡，我們的意圖在其中變得完全可以觸及。我們接在意識性計畫後做的，往往最能完全反應我們心靈的全面特性——信念、欲望、目標、偏見等等。如果經過幾星期的深思熟慮、圖書館研究、以及與朋友的辯論，你仍然決定要殺國王——那麼殺國王就眞的反映了你是什麼樣的人。結果社會上其他人對你的擔心就很有道理了。

雖然把人類看成自然力並不阻礙道德責任的思維，但它的確使報復邏輯有所存疑。

顯然，我們需爲意圖傷害別人的人蓋監獄。可是如果我們能讓地震和颱風也因它們的罪孽而入獄的話，我們也會爲它們蓋監獄。⑩男女死因都有某些壞基因、壞父母、壞想法、壞運氣等的組合——這些未知數中，到底有哪些該由他們負起責任？沒有哪個人是他自己基因或教養的「作者」，然而我們很有理由相信這些因素決定了他一生的品格。我們的司法體系應當反映我們對人生際遇大不相同的瞭解。事實上，不承認道德本身涉及了許多運氣成分似乎是不道德的。

設想一下，如果我們發現了對人類邪惡的治療法會怎麼樣。爲了便於討論，想像一下，在人腦進行的各種相關改變都很便宜、無痛、而且安全。對精神變態的治療劑能像維生素D那樣直接放進食品裏。邪惡現在就不過是種營養不良罷了。

我們如果能想像對邪惡的治療存在，我們就能看出我們的報復衝動有深深的缺陷。例如：試想一下，做爲對一個殺人犯的部分處罰，把治療邪惡的藥劑**扣住**會怎麼樣？這樣有任何道德的道理嗎？說一個人**該當**對他扣住這種治療可能意味著會什麼呢？如果在那人犯罪前該治療法就已經有了呢？他還對他的行動有責任嗎？似乎更有可能的是那些知道他的情況的人會被以疏忽罪起訴。在例五中，如果我們知道腦腫瘤是那人暴行的近因的話，那做爲處罰而不准他動手術能有任何意義嗎？當然沒有。因此，對報復的竭力主張似乎是基於我們無視人類行爲的基底成因。

即便有我們對自由意志的依戀，大部分人都知道頭腦的病變能勝過心靈最良善的用意。這種理解上的轉移代表了一種進步，對共同人性朝向更深、更始終如一、並且更悲憫的觀點——而且我們應當注意這是脫離宗教形上學的進步。在我看來，很少有概念能比得上獨立於所有物質影響（從基因到經濟體系）的靈魂不朽觀念，爲人類的殘忍提供了更大的範圍。

然而對我們在神經科學所做進步的恐懼之一，就是這個知識會使我們非人性化。把心靈想成物理頭腦的產物，會不會消滅我們對彼此的悲憫呢？雖然提這個問題是合理的，可是在我看來，平衡而言，靈魂／軀體的二元論一直是悲憫的敵人。例如：依然環繞在情緒和認知病變的道德污名，似乎主要是把心靈與大腦徹底區分的結果。當胰臟未能產生胰島素時，運用合成胰島素來補償胰臟失去的功能，並不會產生羞恥感。但許多人對拿抗抑鬱劑來調整情緒的感覺就不一樣了（而且不是爲了顧慮任何潛在副作用的理由）。如果這個偏見在近年有所減低，那是因爲對把大腦當成身體器官更有體會了。

然而，報復的問題眞的很微妙。賈德・戴蒙最近在《紐約客》（*The New Yorker*）雜誌上寫了篇引人入勝的文章，談我們把復仇交給國家的高昂代價。[110]他把他朋友丹尼爾的經驗與他岳父的悲劇相比較：丹尼爾是位新幾內亞高地人，他爲一位叔叔之死復了仇而感到極大的解脫，而他岳父雖有機會殺掉那個在納粹大屠殺期間謀害他家人的傢伙，但他選擇把兇手交給員警。結果兇手只坐了一年牢就被放出來了，戴蒙的岳父卻在他後來的六十年人生中，「被懊悔和自責折磨」。新幾內亞高地的族間仇殺文化雖然頗有可非議之處，可是顯然復仇的慣行滿足了一個普遍的心理需求。

我們深深傾向於把人看成是其行動的「作者」，要求他爲加諸我們身上的過失負起責任，並且覺得那些債必須償還。我們經常認爲，似乎唯一適當的補償，就是要求罪行的加害者受苦或喪失生命。最好的司法制度如何管理這些衝動仍然有待觀察。顯然，人類行爲成因的完整解釋應當削弱我們對不平的自然反應，至少到某種程度。例如：假使戴蒙的岳父家人是被一頭大象踩死或因霍亂而臥床不起，他還會承受同樣的得不到回應的報仇之痛，就似乎很可疑。同樣的，如果他得知殺他家人的兇手在某病毒摧殘其內側前額葉皮層之前，一直過著無瑕的道德生活，我們可以預期戴蒙岳父的懊悔會大爲緩和。

一種虛假的報復形式仍然有可能是道德的，如果它能使人的舉止變得更好。強調對若干罪犯的處罰——而不是對他們的遏制或改造——有沒有用，是個社會科學和心理科學的問題。不過似乎很清楚的是，一個基於自由意志觀念——每個人是他思想與行動的「作者」——的報復性衝動，是寄託在一種認知和情感的錯覺，並進而成爲長久的道德錯覺。

一般認爲，我們的自由意志感呈現了一個引人入勝的謎團：它一方面不可能就因果關係來理解；另一方面有個我們是自己行動「作者」的強力主觀感。[111]然而，我認爲這個謎團本身就是我們混淆的徵兆。自由意志並非單單是個錯覺：我們的經驗並非單純的傳達了一個扭曲的眞實觀；而是我們對我們經驗的本質錯了。我們並不覺得像自己所以爲的那麼自由。我們對自己的自由感源於我們沒注意到我們實際上是怎麼樣。就在我們注意的那一刻，就開始明白自由意志無處可尋，而我們的主觀感與這個眞相完全相容。思想和意圖就只是在心靈發生。要不然它們還能如何？關於我們的眞相比許多人假設的還要奇怪：**對自由意志的錯覺本身就是個錯覺**。

3 信念

某位美國總統候選人有一回與一群支持者在某位富有的捐助者家聚會。在簡短的介紹後，他曾見身邊的桌上擺著一碗百花香（potpourri）。他誤以爲是一碗果仁什錦（trail mix），就抓了一把這種裝飾用的渣滓——包括樹皮、薰香、花瓣、松球、及其他林地來的不可吃的碎片——貪婪的塞進嘴裏。

我們的英雄接著做了什麼沒有報導（不必多說，他沒變成美國的下任總統）。然而，我們能想像該場景的心理學：那候選人中了埋伏而睜大眼睛，夾在他主人臉上的恐懼表情和他自己舌頭的恐慌之間，在衆目睽睽之下，得趕快決定把那令人不快的東西吞下去或吐出來。在場衆明星和電影製片人都假裝沒看到這位大人物的狼狽，大家突然都變得對房間的牆壁、天花板、和地板感到興趣起來了。有些人當然比較不謹愼。我們能從候選人的觀點來想像他們的臉：從驚愕到幸災樂禍，各式各樣掩飾得不好的情緒。

所有這些反應、其個人的和社會的意義、以及其每一刻的心理效應，都是從心智力產生的，並且明顯地是只有人類才有的：認出別人的意圖和精神狀態、自我在物理空間和社會空間兩者的表現、挽回面子（或幫別人挽回面子）的衝動等等。這些精神狀態雖然無疑地在其他動物的生命中有類比，但我們人類特別強烈的經驗到它們。這可能有許多原因，但一個顯然至關要緊的是：在地球上所有動物中，只有我們擁有用複雜語言來思考和溝通的能力。

考古學家、古人類學家、遺傳學家、神經科學家等的研究——且不提我們靈長類表親的沉默無言——表明人類語言是個非常晚近的適應。①我們的生物種在六百三十萬年前才從與黑猩猩的共祖分叉出來。而且現在看起來其與黑猩猩的分家也許不是那麼乾脆，因爲對兩者基因組的比較，焦點放在那相似性大於預期的X染色體上時，顯示兩個物種雖分叉了，但仍互相交配一陣子，然後才永遠分家。②儘管有這種粗鄙的遭遇，所有現在的人類顯然起源於大約公元前五萬年，住在非洲的單一狩獵採集的人口群。這些是我們的生物種中，首度展示藉由語言才使技術和社會創新成爲可能的成員。③

遺傳學證據指出，這些人中的一支也許有一百五十人的隊群離開了非洲，然後逐漸棲居於全球。然而，他們的移民不是毫無困難的，因爲他們並不孤獨：**尼安德塔人**（Homo neanderthalensis）已經佔據歐洲和中東，而**直立人**（Homo erectus）則佔領了亞洲。兩者都是古人類的生物種，他們在先前的一次或多次移出非洲後，以分別的演化途徑發展。兩者都擁有大型頭腦，製作的石器與**智人**（Homo sapiens）雷同，而且都武力強大。然而以後的兩萬年間，我們的祖先逐漸取代了所有對手，並且可能實際上把他們消滅了。④由於尼安德塔人有更大的頭腦和更強壯的體格，因此推定，只有我們的生物種具備完整複雜之象徵性語言的優勢，似乎是合理的。⑤

雖然對人類語言的生物性起源，以及對它在其他動物的溝通行爲中最可能的前驅是什麼，仍有爭議，⑥但無疑地，有語法的語言（syntactic language）是我們能瞭解宇宙，溝通想法，在複雜社會中與別人合作，以及（我們希望）建立一個能永續的、全球性文明等的根柢。⑦但爲什麼語言造成了這樣的差別呢？說話（以及近來的讀寫）能力如何給予現代人對世界更大的掌握呢？到底最後這五萬年間有什麼值得溝通的呢？在我看來，創作小說的能力不是這方面的驅策力，我希望這樣的主張不會顯得太過庸俗。語言的力量當然源於它允許只用詞語就能代替直接經驗，而且只用思想就能類比世界的諸可能狀態等事實。像「我昨天看到那個山洞前有幾個很可怕的傢伙」之類的言辭，在五萬年前會很有用。大腦接受這種命題爲真的能力——做爲行爲和情感的有效指南、做爲未來後果的預測等等——解釋了詞語的變革力。我們對這樣的接受有個共通的詞彙，叫作「信念」。⑧

什麼是「信念」？

很少有精神狀態像「相信」那樣對人類生活施加了那麼廣泛的影響，所以很令人吃驚地，在這方面的研究竟然如此貧乏。我們雖然常對「信念」與「知識」做傳統的區別，但這些範疇其實相當誤導。知道喬治・華盛頓（George Washington）是美國的第一任總統，和相信「喬治・華盛頓是美國的第一任總統」的陳述，相當於同一件事。當我們在日常會話中區別信念和知識時，一般的目的在把注意力導向確定的程度：當我相當確定我對世界的一個信念是眞的時，我恰如其分的說「我知道」；當我比較沒把握時，我也許會說「我相信這大概是眞的」之類的話。我們對世界的大部分知識都落於這兩個極端之間。這種信念的整個「光譜」——從扔銅板猜出現哪面到賭上自己性命——都表達了「相信」的逐漸變化。

然而懷疑「相信」是否眞的是頭腦層次的單一現象，是合理的。我們對人類記憶漸增的瞭解應當促使我們謹愼：在過去五十年間，「記憶」的概念已化解成若干認知的形式，現在已經知道它們在神經上和演化上是有區別的。[9]這應該會使我們想知道，一個諸如對「相信」的看法會不會在映射到大腦上時也粉碎成分離的過程。其實信念和若干類型的記憶重疊，因爲記憶可以相等於對過去的信念（例如：「我上星期大部分的日子吃了早餐」）[10]，而且若干信念與常被稱之爲「語義記憶」（semantic memory）者沒有區別（例如：「地球是從太陽數過來的第三個行星」）。

沒有理由認爲任何我們對於世界的信念是以命題，或者在離散的結構內，儲存在大腦裏。[11]僅僅瞭解一個簡單的命題，常需要無意識的活化相當多的背景知識[12]，以及一個活躍的測試假設的過程。[13]例如：像「因爲第二階段未能發射，小組非常失望」的句子，雖然讀起來夠容易，可是少了對火箭發射和一組工程師的一般概念就無法理解。所以連基本的溝通都比僅僅解碼詞語還多。因此，必定可預期的是，特定信念的周遭也會有類似聯想的灰色地帶。

然而我們的信念能以離散的陳述來代表和表達。想像一下，聽到一位可信賴的朋友做出以下斷言之一：

一、美國疾病管制中心（CDC）剛宣布手機真的會造成腦癌。

二、我弟弟這個週末在拉斯維加斯贏了十萬美元。

三、你的車子被拖吊走了。

我們成天都在交換這種對世界的表述。對這種陳述爲眞（或很可能爲眞）的接受，是我們獲得世界大部分知識的機制。雖然在腦中搜尋對應於特定句子的結構沒有任何意義，我們卻可能可以瞭解使得我們接受那樣的句子爲眞的大腦狀態。⑭當有人說「你的車子被拖吊走了」時，那是你接受這項陳述爲眞才會衝出門去。因此，「相信」能被想成在現在發生的一個過程；那是個掌握的動作，而不是被掌握的東西。

《牛津英文辭典》界定了「信念」一詞的多重意義：

一、信任或信賴一個人或一件事物的心智行動、狀況、或習慣；信任、依賴、信賴、信心、信仰。

二、根據權威或證據而在心智上接受一命題、陳述、或事實為真；對一陳述，或根據他人的證詞對一超出觀察外事實的真實性，或根據意識的證據對一事實或真理，所顯示之心智的贊同；涉及此贊同的心智狀況。

三、所信的事物；被當成真的命題或命題組。

定義二正是我們所追求者，而定義一也可能適用。前兩者的意涵和定義三所賦予之以資料為中心的意義相當不同。

且考慮一下以下的聲言：**星巴克不賣鍁**。我猜我們大部分人都會願意賭相當多錢說這個陳述為眞——也就是說我們**相信**它。然而，在讀這個陳述之前，你極不可能考慮過這個世界最熱門的連鎖咖啡店也做世界上最危險物質買賣的前景。因此，在你腦中似乎不可能有個結構已經對應於這個信念。然而你顯然心懷某種**相當於**這個信念之對世界的表徵。

許多資訊處理方式必須爲我們判斷上述陳述爲「眞」奠基。我們大部分人以種種或隱或顯的方式知道，星巴克不太可能是核子材料的擴散者。好幾種有區別的能力——情景記憶（episodic memory）、語義知識（semantic knowledge）、對人類行爲和經濟誘因的想定、歸納推理等等——促使我們接受以上命題。說我們**已經相信**在星巴克買不到鈽，不過是在目前的瞬間對這些過程的概括賦予一個名稱：即「信念」在這個案例中是接受一命題爲眞（或很可能爲眞）的意向。

然而這種接受的過程經常不止於表達我們先前的信諾。它能在一瞬間修正我們對世界的觀點。且想像讀到明天《紐約時報》的頭條標題：〈世界上大部分咖啡現在已被鈽污染〉。**相信**這個陳述會馬上影響你在許多方面的想法，以及你對前面命題眞實性的判斷。我們的大部分信念正是以這種方式獲得：做爲我們接納的陳述，而我們之所以接納是因想定其來源可靠，或因爲來源的數量之多排除了錯誤的任何顯著可能性。

其實，我們所知道的每件個人經驗以外的事情，都是我們面對特定語言命題——**太陽是個星星；凱撒是位羅馬皇帝；吃青花菜對你有好處**——並且認爲沒有理由（或手段）懷疑它們的結果。就是這種做爲接納行動的「信念」形式，成爲我在神經科學研究中追求更佳理解的對象。⑮

在大腦中尋找信念

一個物理系統若要能做複雜的行爲，在其輸入和輸出之間就必須有某種有意義的隔離。就我們所知，這種隔離在人腦的額葉（frontal lobe）中最能徹底達成。我們的額葉就是根據我們先前的目標和當前的推斷，而允許我們在廣大範圍的對到來資訊的反應中做選擇。這種對感情和行爲「高層次」的控制，就是構成人類個性的材料。顯然，大腦對事實之陳述——**你把錢包丟在酒吧了；那個白粉是炭疽粉；你的老闆愛上你了**——信或不信的能力，對引發、組織、和控制我們最複雜的行爲是至關重要的。

但我們極不可能找到一個人腦區是給信念專用的。頭腦是個演化出來的器官，而看來在自然中沒有一個過程能創造出新結構，好專門給完全新穎的行爲或認知方式使用。

結果，頭腦的高階功能必須從低階機制興起。例如：像腦島（insula）這樣的一個古老結構幫忙監視我們的內臟活動，統御對饑餓和厭惡之類原始情緒的感知。但它也涉及痛感、同理心、驕傲、屈辱、信任、音樂鑑賞、上癮行爲等。⑯它也可能在信念形成和道德推理上扮演重要的角色。這種功能的混雜性是頭腦許多區的共同特徵，尤其在額葉。⑰

頭腦裡沒有哪個區是在神經真空、或與同時在基因組中發生的其他突變隔絕的情況下，演化出來的。因此人腦好像一艘在大海上用一片片木板建造又重造的船。即使海浪連續猛擊著她的每寸船殼，她的帆、龍骨、舵都被做了改造。而且我們的許多行爲和認知，即使現在看來對我們的人性是必不可少的，卻根本沒經過天擇。沒有哪方面的頭腦功能是演化來舉行民主選舉、經營金融機關、或教我們的孩子閱讀的。我們的每個細胞都是自然的產物——可是我們也一再透過文化而重生。這文化傳承中，有許多肯定在個人的頭腦中以不同的方式實現。兩個人想到股票市場、或想起耶誕節是個〔美國的〕國定節日、或解決像梵塔（the Tower of Hanoi）這種謎團的方式，幾乎可以肯定是互不相同的。這對想把精神狀態用特定頭腦狀態來辨別上，構成了明顯的挑戰。⑱

難以把任何心智狀態做嚴格定位的另一個因素，就是人腦的特色在於大規模的互聯互通：它多半是在跟自己說話。⑲而且它貯存的資訊也一定比我們主觀經驗到的概念、象徵、客體、狀態等更細緻。表徵源於一個跨越神經元網絡的活動模式，並且一般不涉及到腦中離散結構之穩定的、一對一的世界中事物／事件或心靈中概念的映射。⑳例如：**傑克結婚了**這樣的簡單念頭，不可能是神經元網路中任何單一節點的工作。它一定是從許多節點間的通聯模式產生。對要在人腦中尋求信念「中心」的人而言，這都不是好兆頭。

在洛杉磯加大的博士研究中，我用功能性磁共振成像（fMRI）審視了相信、不信、猶疑等狀態。㉑爲了達成目標，我們要志願者閱讀各式各樣範疇的陳述，同時掃描他們的頭腦。在讀了一個像「加州是美國的一部分」或「你有棕色的頭髮」之類的命題後，參加者就按鈕決定命題是「真」、「假」、或「無法決定」。據我所知，這是第一次有人試圖用神經科學的工具研究相信和不信。結果，我們沒有據以對頭腦的哪個區制馭這些心智狀態形成詳細的假設。㉒然而期待前額葉皮層（ＰＦＣ）在控制感情和複雜行爲上涉及更廣的角色是合理的。㉓

十七世紀哲學家斯賓諾莎（B. S. F. Spinoza）認爲，僅僅瞭解一陳述蘊含心照不宣的接受其爲眞，至於不信則需要後續的擯斥過程。㉔幾個心理學研究似乎支持這個猜想。㉕理解一個命題可能類似感知在物理空間中的一個物體：直到被證明不是之前，我們可能接受表象爲眞實。我們的研究中獲得的行爲數據支持這個假設，因研究對象們判斷陳述爲「眞」，比他們判斷陳述爲「假」或「無法決定」更快。㉖

當我們比較相信和不信的心智狀態時，發現相信與在內側前額葉皮層（MPFC）的活動更多關聯。㉗額葉的這個區涉及把事實知識和相關情感連結起來，㉘以涉及回應報償而改變行爲，㉙以及涉及以目標爲基礎的行動。㉚內側前額葉皮層也與進行中的現實偵測相關，這裏受傷會導致人們虛構——也就是做出明顯爲假的陳述而全然不自覺他們說的不是實話。㉛無論虛構症在腦中的成因是什麼，它似乎是個對信仰的處理失控的狀況。內側前額葉皮層常與自我呈現攸關，㉜而當研究對象想到自己時，這裏就看得到比研究對象想到別人時更多的活動。㉝

比起不信，我們對相信的運作，可在內側前額葉皮層找到更多的活動，也許反映了更大的自我關聯及/或眞値陳述的報償價値。當我們相信一個命題爲眞時，就彷彿我們接受它是我們延伸的自我之一部分：我們實質上在說：「這是我的。我能用這個。這個符合我對世界的觀點。」在我看來，這種認知的接受確實是正面的情感效價（positive emotional valance）。我們眞的**喜歡**眞相，而且我們可能其實不喜歡虛僞。㉞

內側前額葉皮層對信念處理的牽涉，顯示了信念的純認知方面與感情/報償之間的解剖學連結。連判斷情感上中性命題的眞值，都佔用了與邊緣系統堅強連接的頭腦區，該邊緣系統統御了我們正面和負面的情緒反應。事實上，數學性的信念（例如：2＋6＋8＝16）表現出類似倫理性的信念（例如：「讓你的孩子們知道你愛他們是好的」）的活動模式，而這些大概是在我們的實驗中所用的最不相干的刺激。這表示無論一個命題的內容是什麼，信念的生理學都可能一樣。它也表示就基底的頭腦功能而言，事實與價值的區分並沒有什麼意思。㉟

當然，我們能把我對道德風景的論證，與我對信念所做的功能性磁共振成像工作區別開來。我已論證過事實與價值之間並無鴻溝，因爲價值化約成若干類型的事實。這是一項哲學的主張，也因此我能根本不進實驗室就提出。然而，我對信念的研究顯示，事實和價值之間的切割看起來應該可疑：首先，信念看來大受內側前額葉皮層的調節，這似乎已經構成推理和價值之間的一道解剖學的橋樑。其次，無論一種信念的內容如何，內側前額葉皮層看來都被同樣的佔用。這個內容獨立的發現非常直接的對事實/價值的區別構成挑戰：因爲從大腦的觀點來看，如果相信「太陽是顆星星」與相信「殘忍是錯的」重大相似，那我們怎能說科學判斷和倫理判斷之間沒有共同之處呢？

而且我們還能以其他方式橫越事實與價值之間的疆界。如我們將看到的，推理的規範似乎對事實性的信念和價值方面的信念同樣適用。在兩個領域中，前後矛盾與偏見的證據都是不光彩的。這類的相似性表明兩個領域若非同一，就是其間有個深深的類比。

偏見的浪潮

我們如果想要瞭解另一個人是怎麼想的，只知道他是否相信特定的一套命題通常是不夠的。兩個人可以爲非常不同的原因而有同樣的信念，而這種差異一般都非常要緊。在二〇〇三年，因爲在阿富汗進行的戰爭更重要而相信**美國不該出兵伊拉克**是一回事；但因爲你認爲異教徒冒犯穆斯林的土地是件可憎的事而相信又是另一回事。知道一個人對特定主題相信什麼並不等同知道那個人怎麼想。

幾十年的心理學研究表明無意識過程影響了信念的形成，而且並非所有的無意識過程都有助於我們對眞理的尋求。當要求人們判斷一事件會發生的或然率，或一事件造成另一事件的可能性時，人們經常會被各種因素誤導，包括多餘資訊無意識的影響。例如：如果要人回想其社會安全卡號碼的最後四位數，然後要他們估計在舊金山執業的醫生數，結果出來的數字會顯現統計上有意義的關係。不消說，當問題的次序顚倒過來時，這個效果就消失了。[36]曾有人努力要把這種從理性的逸脫當作若無其事，而把它們理解爲隨機的表現誤差，或實驗對象誤解了要他們做的任務的跡象——或者甚至當作研究心理學家自己被錯誤的推理規範誤導的證據。可是想使我們的心智極限免責的努力一般都失敗了。有些事我們就是天生不行。而且人們在推理作業上往往會犯的範圍廣泛的錯，並不只是錯誤；它們是無論作業內或作業間都強烈關聯的系統性錯誤。正如我們所期待，許多這些錯誤都隨著認知力的增加而減少。[37]我們也知道，運用範例和形式規則都能緩和許多這類的問題，並改善一個人的思維。[38]

推理錯誤以外，我們知道人們獲得對世界的信念，是爲了比完全認知更情感性和社會性的理由。如意算盤、利己偏見、群內忠誠、坦白的自我矇騙等，都能導致對理性規範的嚴重偏離。大部分信念都是襯托著其他信念來評價的，而且常在一個人與他人共享的意識形態脈絡中。結果，人們很少像理性主導那般似乎會開明的修正其觀點。

在這個陣線上，網際網路已同時促成對信念的兩個相反的影響：一方面它減低了知性隔絕，使人們對任何題材很難再裝作他不知道意見有多樣性。但它也允許壞的想法蓬勃——因為任何有電腦和太多閒暇的人都能傳播他的觀點，而且常常能找到聽衆。因此知識雖然越來越是開放源的（open-source），但無知也是。

一個人在既定領域當中越無能，就越傾向於高估自己的能力。這樣的事實，經常使信心與無知醜陋的結合，而那是非常難以糾正的。㊴反之，對一主題越有知識的人，往往就更能覺察別人有更大的專長。這造成公共論述中一個相當不可愛的不對稱——只要科學家與宗教的護教論者辯論，一般就會顯現出來。例如：當一位科學家以適當的審慎談他領域中的爭議，或談到他自己理解的極限時，他的對手就常對所提供的空檔能插進什麼宗教教義做出極度沒有理據的夸夸其談。如是，我們常碰到沒有科學訓練的人以顯然確定的口吻談量子力學、天文學、或分子生物學的神學含義。

這裡值得說點簡短的離題話：雖然在這樣的辯論中，指控科學家「高傲」是個標準的修辭招數，但其實在科學論述中，謙虛的程度是它最顯著的特色之一。依我的經驗，在科學研討會中高傲的尋常度和赤身裸體一樣罕見。在任何科學會議中，你會遇到一個接一個的報告者在表達意見時，夾雜著事先聲明和致歉。連要諾貝爾獎得主評論他們特殊專長最前沿的什麼時，他們都會說類似這樣的話：「好的，這不眞是我的領域，可是我猜想X是……」，或者「我肯定這間房間裏有幾位對這點知道的比我多，可是僅就我所知，X是……」。科學知識整體如今每隔幾年就加倍。既然還有那麼多東西可知道，所有的科學家都恆常的知覺，自己無論何時在別的科學家面前開口，就保證是在對關於某一特定題目知道得比自己多的某人發言。

認知偏見不能不影響我們的公共論述。試想一下政治保守主義：這是個界定相當清楚的看法，其特色爲對社會變遷的普遍不適以及對社會不平等的甘願接納。政治保守主義即便這麼容易描述，我們卻知道它受制於許多因素。心理學家約翰・喬斯特（John Jost）與同僚們分析了從十二個國家二萬三千名調查對象得來的數據，發現這個性向與教條主義、無彈性、對死亡的焦慮、希望事情有了結的需要等正相關，並與對經驗開放、認知複雜性、自尊、社會穩定性等負相關。㊵即便只是操控這些變數中的一個，都能影響政治意見與行爲。例如：僅僅提醒人們死亡的事實，就能增加他們處罰違犯者並獎賞維護文化規範者的意願。一個實驗顯示只要促使法官們在做裁決前想到死亡，他們就會被導致對娼妓強加特別嚴苛的處罰。㊶

然而喬斯特與同僚們在查核過連接政治保守主義與許多偏見的明顯來源的文獻後，得到以下的結論：

> 保守的意識形態就像其他所有信仰體系一樣，被採納的原因，部分在於它們滿足了種種心理需求。說意識形態的信仰體系有強烈的動機基礎，不是說它們是無原則的、無正當理由的、或對理由和證據沒有反應。㊷

這個可不只是一小撮對它的委婉說法。我們當然能說，一個被認爲特別聽命於教條主義、無彈性、對死亡的焦慮、希望事情有了結的需要等的信仰體系，會比其他認知系統較沒原則，較沒正當理由，以及對理由和證據較沒反應。

這並不是說自由主義就不受若干偏見的蔽塞。在最近的一個對道德推理的研究中，㊸研究對象被要求判斷，犧牲一個人的性命以救一百人在道德上正確與否，問話時微妙的暗示了涉及者的種族。研究結果證明了保守派比自由派更不受種族影響，因此比較不偏不倚。而自由派則非常熱心地犧牲一名白人以救一百名非白人，但反之不然——同時他們還始終堅持他們沒有將種族納入考慮範圍。要點當然是科學逐漸使得我們能辨識使我們偏離事實的規範和道德推理之心智面向——當這些規範亮出來時，所有各方一般都承認它們是有效的。

有個感覺即所有認知都可說是被激勵的：我們被激勵去瞭解世界、去與現實掛鉤、去祛除懷疑等等。換個角度來看，我們或可說動機是認知本身的一個面相。㊹然而，像尋求真理、不想被誤認等等意念，往往以許多別的承諾所沒有的方式與知識論的目標結盟。正如我們已開始看到的，所有的推理都可能與情感分不開。可是如果一個人持有一種信念的初級動機，是遵守一個正面的心態——以緩和焦慮、羞窘、內疚等感覺——

就恰恰是我們對諸如「一廂情願」和「自欺」等語詞所的。這樣的一個人，會出於必要，對與他企圖維持之信念相反的連串證據和論證比較沒反應。因此指出別人世界觀中非知識論的意念永遠是個批評，因它對那個人與現實世界的聯繫提出了質疑。㊺

誤會我們的極限

透過安東尼歐．達馬西歐（Antonio Damasio）與其同僚的神經學研究，我們老早就知道若干類型的推理與情感無法切割。㊻為了有效的推理，我們必須對眞相有感。我們最初的功能性磁共振成像（fMRI）研究似乎證實了這一點。㊼如果相信一道數學方程式（對比於不相信另一道）和相信一個倫理學命題（對比於不相信另一個），在神經生理學上產生同樣的變化，那科學的不動感情和價値判斷之間的界限就變得很難成立了。

然而，這種發現一點也沒消滅理性的重要性，也不會混淆有理據的和無理據的信念之間的區別。反之，理性與情感的不可分割，肯定了一種信念的有效性不能只靠其信徒所感覺的信念；它端賴將它與眞實連接的連串證據和論證。感覺對判斷眞相也許必要，但並非充分。

神經學家羅伯特・波頓（Robert Burton）論說「知感」（即認爲自己的判斷正確的信念）是個初級的正面情緒，它常常不受理性過程左右而浮動，而且偶爾能變得完全脫離邏輯或感官的證據。㊽他是從神經失調的研究對象推斷出這點的，患者表現出病態的有把握〔如精神分裂和科塔爾氏妄想症（Cotard's delusion）〕與病態的無把握（如強迫性神經失調）。波頓的結論是：對人類的理性有太多期待是非理性的。根據他的說法，理性的特性主要是抱負性的，而且常常只比掩飾純粹的、無原則的感覺的假象多不了多少。

其他神經科學家也抱持類似主張。一位使用功能性神經影像技術（functional neuroimaging）的先鋒——克里斯・弗里斯（Chris Frith），最近寫道：

有意識的推理是怎麼牽連進來的呢？它是在已做選擇之後將其正當化的企圖。而且它歸根結蒂是我們必須試圖對別人解釋，我們為什麼做某特定決定的唯一方式。可是當我們缺乏接觸所涉及頭腦過程的門徑，我們的正當化常常是站不住腳的：一個事後歸因的合理化，甚或是虛構的——是個從想像與記憶混淆生出的「故事」。㊾

我對弗里斯意圖否認理性在做決定上曾經扮演角色有所置疑（即使他文章的標題是〈沒人眞用理性〉〔"No One Really Uses Reason"〕）。然而，他融合了兩項關於心智的事實：雖然所有有意識的過程，包括任何對推理的努力，都倚賴我們對它沒意識的事件，這並不意味著推理相當於只比對獸性情緒的事後歸因的正當化多一點。我們對允許我們遵循代數法則的神經過程一無所覺，但這並不意味著我們從不遵循那些法則，或它們在我們的數學運算中扮演的角色一般是事後歸因的。我們對腦袋的運作大部分一無所覺，但這並不會使我們對自己的信念有好理由和壞理由之間的區別較不清楚或較無後果。它也不表示內在連貫性、對資訊開放、自我批評、和其他認知的長處，比我們一般想定的更沒有價值。

有許多方式可把人類思想的無意識基底小題大做。例如：波頓觀察到我們對許多道德問題的思考——從地球暖化到死刑——會受到我們對風險容忍力的影響。在評估地球暖化的問題時，我們必須衡量融化極地冰帽的風險；在判斷死刑的倫理時，我們必須考慮把無辜者處死的風險。然而，人們對於風險的容忍力有相當差異，而且這些差異似乎是受到種種基因制御——包括管控D4多巴胺受體（D4 dopamine receptor）和微管解聚蛋白（protein stathmin）的基因（主要表現在扁桃體〔amygdala〕中）。波頓相信風險迴避沒有「最適值」，於是做出我們永遠無法對這種倫理問題推理的結論。「理性」將僅僅是我們對我們的無意識的（而且是遺傳決定的）偏見的命名。可是，說每個程度的風險容忍力都對我們建立全球文明的奮鬥同樣符合我們的旨趣是眞的嗎？波頓眞的意在提出區別對風險的健康與不健康的——甚至自殺性的——態度沒有根據嗎？

事實證明多巴胺受體在宗教信仰中可能也扮演了一個角色。繼承了最活躍型D4受體的人比較會相信奇蹟並對科學懷疑；最不活躍型則與「理性唯物論」正相關。㊿左旋多巴（L-dopa）是一種增加多巴胺水準的藥物，用在懷疑論者身上，會顯示接受對新奇現象的神祕解釋的傾向加大。51宗教既是個文化的普同現象，又看來被綁在基因組上，這項事實導致像波頓之類的科學家做出結論，認爲我們就是沒辦法祛除基於信仰的思考。

在我看來波頓和弗里斯誤解了無意識認知過程的意義。根據波頓的說法，世界觀會保持各異，且不能比較，而我們可能透過理性論辯來說服彼此，並因而融合我們的認知水準的希望，不僅徒勞，並且正表露了我們想消除的無意識過程本身和坦白的非理性。

這導致他做出任何對宗教性非理性的理性批評都是易遭非議的浪費時間：

> 科學—宗教爭議不會消失；它扎根於生物學……蠍子螫人。我們談宗教、來生、靈魂、更高的權柄、冥想、目的、理性、客觀、空洞、隨意等。我們身不由己……堅持世俗者和科學者必須普同採納，是悍然不顧神經科學告訴我們的不同人格特質衍生各異的世界觀……不同的遺傳、氣質、經驗等導致對比的世界觀。理性不會彌合信者與不信者之間的鴻溝。[52]

然而，問題在於我們對巫術也能這麼說。歷史上，對巫術的執著曾是個文化共相（cultural universal）。然而幾乎在已開發世界的每個地方對魔法的信仰現在已經聲名狼藉。地球上有哪個科學家會想辯說，對邪眼（evil eye）或對癲癇（epilepsy）的惡魔起源信仰注定仍然不受理性所影響？

爲了不使宗教與巫術之間的比喻看來古怪，値得記住的是，對魔法和惡魔附身的信仰在非洲仍然盛行。在肯亞，老先生、老太太經常被當作巫師而活活燒死。[53]在安哥拉、剛果、和奈及利亞該歐斯底里則主要針對兒童：數以千計倒楣的男孩女孩因爲驅魔行動而被弄瞎，注射電池酸液，以及受到其他折磨；其他孩子則乾脆殺掉；更多孩子被家裏棄養而無家可歸。54 不消說，許多這種瘋狂是打著基督教名義來傳布的。這問題特別棘手，因爲有責任保護這些巫師嫌犯的政府官員也相信巫術。歐洲在中世紀時對巫術的信仰無所不在，而就跟中世紀的例子一樣，只有對疾病成因、作物歉收、生活的其他恨事等眞正全面無知，這種妄想才有可能蓬勃。

我們如果把對巫師的恐懼與腦中某受體的亞型牽連起來會如何？誰會想說因此對巫術的信仰是不可磨滅的呢？

由於我接到過好幾千件來信和電郵，發信者不再相信亞伯拉罕的上帝，他們知道對理性力量的悲觀是莫須有的。人們能被引導去注意他們信仰的不合理處、他們的教友們的自我欺矇和一廂情願的想法、以及經文的聲言和現代科學發現之間越來越多的衝突。這種推理能鼓舞他們去質疑他們對教義的執著，而這種執著在絕大多數的例子中，不過是在媽媽膝下被灌輸的。眞相是對幾乎任何題目，人們都能超越單純的情緒並澄清他們的思維。讓競爭的觀點衝撞——透過公開辯論、樂意接受批評等等——扮演的正是這樣的一個功能，常暴露出一種信仰體系的前後矛盾，能使其信徒深度不安。我們有標準引導我們，即使在意見不同的時候亦然，而對這種標準的違犯，一般似乎對所有牽涉者都有後果。例如，無論一個人談的是什麼，自我矛盾都被看成是個問題。而有誰把它當成美德的話，人家就不可能對他認眞。再一次，理性和感覺在這個前線不是分明對立的；它蘊含對眞相的感覺。

反之，有些場合無論我們怎麼歪頭斜視，一個眞的命題**似乎**就是不對，然而其眞相可被任何願意去做必要的知性工作的人確認。小小分量的物質含有了巨大無比的爆發性能量，很難掌握，可是物理學方程式——以及我們核子彈的破壞力——已證實的確如此。同樣的，我們知道大部分人都做不出或認不出符合隨機性統計測驗的一連串數字或拋硬幣。但這點並沒有阻擋我們從數學上瞭解隨機性——或者把我們對隨機性的天生盲目，納入我們對認知與經濟行爲的瞭解。㊿55

理性一定植根於我們的生物性事實，並不否定理性原則。維根斯坦曾經觀察到我們語言的邏輯允許我們問：「**那**是槍炮聲嗎？」可是不許我們問：「**那**是聲響嗎？」56這似乎是神經病學視情況條件而定的事實，而不是根據邏輯的絕對限制。例如：經驗了自己主要感官間串音（crosstalk）（看見了聲音、味覺、顏色等等）的聯覺者（synesthete），可能有辦法毫無矛盾的提出後一問題。世界對我們而言究竟如何（以及對於其表象能合理的描述），端賴關於我們頭腦的事實。在我們能說出一件物品「到處是紅和綠」這個邏輯事實前，必須先有視覺的生物性事實。但這並不會阻止我們看穿這偶然性本身。隨著科學進展，我們越來越能瞭解我們理解力的自然極限。

信念與推理

信念與推理之間有個密切的關係。我們的許多信念是從個別事例（歸納）、或者從一般原則（演繹）、或者從兩者得出推論的產物。歸納是我們藉以從過去對新奇事例的觀察做推斷、對世界的未來狀態做預期、以及從一領域對另一領域做對比的過程。57 你相信自己大概有個胰臟（因爲人們一般都有同樣的臟器），或詮釋你兒子臉上的厭惡表情，意味著他不喜歡馬麥脫酸酵母（Marmite），都是歸納的例子。這種思維方式對普通的認知以及對科學的實踐特別重要，而且曾經有種種努力想用計算做出它的模型。58

演繹雖然在我們生活中沒那麼重要，卻是任何邏輯論證不可或缺的成分。[59] 你如果相信金比銀貴，而銀比錫貴，演繹就揭露了你也相信金比錫貴。歸納法使我們得以超出已經在手的事實；演繹法則使我們得以把目前信念的含義變得更明確，得以探求反例，以及得以看出我們的觀點是否邏輯連貫。當然，這些（以及其他）推理形式之間的界限並非總是能輕易地具體指出，而且人們在兩種方式中都會屈從於範圍廣泛的偏見。

推理的偏見到底是什麼值得反省：偏見不僅是錯誤的來源；它還是錯誤的一個**可靠模式**。因此，每個偏見都反映了關於人類心智結構的某些內容。而把有錯誤的模式診斷爲「偏見」，只能針對指涉特定規範發生——而諸規範有時會衝突。例如：邏輯的規範並不總是對應於現實推理的規範。一項論證在邏輯上可以有效，但包含了假值的前提就不可靠了，而因此導致假的結論（例如：科學家們很聰明；聰明人不會犯錯；所以科學家不會犯錯）。[60] 許多對演繹推理的研究表明，人們有個對健全結論的「偏見」，而如果一項有效論證的結論缺乏可信度的話，就會判斷它無效。這個「信念偏見」是否應當考慮成原生非理性（native irrationality）並不清楚。反之，它似乎是個抽象邏輯規範與現實推理規範可能衝突的例子。

神經影像研究曾在種種人類推理上做過。㊶然而，如我們所見，接受這種推理的果實（即信仰）似乎是個獨立的過程。這點雖已由我自己的神經影像研究表明，它也從推理只佔了我們對世界信念的一個子集這項事實直接推出。試考慮以下諸陳述：

一、所有已知土壤樣本都含有細菌；所以我花園中的土壤大概也含有細菌（歸納）。

二、丹是個哲學家，所有哲學家都對尼采有意見；因此丹對尼采有意見（演繹）。

三、墨西哥與美國接壤。

四、你此刻正在閱讀。

這些陳述每個都必須由不同的神經處理管道衡量（而只有頭兩個需要推理）。然而每個都有同樣的認知效價：既爲眞，每個都激起信念（或既被信，每個都被視爲「眞」）。這種認知的接納，使任何明顯的事實在我們思想和行動的節約措施中得其所，斯時它就擁有其命題內容所需的力道。

沒有欺騙的世界乎？

知道一個人相信什麼等於知道他有沒有說實話。結果，任何決定一項研究主體相信什麼命題的外在手段，就構成了一個實質的「測謊器」。對信與不信的神經影像研究，可能有一天能使研究者把這種對等用在對欺騙的研究上。[62] 這種新的研究途徑有可能可以繞過昔日在研究欺騙上的障礙。

衡量欺騙的社會成本時，我們需要考慮動輒靠謊言來養成和支撐的所有惡行——預謀殺人、恐怖分子的滔天罪行、種族屠殺、龐氏騙局（Ponzi schemes）等等。從這較大的脈絡來看，欺騙應被視為人類合作的主要敵人，也許甚至還在暴力之上。試想：當眞理眞的要緊而變得不可能說謊時，我們的世界會變成怎樣。如果每回有人在聯合國大會上隱瞞事實時，整棟樓都會警鈴大作，那國際關係會是什麼模樣？

法醫學對ＤＮＡ證據的利用，已經使得否認自己對若干行動涉罪之舉變得無效滑稽。且回想比爾・柯林頓在得知一件沾了精液的洋裝正被送去化驗室途中時，他的義憤清唱劇如何戛然而止。區區DNA分析的威脅，就產生了沒有哪個大陪審團向來能達成的效果——與那大人物良心的當即溝通，而他的良心看來坐落在另一個星系。我們有把握一個可靠的測謊方法，將會在更加自傲的研究對象身上產生類似的轉變。

讀心術的科技才剛起步——但可靠的測謊術將比正確的讀心術更容易達成。無論我們是否終於能破解神經的密碼，使我們能不失真的下載一個人的私密想法、記憶、感知等，我們將幾乎有把握能以一定的道德確定性，決定一個人在談話中是否誠實的呈現他的想法、記憶、感知等。發展可靠的測謊器，只需要比當前神經影像學所能做到的再多進步一點即可。

透過測謊術（polygraphy）偵測欺騙的傳統方法，從來沒有獲致廣泛的接受，[63]因為它們測量的是情緒激動的邊際跡象，而不是與欺騙本身關聯的神經活動。在二〇〇二年，美國國家研究委員會（National Research Council）〔美國國家科學院（National Academy of Sciences）的一支〕在一份兩百四十五頁的報告中，貶黜測謊術名下整體的研究為「薄弱」和「缺乏科學的嚴謹」。[64]更摩登的測謊手法是利用眼睛的熱成像，[65]也同樣缺乏明晰性。運用頭皮的電流信號來偵測「內疚知識」的技術，其應用也有限，總而言之，就是不清楚我們怎能用這些方法去區別內疚知識和其他形式的知識。[66]

即便有方法論的問題，如果測謊器有一天變得可靠、價格合理、且非強制性，說我們的世界將改變得多麼徹底，並非言過其實。也許會有這樣的一天，每個法庭和董事會會議室都在木頭嵌板後隱藏了必要的科技，而不必把犯罪的被告和避險基金管理人祕密送去實驗室，做一小時令人不安的頭腦掃描。此後，文明男女可能抱持一個共同假定：即無論在哪裏進行重要的交談，所有與會者的眞誠度都將受到監測。用意良善的人會欣然在諸義務性坦白的地帶之間來來去去，而且這種變遷不再有什麼稀奇。就像我們已經變得期待若干公共空間沒有裸體、性、大聲講髒話、抽香菸等——而且對我們只要一出家門就強加我們身上的行爲限制，想都不想——我們可能變得期待若干場所和場合將要求一絲不苟的說眞話。我們許多人對被剝奪應徵面試時或記者會上撒謊的自由，可能感覺不比目前被剝奪了的在超市脫褲子的自由更嚴重。無論科技到底有沒有像我們期待的那麼靈光，對它通常靈光的信念就會深深改變我們的文化。

在法律的脈絡中，有些學者已經開始擔心，可靠的測謊將構成對美國憲法第五條修正案所規定的防範個人自證其罪特權的侵犯。[67]然而，憲法第五條修正案已經屈從於科技的進步。美國最高法院曾裁決，被告可被迫提供可能使自己入罪的血液、唾液、和其他體質證據的樣本。倘若神經影像資料將加入這個清單呢？還是將被當作一種強制證詞呢？日記、電子郵件、和其他個人的思考記錄，已經可以自由採納來做爲證據。這些在倫理上或法律上攸關我們的紛歧的資訊源之間的區別，根本不清楚。

其實對強制證詞的禁止，本身看來就是一個更迷信的時代的遺跡。人們一度廣泛相信發誓後撒謊會使那個人的靈魂永世受罰，而以前甚至認爲連殺人犯都不該被置於正義的磐石及像地獄那麼艱苦的地方之間。可是我懷疑當今連許多基本教義派的基督徒，也不會相信對著法庭聖經發的誓會有那麼廣大無邊的意義。

當然，沒有科技曾經十全十美。我們一旦有合適的測謊器在手，用意善良的人們將開始承受它會有正面錯誤和負面錯誤的癖性。這將引起倫理顧慮與法律顧慮。然而，無可避免的，我們將把某錯誤率視爲可以接受。你如果懷疑這點的話，要記住我們當前還是把人們一關幾十年——甚或殺掉——雖然明知若干百分比的被判死刑者一定是無辜的；同時若干百分比放回街上的人將是保證會再犯的危險的精神變態者。在我們當前生活的體制裏，偶爾會有倒楣的人被誤判了謀殺罪，在監獄裏與可怕的欺掠成性者作伴下受罪許多年，最後還是被政府處死。想想看卡梅倫・塔德・威靈厄姆（Cameron Todd Willingham）的悲劇案子，他被定罪放火燒自宅，進而謀殺了他的三個孩子。威靈厄姆雖然一再申明無辜，還是在死囚區關了超過十年，最終還被處死。現在看來他幾乎肯定是無辜的——即意外的電線走火、法醫僞科學、以及一個沒有判斷人們是否說眞話的可靠手段的司法體系的犧牲者。[68]

法官們和陪審團都是很不精準的眞相探測器，他們很容易犯類型一（假的正反應）和類型二（假的負反應）兩者的錯誤，但即便有此事實，我們卻除了倚賴刑事司法體系外，別無選擇。任何能改進這個過時體系表現的事情，即使只有一點點，都將提升我們世界中正義的商數。[69]

我們有相信什麼的自由嗎？

雖然可能難以查明信念在腦部何處精準定位，但它的許多心智性質卻歷歷在目。例如：人們不會故意因爲壞的理由而相信命題。你如果懷疑這點，不妨想像一下聽到了以下對一個失敗的新年決定的記述：

今年，我發誓要更理性，可是到了元月底，就發現自己已經恢復了舊習慣，為了壞理由而相信事情。目前，我相信搶劫別人是無害的活動，亡兄將復活，而且我注定要娶安潔莉娜・裘莉（Angelina Jolie）為妻，就因為這些信念使我感覺良好。

我們的心靈不是這樣運作的。一個信念——要眞的相信——蘊含了因為它似乎是眞的所以我們接受它這個直接推論的信念。要眞的相信一個命題——無論是關於事實的或價值的——我們必須也相信，我們是以如果它不眞就不會相信它的方式而未與現實脫節。因此，我們必須相信我們沒有錯得離譜、上當、精神錯亂、自我欺矇等等。上述幾句雖然不足以做爲知識論的完整敘述，但在相當大程度上結合了科學和常識，以及排除了它們常有的分歧。無疑的，在由無意識的情感偏見〔或其他非知識論的承擔（nonepistemic commitments）〕所驅動的信仰，和相較於沒有這種偏見的信念之間，是有重大差別的。

然而許多俗世主義者和學者想像，信教者故意以與他們對眞理的知覺毫無干係的原因來相信事情。我與菲利浦・鮑爾（Philip Ball）——他是位科學家、科學記者、和《自然》雜誌的編輯——的一次書面辯論，抓住了這個問題的焦點。鮑爾認爲，一個人只因爲使自己的「感覺更好」就相信一個命題是合理的，而且他似乎認爲，人們是完全自發的以這種方式來獲得信仰。人們當然常無意識的這麼做，而且如此驅動的推理已經在前面討論過了。可是鮑爾似乎認爲，一個人不過因爲在信仰的法術下覺得更好，就能有意識的採納信仰。且讓我們看看這可能會怎麼運作。想像一下某人做了以下對宗教信念的陳述：

我相信耶穌由處女所生、復活了、而且現在回應祈禱，因為相信這些事情使得我感覺更好。在採納這個信念時，我不過在行使相信使我覺得更好的命題的自由。

這樣的一個人會如何應對與他珍惜的信念相抵觸的資訊呢？給予他的信念，完全基於使他感覺如何而不是基於證據或論證，他應該不在乎會遇到什麼證據。事實上，會改變他對耶穌觀點的唯一事情，就是以上命題使他的感覺有什麼改變。試想像我們的信徒遭受了以下對眞諦的頓悟：

在過去的幾個月，我發現我對耶穌神性的信仰不再使我感覺良好了。真相是，我剛遇到了一位我非常愛慕的穆斯林女人，而我想跟她約會。由於穆斯林相信耶穌**不**是神，我擔心我對耶穌神性的信仰會妨礙我跟她的機會。由於我不喜歡這種感覺，而且非常非常想跟這個女人出去玩，我現在相信耶穌**不**是神。

像這樣的人曾經存在嗎？我相當懷疑。爲什麼這些想法毫無意義？因爲信念在本質上就是知識論的：它們標榜自己代表了世界的本貌。在這個例子中，這小子對歷史上的耶穌、對他的生與死的方式、以及他與宇宙創造者的特別聯繫，做了特定的主張。然而他雖然聲稱用這個方式表現世界，但完全明白的是，他並沒有做出任何努力來與應該論知他信仰的世界之特徵保持接軌。他只關心自己感覺如何。而這樣的差距顯示，他的信仰並非基於任何會（或應）對別人，甚或他自己，合理化的基礎。

當然，人們常常相信事情，部分出於那些信念使他們感覺更好。但他們不是敞開著意識這麼做的。自我欺瞞、情感偏見、迷糊的思考等，都是人類認知的事實。而且人們常有的做法，就是抱著「我將對甲採取行動，因爲我喜歡它爲我做的事，而且誰知道，甲可能是眞的」這樣的精神，來假裝一命題爲眞。但這些現象和因爲希望成眞而故意相信一命題，根本不一樣。

奇怪的是，人們常常把對理性限制的主張看成是「褊狹」的跡象。試考慮以下鮑爾的說法：

我的確懷疑〔山姆・哈里斯〕在這裏暗示什麼。除了「你不得自由選擇相信什麼」的禁令外，很難把它看成是別的。我猜如果山姆的意思不過是說，我們不該使人們在不太瞭解情況乃至他們沒有合理的基礎下，來做那些決定，那就還說得過去。但他的確似乎更進一步——說「只因為使你感覺更好，你就不該被允許去選擇你相信什麼」。這聽來不是有點像馬克思主義者譴責的「虛假意識」(false consciousness)，而有需要立刻矯正的含義嗎？我想（我希望？）我們至少能同意信念有不同的範疇——相信自己的孩子是全世界最可愛的，因為這想法會使你覺得更好，因此這是可容（甚至可嘉）的事。這裏所暗示的，充分知情的人不應被容許自由選擇其信念的看法，令我稍微打顫……我們當然不該讓我們自己被禁制到這個地步？⑦⓪

鮑爾在談的認知自由是什麼？我正好相信喬治・華盛頓是美國第一任總統。按照鮑爾的說法，我「自由的」選擇了這個信念嗎？沒有！我能自由的去相信他不是嗎？當然不能。我是證據的奴隸。我生活在歷史意見的鞭撻下。我雖然可能想要相信不是，可是根本無法忽視在任何對美國歷史的討論中，「喬治・華盛頓」這個名字總是持續不斷的與「美國第一任總統」一詞匹配。我如果想被當成白癡，可以假裝宣稱相信別的，但那樣我就撒謊了。同樣的，如果證據突然改變——例如一個大騙局的可信服的證據顯現了，而且歷史學家們重新考慮了華盛頓的傳記，我就會無助的被剝奪掉我的信念——再次強調，這沒有透過我自己的選擇。自由選擇信念並不是理性心靈做的事。

這當然並非意味著我們一點心靈的自由也沒有。我們可以選擇聚焦於若干事實到排除其他事實的地步，選擇強調好的面向而不是壞的面向等等。而這種選擇對我們如何看待世界是有影響的。例如：我們可把金正日看成是個邪惡的獨裁者；但我們也可把他看成一個曾經是危險的精神變態者的孩子。這兩個陳述最粗略地看都爲眞（顯然，當我談到這種「自由」和「選擇」，我並沒有爲哪個對「自由意志」的形而上學見解背書）。

至於是否有「不同範疇的信念」：也許有，但不是像鮑爾所提的那樣。我正好有個小女兒使我覺得她是「全世界最可愛的」。但這是對我相信什麼的正確說法嗎？換句話說，我相信我女兒**真的**是全世界最可愛的女孩嗎？如果我得知另一位父親也認爲他的女兒是全世界最可愛，我會堅持他錯了嗎？當然不會。鮑爾錯誤的臧否了一位驕傲（而且神志正常及知性上誠實）的父親實際相信什麼。這裏是我所相信的：我相信我對女兒有種特殊之情，那大致決定了我對她的觀點（事情也應該如此）。我完全期待其他父親也對他們自己的女兒有類似的偏見。因此，我不相信在任何客觀意義上，我女兒是全世界最可愛的女孩。鮑爾不過在描述愛自己的女兒比愛其他女孩更多是怎麼回事，而非描述做爲世界表徵的信念。我眞正相信的是：**對我而言**我女兒是全世界最可愛的女孩。

關於事實的信念和道德的信念通常共同假定著我們沒有被多餘的資訊所誤導。[71] 像是無關的事實被呈現的次序、或一致的後果是否按照得失來描述之類的情境變數（situational variables），不應該影響決定過程。當然，操控能**強烈**影響我們判斷的事實導致了心理學中一些最有趣的作品。然而，一個人易受這種操控的弱點，從來不被認爲是個認知的優點；反之，它是個呼求補救的前後矛盾之源。

且考慮一下實驗的文獻中比較有名的一個例子，即亞洲疾病問題（The Asian Disease Problem）：[72]

且想像美國正對一個不尋常的亞洲疾病做準備，預期將有六百人會因而病死。對抗該疾病的兩項備選方案已被提出。假設兩方案經過科學精確預測的後果如下：

如果採納方案甲，將有兩百人會得救。

如果採納方案乙，這六百人將有三分之一的或然率會得救，而有三分之二的或然率會死。

兩個方案中你會偏向哪一個？

在這個版本中，應該絕大多數人會偏向甲案。然而，該問題可用另一種方式重述：

如果採納方案甲，有四百人會死。

如果採納方案乙，有三分之一的或然率沒人會死，而有三分之二的或然率六百人會死。

兩個方案中你會偏向哪一個？

這麼說的時候，大多數應答者就會偏向乙案。然而在這兩個設想情況之間，並沒有實質差異或道德差異，因爲它們的後果相同。這顯示的是當考慮潛在的得時人們往往避免風險，而考慮潛在的失時則尋求風險，所以根據得失來描述相同的事件會引起不同的反應。把上述情況用另一種方式來陳述的話，就是人們往往高估確定的後果：能拯救生命的確定性極具吸引力，而喪失性命的必然也極爲痛苦。然而，當兩種方式都用來呈現亞洲疾病問題時，人們同意每個設想情況都應有同樣的反應。推理的恆定性，無論邏輯的或道德的，都是我們所想望的規範。而當我們逮著別人偏離這個規範時，不管他們的想法有什麼其他優點，他們立場的不連貫就突然變成最令人印象深刻的特性了。

當然，還有其他許多我們可能被脈絡誤導的方式。很少有研究比心理學家大衛・羅森漢（David L. Rosenhan）所從事的一項研究更有力的闡明這點了，[73]他在研究中與七位同夥住進美國五個不同州的七家精神病醫院，以便決定心理健康專業人員是否能從精神病患中偵測出神志正常的人。爲了讓醫院收留，每位研究者都抱怨聽到一個聲音重複在說「虛」、「空」、「轟」等字。除此之外，每個人的舉止都完全正常。一旦住進精神科病房以後，假病人們就停止抱怨他們的症狀，而馬上企圖說服醫生、護士、職員等，他們感覺良好而應該能出院了。結果，出院卻出乎意料的困難。雖然這些眞正神志正常的「病人」想要離開醫院，反覆聲明他們沒感受病狀，並且變成「合作的模範」，可是他們住院的期間平均爲十九天（從七到五十二天不等），而且住院時被猛開給了令人震驚的多種強效藥物（都被他們偷偷扔進馬桶沖掉）。沒有一個人被診斷是健康的。每個人終於出院時都被診斷爲「在緩解期」的精神分裂（除了一人例外，被診斷爲雙極性情感疾患（bipolar disorder，躁鬱症）。有趣的是，醫生、護士、職員等雖然對病房中有正常人的存在很盲目，但眞正的精神病人則經常覺察研究者的明顯正常性，而說「你沒瘋。你是記者」之類的話。

在研究結果發表之前，有家醫院聽說了這個研究而表示懷疑，羅森漢就做了聰明的回應，宣布將派幾位同夥去踢館，要他們認出進來的假病人。醫院保持了警戒，而羅森漢則其實一個人也沒派。但這並沒有使醫院停止持續「診察」出一連串的假病人。在幾個月期間，一位精神科醫生和一位職員兩人都判斷，足足有百分之十的新病人是假裝的。我們雖然已經變得熟悉這類現象，但看到該原則那麼清楚的展示，還是很令人驚訝：預期如果不是全部的話，也幾乎是全部了。羅森漢在他的論文中以這個確鑿的概括做結論：「顯然在精神病院中，我們無法區別神志正常者與精神病患。」

無疑的，人類經常無法達到理性的規範。可是我們不僅僅達不到——而且是恆常性地達不到。換句話說，我們能用理智去理解、量化、及預測我們對規範的違背。這點是有道德含義的。例如：我們知道是否選擇進行一個高風險的醫療療程，將深受其可能的後果是用存活率或死亡率來表示而影響。我們知道，事實上，這種如何表達的效果對醫生們的影響並不比對病人小。⑭ 既有這個知識，醫生們在使用醫療統計時，就有將無意識偏見最小化的道德義務。否則，他們就會不由自主的在不經意間既擺布病人又擺布彼此，而使得一些生活中最重要的決定變得毫無原則可保證。⑮

不容否認的，很難知道我們該如何對待所有會影響我們判斷倫理準則的變數。例如：殺掉一個無辜的人就會保證治癒癌症的話，如果問我是否認可，我會覺得很難說

「是」，即使結果論的論證顯然贊成這種行動。然而，如果要我爲了這個目的給每個人施加十億分之一的死亡機會，我會毫不猶豫。後面的辦法預期要殺掉六七個人，然而我還是覺得它顯然是合倫理的。其實，這種風險的擴散很貼切的描述了醫療研究目前是如何進行的。而且我們無論何時開車，就固定的給自己的親友和陌生人帶來更大得多的風險。如果我下回開車上公路能保證治癒癌症，我會把它當作我一生中在倫理上最重要的作爲。無疑的或然率在這裏扮演的角色能從實驗上校準。我們能詢問研究對象，他們願不願意對兩個無辜的人施加百分之五十的死亡機會、對十個無辜的人施加百分之十的死亡機會等等。然而，我們並不清楚該怎麼看待或然率在我們的道德判斷中扮演的角色。很難想像有誰能避開這種框架效應（framing effects）。

科學早就是價值觀的事業。儘管普遍的想法正好相反，其實科學效度並不是科學家們避免做價值判斷的結果；反之，科學效度是科學家們做出最佳的努力，透過證據和論證的可靠連環，來衡量連結他們的信仰和眞實之推理原則的結果。這便是理性思維如何能做出有效規範。

說對眞理與善的判斷兩者都籲求特定準則，另一種說法似乎是說，相對於單純的情緒，它們兩者都是認知性的事務。這也就是爲什麼我們不能參照偏好來爲我們的事實立場或道德立場辯護。我們不能只因我們想那麼想而說**水是二氫化氧或撒謊是錯的**。要爲這種命題辯護，我們必須訴諸一個更深的原則。要相信甲是眞的或乙是合倫理的，代表著要相信別人在類似的情況下也會有這些信念。

對於「我應當相信什麼以及爲什麼應當相信？」這類問題的答案，一般是科學性的解答。相信一命題因爲它受理論和證據的良好支持；相信它是因它曾被實驗確證了；相信它是因爲一整個世代的聰明人曾盡全力證其爲僞而失敗了；相信它因爲它爲**真**（或似乎如此）。這是個認知的準則以及任何科學使命聲明的核心。僅就我們對世界的理解而言——**沒有無價值觀的事實**。

4 宗教

十九世紀以降，工業化社會的擴散意味著宗教的終結將被廣泛認定。馬克思、①佛洛依德、②韋伯③——以及數不清的受到他們著作影響的人類學家、社會學家、歷史學家、心理學家等——期待在現代性的光照下，宗教信仰將會凋萎。然而這並沒有應驗。在二十一世紀，宗教仍然是人類生活最重要的面向之一。除了美國的異樣例外之外，雖然大多數已開發國家越來越世俗化，④正統宗教在開發中世界到處絢麗綻放。事實上，人類似乎正變得在比例上更宗教性了，因爲富裕的、不信教的人們有的嬰兒最少。⑤當我們思索伊斯蘭教主義（Islamism）在穆斯林世界到處興起、靈恩派〔五旬節派〕（Pentecostalism）在非洲到處爆炸性的擴張、以及美國反常的虔誠，宗教在未來很長的一段時間將有地緣政治的結果，就變得很清楚了。

儘管美國憲法明確規定政教分離，宗教信仰在美國的程度（以及宗教在美國的生活與政治論述中伴隨的意義）可與許多神權政體相頡頏。這樣的原因並不清楚。雖然一直有廣泛的爭辯說，宗教的多元主義與競爭造成宗教在美國的繁盛，而國家—教會的壟斷導致宗教在西歐的沒落，⑥但對這種「宗教的市場理論」的支持現在顯得薄弱了。反而宗教性似乎強烈的與對社會性不安的感知掛鉤。在像美國這樣的一個富裕國家中，高程度的社會經濟不平等，可能主宰了一般與比較不發達（而比較無安全感）的社會聯想的宗教度。美國除了是已開發國家中最篤信宗教者之外，也有最大的經濟不平等。⑦在國內和國際間，窮人往往比富人更篤信宗教。⑧

百分之五十七的美國人認爲一個人必須信仰上帝才會有好的價値觀及道德，⑨有百分之六十九人想要一位受「堅強宗教信仰」指引的總統。⑩連世俗的科學家都經常承認，宗教是意義與道德最普通的來源，在這種情況下，這觀點並不令人意外。的確大多數宗教都對特定道德問題提供了規定好的反應——例如天主教禁止墮胎。但關於人們對不熟悉的道德兩難如何反應的研究指出，宗教對涉及衡量傷害和益處（例如：喪生的人數對拯救的人數）的道德判斷，沒有效果。⑪

而幾乎在每項社會性健康的評估上，最不信教的國家都比最信教的國家要好。像丹麥、瑞典、挪威、荷蘭等國——都是地球上最無神論的國家——在諸如預期壽命、嬰兒死亡率、犯罪率、識字率、國內生產總值、兒童福利、經濟平等、經濟競爭力、兩性平等、保健、教育投資、大學入學率、網際網路普及率、環境保護、清廉、政治穩定、對貧窮國家的慈善援助等等的量度上，都一致比篤信宗教的國家評比更好。⑫獨立研究者葛列格里・保羅（Gregory Paul）創造出兩種尺度——成功社會量尺（the Successful Societies Scale）和流行的宗教性對世俗量尺（the Popular Religiosity Versus Secularism Scale），提供了對宗教信念與社會性不安全感之間的連結更大的支持，而更加闡明了這個領域範圍。⑬而且還有另一項發現可能與這個社會性不安全感的變數關聯：在美國對宗教的信奉與種族歧視高度正相關。⑭

雖然社會性功能失調與宗教信念僅僅是相關，並不能告訴我們它們之間的聯繫到底是什麼，但這些數據應當破壞了那總是存在的、認爲宗教是對社會性健康最重要保障的主張。它們也確切的證明了不信教未必導致文明的崩潰。⑮

無論宗教是否促進社會性功能失調，似乎可明白的是，當諸社會變得越來越繁榮、穩定、民主，它們往往就變得更世俗化。即便在美國，朝向世俗主義的傾向也歷歷在目。正如保羅所指出的，與許多人類學家和心理學家的意見相反，對宗教的信奉「膚淺到一旦情況改進到所需程度，就能馬上被放棄」。⑯

宗教與演化

宗教的演化起源仍然不明。人類最早的埋葬慣行可追溯到九萬五千年以前，許多人把這當作宗教信仰興起的證據。⑰僅就宗教的教義，往往把性行爲看成是道德上有問題而企圖規制——既鼓勵生育又防範不貞的行爲——有些研究者認爲，宗教與演化之間的聯繫是直截了當的。顯然，不浪費一生來養大別的男人的孩子，合乎每個男人的遺傳利益，而伴侶不把他的資源浪費在其他女人和她們的後代身上，則合乎每個女人的遺傳利益。世界的宗教一般都把這些利益法典化了，經常規定對違犯者嚴加處罰，這項事實促使了諸宗教更堅持地聲稱，一個對社會用處的基礎。因此，追溯關於婚姻與性的宗教教義以及演化適存度之間的線索，是很有誘惑力的。⑱然而，甚至是這一項，與演化的連結也顯得並不怎麼直截：因爲就男人而言，只要花心的惡棍能避免把他們的資源浪費到危及他們後代的生育成就，演化應當實際偏袒無差別的異性愛。⑲

人類也許在遺傳上天生就容易犯迷信：因爲只要偶爾的、正確的信仰的益處夠大，天擇應當偏袒猖獗的信仰形成。⑳新宗教教義和認同的製造，造成團體的墨守成規和仇外，也許能提供對傳染病的一些防範：因爲宗教到了分隔人們的程度，它會抑制新奇病原的散布。㉑然而，宗教（或其他任何事情）有沒有給予人們演化上益處的問題（所謂的「群體選擇」（group selection）），一直被廣爲辯論。㉒而即使部族曾經偶爾是天擇的媒介物，而且宗教證明是有適應性的，那宗教在今天是否可增加人的適存度，仍然是個開放的問題。正如已經提到的，遺傳上根深柢固的人類特質非常多樣（如外群攻擊性、不貞、迷信等等），它們在我們的過去大概一度是適應性的，可能甚至在更新世（Pleistocene）時就已經不再是最佳的了。在一個變得越來越擁擠與複雜的世界，許多這些生物上選擇的特質還可能會危及我們。

顯然，宗教不能化約成只是互相關聯的宗教信念的連鎖反應。每個宗教都包含了祭典、儀式、祈禱、社會制度、節日等等，而這些都背負著種類繁多的目的，無論有意識與否。㉓然而，宗教**信仰**——也就是接受特定歷史命題與形而上命題爲眞——一般都會適切地或可理解地回報這些事業體。我同意人類學家羅德尼・斯塔克（Rodney Stark）的觀點，即信仰先行於儀式，而像祈禱這樣的慣行，通常被認爲是眞正與一個上帝（或諸神）溝通的行動。㉔宗教的信奉者一般相信他們擁有對神聖眞理的知識，並且每個信仰都爲了詮釋經驗乃至使其教義更加可信，而提供了一個框架。㉕

無疑地，大部分的宗教實踐都是人們相信外在實在及內在實在兩者均爲眞的直接後果。的確，大部分宗教慣性只有根據這些基底信念才變得可解。許多人在已開始懷疑特定宗教教義的時候，仍然口誦禱文與模仿其儀式的實際情況則是題外話。什麼信仰最能由那些在失去該信仰過程中的人來例證呢？例如：可能有許多天主教徒雖珍重彌撒的儀式，但不信那葡萄酒與麵包眞正蛻變成耶穌基督的血和肉，但聖餐體變（Transubstantiation）的教義仍然是這個儀式最令人信服的源頭。而彌撒在教會中的首要地位，取決於許多天主教徒仍認爲其基底教義爲眞的事實——那是教會仍然宣揚它及爲它辯護之事實的直接後果。以下這段文字取自《天特會議信綱》（或譯《脫利騰信德宣言》）（*The Profes-*

sion of Faith of the Roman Catholic Church）〕，代表了適切的例子，並闡明了位於大部分宗教核心的那種斷言：

同樣的，我承認，在彌撒（聖祭）中，為生者亡者所奉獻於天主的，是真的、正式的、贖罪之祭，而且，那在至聖聖體聖事中者，真正的、實在的、本質的、是我們的主耶穌基督的身體和血，連同祂的靈魂與天主性在一起，且這餅的全部本質，變成（基督的）體，而這酒的全部本質，變成（祂的）血，那就是公教會所稱的「體變」。我也承認，不論領聖體，或領聖血，都是領取完整的基督，都領了真的（聖體）聖事。〔施安堂譯，《天主教會訓導文獻選集》，台北：台北總主教公署，一九八一年（一九七五年），頁五二二〕

當然，在僅僅宣稱有這種信念和實際信仰之間還是有區別的㉖——這個區別雖然重要，但只有在一個有些人實際相信他們所相信者的世界才有意義。相當大比例——很可能是大多數——的人對於這個或那個宗教信條落入後面這個範疇，似乎很少有理由可以懷疑。

從科學的觀點來看，很令人詫異的是，百分之四十二的美國人相信，從世界肇始，生命就以其目前的形式存在，另外百分之二十一的人則相信，生命雖然可能有演化，其演化一直經上帝之手來指（只有百分之二十六的人相信演化透過天擇）。[27]有百分之七十八的美國人相信聖經是上帝的話語（無論是義如其文或「受啓迪的」）；而且高達百分之七十九的基督徒相信，在未來的某個時點，耶穌基督會以肉身回到地球上來。[28]

怎麼可能有數以百萬計的人相信這些事情呢？顯然，對於批評宗教信仰的禁忌有助於它們的存活。但正如人類學家巴斯卡・博耶（Pascal Boyer）所指出的，測試現實的失敗並不能解釋宗教信仰的具體特色：

> 有關於消失的島嶼和會說話的貓的故事，人們通常不會把這些放進他們的宗教信仰中。相形之下，人們卻會產生鬼和像人的神的概念、並把這些概念用在他們思索各式各樣社會問題的時候（什麼是合道德的行為、怎麼對待死亡的人、不幸是如何發生的、為什麼要舉行儀式等等）。比起只是輕鬆看待通常的合理推理，這更精

準得多。[29]

據博耶說，宗教概念必須起源自先於宗教的心智範疇——而這些基底結構決定了宗教信仰與宗教實踐所採取的刻板印象的形式。這些思想範疇與像活生生的存在、社會交換、對道德的違犯、自然災害、理解人類不幸的方式等事情相關。根據博耶的說法，人們並不因爲鬆懈了他們的理性標準而接受令人難以置信的宗教教義；他們因爲若干教義以似乎合理可信的方式符合他們的「推斷機制」（inference machinery），而鬆懈了他們的理性標準。大部分宗教命題在可能缺乏言之成理的地方，就以好記、情感上突出、社會上有效果來補償。所有這些性質都是人類認知的基底結構的產物，而這個體系結構的大部分都不是意識所能及。博耶因此論證，明晰的神學和意識所持的教條，都不是一個人宗教信仰的眞正內容或成因的可靠指標。

博耶認爲，我們對宗教理念有比文化還深刻的認知模型，這樣的斷言可能是正確的（同樣的道理，我們對「動物」和「工具」之類的，也有深刻的、抽象的概念）。心理學家賈斯汀・巴瑞特（Justin Barrett）也做了類似主張，他把宗教比喻成語言學習：我們來到這世界時，在認知上已對語言有所準備；我們的文化和養育不過主宰了我們將暴露於哪種語言中。㉚我們可能也是心理學家保羅・布盧姆（Paul Bloom）所稱作的「常識二元論者」（common sense dualist）——即我們可能天生傾向於把心靈看成跟肉體是分開的，因此，我們往往直覺認為，有脫離肉體的心靈在世界上作用。㉛這個傾向能導引我們去設想與亡故親友有未間斷的關係，去預期我們自己死後的倖存，以及普遍地認為人們有非物質的靈魂。同樣的，好幾個實驗提出，孩童們先天傾向於設想自然事件背後既有設計又有意圖——使得許多心理學家和人類學家相信，如果完全放任兒童自由發展的話，會發明出某種上帝的構想。㉜心理學家瑪格麗特・埃文斯（Margaret Evans）發現，八到十歲之間的孩子，無論他們的家教如何，都一致的比他們的父母更傾向於給自然世界一個創世論的說法。㉝

心理學家布魯斯・胡德（Bruce Hood）認為，我們對宗教觀念的易感性，類似於人們往往發展出對演化上貼切的威脅（如蛇和蜘蛛）的恐懼，而不是對更可能會殺死他們的東西（像汽車和電源插座）。㉞而由於我們的心靈演化成能識別世界的模式，我們就常識別出實際不在那兒的模式——從雲上的臉孔到大自然造化中神靈的手。胡德設想出一個額外的認知方案叫作「超感」（supersense）——指的是推斷出無論是好是壞的隱藏力量的傾向。根據他的說法，超感完全靠自己衍生出對超自然的信仰（無論是宗教的或非宗教的），而這種信仰以後會被文化轉用而不是逐步灌輸。

宗教隸屬雖然完全是文化傳承的事項，但宗教態度（例如社會保守主義）和宗教行爲（例如上教堂）則似乎受到遺傳因素的溫和影響。㉟大腦多巴胺能的系統（dopaminergic systems）與宗教的經驗、信仰、行爲等的關聯性，已經由數方面的證據表明，包括好幾個牽涉神經遞質多巴胺（neurotransmitter dopamine）的臨床狀況——躁狂症（mania）、強迫症（ＯＣＤ）、精神分裂等——固定與高度宗教熱忱關聯起來。㊱血清素（serotonin）也受到牽連，因爲已經知道藥物會調節它——就像迷幻藥ＬＳＤ、裸蓋菇鹼（psilocybin）、仙人球毒鹼（mescaline）、N，N—二甲基色胺（N, N-dimethyltryptamine）（"DMT"）、亞甲雙氧甲基安非他命（3, 4-methylenedioxymethamphetamine）（「快樂丸」）等，似乎是特別有力的宗教/心靈體驗的驅策劑。㊲宗教經驗和顳葉癲癇（temporal lobe epilepsy）之間的連結也已確定。㊳

無論人類心靈如何預先傾向於懷藏宗教信仰，事實仍是：每個新世代至少都部分地以語言陳述的形式接受一個宗教的世界觀，這在有些社會比其他更爲明顯。對法國人、瑞士人、日本人等不傾向相信上帝，但美國人、沙烏地阿拉伯人、索馬利亞人卻很相信，無論宗教的演化基礎是什麼，似乎都極不可能有個遺傳學的解釋。顯然，宗教大致上只是人們教導他們的孩子有關實在（reality）的本質爲何的內容。

宗教信仰特別嗎？

雖然宗教信仰仍然是人類生活最有意義的特徵之一，但我們對它在大腦的層次與普通信念的關係所知甚少。信教者和不信教者在評價事實的陳述上是否有差異，也不清楚。在宗教實踐與經驗上已經做過幾個神經影像和腦電圖研究（EEG studies）——主要的焦點在打坐㊴和祈禱㊵。但這研究的目的在於激起信教的研究對象的心靈／冥想經驗，並比較這些經驗和意識的傳統狀態。這些研究都沒有設計來隔離出信仰本身。

我在馬克・科恩（Mark Cohen）位於洛杉磯加州大學的認知神經科學實驗室工作時，發表了第一個把信仰做爲一般認知方式的神經影像學研究㊶（已在前章討論）。雖然美國國家衛生研究院（National Institutes of Health）的另一個小組後來特別關注宗教信仰，㊷

可是並沒有直接比較這兩種信仰的形式。約拿斯・卡普蘭（Jonas T. Kaplan）與我在隨後的一個研究中，用了功能性磁共振成像（fMRI）來測量基督徒與非信徒在評估宗教命題和非宗教命題的眞假時，大腦中的訊號變化。㊸在每次的測驗中，都給研究對象一個宗教的陳述（例如：「耶穌基督眞的施行了聖經裏歸功於他的奇蹟」）或非宗教的陳述（例如：「亞歷山大大帝是位非常有名的軍事領袖」），由他們按鈕來指出該陳述是眞或假。

對兩組研究對象，而且在兩個刺激範疇，我們的結果大都與以前的發現一致。相信一陳述爲眞是與內側前額葉皮層（MPFC）(medial prefrontal cortex）中更大的活動關聯，該區對自我表現、㊹情感聯想、㊺報償、㊻目標驅策行爲㊼等很重要。無論研究對象相信的是關於上帝和童貞女之子的陳述，或關於日常事實的陳述，本區都顯示了更大的活動。㊽

我們的研究是設計來讓兩組人對非宗教的刺激（例如：「老鷹眞的存在」）引出同樣的反應，而對宗教的刺激（例如：「天使眞的存在」）引出相反的反應。我們對虔誠的基督徒與非信徒在兩種範疇的內容上，獲得基本上相同的對信念的結果，這項事實強有力的論證了無論想的是什麼，信與不信之間的差別是相同的。㊾

雖然信與不信的比較對兩個範疇的問題都產生了相同的活動，所有宗教思考和所有非宗教思考卻在大腦各處產生範圍廣泛的差異。宗教思考與前腦島（anterior insula）和腹側紋狀體（ventral striatum）更大的訊號關聯。前腦島是與對痛的感知、㊿對別人之痛的感知、51以及像厭惡之類的負面感覺相連結。52腹側紋狀體則常常與獎賞連結。53如果宗教陳述對兩組研究對象都挑起更正面與更負面的情緒，並不會令人吃驚。

此外，似乎基督徒和非信徒都對他們的宗教信仰多半不太有把握。在我們先前對信仰的研究中，我們的刺激有三分之一是設計來激起不確定性，我們發現當研究對象不能衡量一命題的眞假值時，在前扣帶皮層（ACC, anterior cingulate cortex）有較大的訊號。在這裏，我們發現宗教的思考（當與非宗教的思考比較時）在兩組研究對象中，都引出這個相同的模式。兩組人對宗教的刺激也花費更長的時間反應，儘管事實上那些陳述並不比其他範疇的陳述更複雜。也許無神論者和宗教信徒一般都對宗教陳述的眞假比較沒把握。54

儘管負責宗教的思考方式與負責非宗教的思考方式其基底的處理過程有很大差異，相信和不信一命題的區別則似乎超越內容。我們的研究表明，這些對立的心智狀態能用當前的神經影像學技術來偵測，而且密切的與涉及自我表現和報償的網絡掛鉤。這些發現可能有許多應用領域——範圍從宗教的神經心理學，到利用「測信」來代替「測謊」，到理解科學的實踐本身，以及一般對眞理的宣稱是如何從人腦的生物性產生。而且再一次，這樣的結果進而表明，做爲人類認知的事情，事實與價值觀之間的鮮明界限並不存在。

宗教要緊嗎？

宗教信仰雖然可能不過是普通信念應用到宗教的內容上，但只要這種信仰的信奉者認爲特殊，它們顯然就很特殊。它們看來也特別能抗拒改變。這點常被歸於這種信仰所處置的是超脫五官感覺的事情，乃至通常不容易反證。但這不可能是事情的全貌。從基督教的宗派到拜飛碟教，許多宗教團體都把他們的世界觀定錨於特定、可測試的預測上。例如：這種團體偶爾會聲稱在不久的將來特定的某一天一個大災難會降臨地球。不可避免的，這些預言的熱中者也相信，一旦地球開始搖晃或洪水開始上漲，他們會被他界的力量救走。這樣的人常常會變賣房產家當，放棄工作，與抱持懷疑的朋友和家人斷絕關係——全都因顯然肯定世界末日在即。當那天到來，一個鍾愛的教義隨即被徹底推翻，但許多這些團體的成員以令人意想不到的機敏來合理化預言的失敗合理化。[55]其實，這種信仰危機經常伴隨著加緊傳教與製造新鮮預言——這提供了下一個狂熱的目標，以及，天呀，隨後的與實證現實的碰撞。這類的現象導致許多人做出宗教信仰一定和普通信念有別的結論。

另一方面，我們常遇到對宗教信仰力量的奇怪否認，尤其是來自自己不信教的科學家。例如：人類學家斯考特・亞特然（Scott Atran）聲稱：「核心的宗教信仰徹頭徹尾沒意義，並欠缺眞値條件（truth conditions）」[56]，因此不能實際影響一個人的行爲。根據亞特然的說法，穆斯林的自殺式炸彈襲擊絕對與伊斯蘭教對殉教和聖戰的理念無關；它反而是「虛擬親屬」間紐帶黏結的產物。亞特然曾公開聲明，一名穆斯林會不會從僅僅支持聖戰轉向實際犯下自殺的暴行，「與宗教毫無干係，而視你是否屬於某一足球俱樂部而定」。[57]

亞特然對穆斯林暴行成因的分析，頑固的無視聖戰分子對他們自己動機的說詞。[58]他甚至連在自己的研究歷歷在目時，仍舊忽視宗教信仰在激發穆斯林恐怖主義上的角色。這裏是一段他在一篇論文中對訪談聖戰分子所做的總結：

所有的人都被問了這類的問題：「倘若對方為了報復你而殺害你的家人的話，怎麼辦？」或者「如果你父親快死了，而你母親發現你的殉教攻擊計畫，她要你延遲到你家能重新站起來的話，怎麼辦？」他們都沿著這樣的理路答道：一個人雖有對家庭的義務，但對真主的義務不能延遲。「而如果你的行動除了你自己外沒有造成任何人死亡，怎麼辦？」典型的回應是：「真主還是會同樣愛你。」例如：當二〇〇五年八月，在雅加達的吉冰朗監獄（Cipinang prison），對所謂的伊斯蘭教祈禱團精神領袖（Emir of Jemaah Islamiyah）阿布・峇卡・巴希爾（Abu Bakr Ba'asyir），提出這些問題時，他回應道，為了聖戰緣故的殉教是終極的一概責任（fardh'ain），即優於包括五功中的四功在內的所有其他義務之不可避免的個人義務（僅信仰的表白與聖戰同等）。對他以及對我所訪談過的大部分準烈士與他們的贊助者而言，要緊的是烈士的意圖及對真主的承擔，因此只炸死自己和無論殺死多少敵人，都有相同的價值和報償。[59]

在非科班出身的人眼裏看來，是明擺著的對宗教信念的宣示，按亞特然的說法就不過是與親族、同夥等共有的「神聖價值觀」與「道德義務」；它們沒有命題內容。亞特然對他自己資料的詭異詮釋，忽視了普及的穆斯林信仰，即他們相信烈士會直接上天堂，並且幫他們最密切與最親愛的人在那兒保留一個位置。按照這種宗教理念，一共同體內的團結呈顯了另一次元。而像「眞主還是會同樣愛你」這樣的說法，具有值得拆解的意義。首先，亞特然的研究對象相信眞主存在是相當清楚的。眞主的愛有什麼好處呢？它的好處在於逃避地獄之火以及得到死後永恆的快樂。說穆斯林聖戰分子的行爲與他們的宗教信仰毫無干係，就像說維護名譽而殺人（honor killing）與行爲者對婦女、性、男性榮譽等相信什麼毫無干係。

信仰會帶來影響。在坦尚尼亞，對白化病者的身體器官有個增長中的犯罪行業——因爲他們廣泛想像白化病者的血肉有神奇性質。漁民因期望抓到更多魚，甚至會把白化病者的頭髮編織進漁網裏。⑹⓪如果一名像亞特然的人類學家，拒絕按照表面價值來接受這種令人毛骨悚然的非理性，而去尋求一個與白化病者身體器官魔力的信仰無關的「更深」的解釋，我一點也不會詫異。許多社會科學家非常執拗，無法接受人們常相信的正是他們自稱所信的。其實，對人類血肉有治療能力的信仰在非洲很普及，而以前在西方也很尋常。據說林肯奄奄一息的躺在福特戲院外時，被用「木乃伊漆」（一種用磨碎的木乃伊做的藥膏）塗在他的傷口上。晚近到一九〇八年，默克公司（Merck）的藥品型錄上還在賣「眞正的埃及木乃伊」來治療癲癇、膿腫、骨折之類。61 脫離了人們信仰的內容我們還能怎麼解釋這個行爲？我們不需要嘗試。尤其是當人們清楚的說出他們的核心信仰時，爲什麼某些人會認爲他們做出的行爲是完全沒有什麼神祕可言。

美國精神醫學學會（the American Psychiatric Association）刊行的《精神障礙診斷與統計手冊》（*DSM-IV, The Diagnostic and Statistical Manual of Mental Disorders*），是精神健康領域的臨床醫師們最廣泛使用的參考書。它界定「妄想」（delusion）爲一種「基於對外在眞實之不正確推斷的虛假信念，儘管幾乎別的每個人所相信者以及構成無可辯駁的和明顯的證明或證據者都與之相反，它還是被堅決的保持」。作者們唯恐我們認爲若干宗教信仰可能落入這個定義的牢籠，於是在下面這一句話中，原則上，免除了宗教教義：「該信念不是被該人的文化或次文化的其他成員所通常接受者（如它不是一條宗教信仰）」（頁七六五）。正如其他人所評述的，這個定義有若干問題。㉜因任何臨床醫生都能作證，妄想症病人常患有宗教的妄想。而一信仰其廣泛共有的準繩表明了，一信念可在一個脈絡中是妄想的，但在另一脈絡中則是規範的，即使相信它的理由維持不變。一名孤單的精神病患者不過是吸引了一群信徒的話，就變得神志正常了嗎？我們如果純粹根據信奉者的人數來衡量神志正常度的話，那在美國無神論者與不可知論者就一定是妄想狂：這個診斷會對百分之九十三的美國國家科學院（National Academy of Sciences）成員起疑。㉝事實上，在美國不識字的人比懷疑耶和華存在的人還多。㉞在二十一世紀的美國，不相信亞伯拉罕的上帝，大概是所能指出的一個最非主流的現象。但對科學思考基本原則的信奉亦然——且不提對遺傳學、特殊相對論、或貝葉斯統計理論（Bayesian statistics）的詳細理解。

精神病與正派的宗教信仰之間的疆界可能很難釐清。這點在晚近的一個法院判例特別鮮明，該案捲進了一個非常虔誠的小基督教團體，他們被控謀殺了一個十八個月大的嬰兒。㉟麻煩從那個小男孩在飯前停止說「阿門」開始。該團體包括了小男孩的媽媽，相信他已經發展出「反叛精神」，於是不許他進食與喝水直到死掉。那媽媽被起訴後，接受了一項非比尋常的認罪協議：她發誓在如果她兒子復活就撤銷所有控訴的條件下，她願意對起訴她的共同被告合作。檢察官接受了這項抗辯，不過那復活得像「耶穌那樣」，而不包括轉世成另一個人或動物。儘管這隊瘋子把小男孩的屍體放在一個綠皮箱裏帶來帶去，等他復甦超過一年，並沒有理由相信他們任何人患了精神病，然而他們顯然得了宗教病。

信仰與理智的衝突

我們對周遭世界的經驗，以及對在其中的我們的經驗，端賴發生在我們腦袋裏的電壓變化和化學作用，但內省對這點提供不了線索。然而一個半世紀來的頭腦科學宣稱事實如此。終於根據神經線路與資訊處理來理解我們主觀性的最寶貝、最令人痛惜、以及最親密的特徵意味著什麼呢？

說到我們目前對心靈的科學理解，各主要宗教仍然和一天天越來越說不過去的教義結合。雖然意識和物質之間的終極關係還沒解決，但考慮到心靈顯然倚賴大腦，現在任何對靈魂的概念設想都能拋棄了。可能有個不朽的靈魂能夠推理、感覺愛、記得人生事件等等，而同時始終形而上的獨立於大腦之外；但由活生生的人身上相干的神經線路受損會抹殺這些能力看來，這個不朽靈魂的理念似乎站不住腳了。一個蒙受完全失語症（aphasia）（失去語言能力）的人的靈魂，還能流利的說話和思考嗎？這有點像問一名糖尿病患的靈魂，能不能產生充足的胰島素。心靈倚賴大腦的特定性質，也表示我們每個人身上都不會有個統一的自己在作用。人類心靈根本有太多可分離的元件——各個都易受獨立的干擾所影響——乃至不會像騎士對馬匹那樣有個單一的獨立存在體矗立在那兒。(66)

鑑於人腦與其他動物頭腦的極度相似，靈魂說又遭受進一步的動盪。我們的心智力與那些貌似沒有靈魂的靈長類的心智力之間明顯的連續性，引發了特別的難題。如果黑猩猩與人類的共同祖先沒有靈魂，那我們是在什麼時候獲得我們的？(67)許多世界的主要宗教都無視這些尷尬的事實，而僅僅斷言人類擁有一種絕無僅有的形式的主觀性，而那主觀性和其他動物的內心生活沒有聯繫。靈魂在這裏是超凡的信物，但對人類獨特性的主張一般也延伸到道德意義：動物們被認為未擁有任何像它的東西。因此，我們的道德直覺一定是上帝的作品。知性上誠實的科學家們在這種主張的普及之下，對有關道德的起源，就身不由己的與宗教公開衝突起來。

即便如此，大家廣泛想像科學與宗教在原則上並無衝突，因爲許多科學家自己就是「信教的」，有些甚至相信亞伯拉罕的上帝以及古代奇蹟的眞實性。連宗教極端主義者都珍視**有些**科學的產物——抗生素、電腦、炸彈等等——而且我們聽說這些求知欲的種子能用一種不致侮辱宗教信仰的方式耐心培養。

這個和解的祈願以許多名義進行，而且現在有許多鼓吹者。但它是基於一個謬誤。有些科學家並未察覺與宗教信仰有任何問題，僅僅證明了好主意和壞主意並置是有可能的。婚姻與不貞之間有衝突嗎？這兩者經常同時發生。知性的誠實能被囿於一隅——在一個頭腦裏、在一個機構裏、或在一個文化裏——的事實，並不意味著理智與信仰之間，或科學的世界觀做爲一個整體與世界的「偉大」以及極爲不一致的宗教之間，沒有完美的矛盾。

能夠以例子來顯示的是，當信教的科學家實際試圖調和理智與信仰時，他們的表現有多糟。很少有這類的努力比得上法蘭西斯・柯林斯（Francis Collins）的工作得到更多公衆的注意。柯林斯是歐巴馬總統任命的美國國家衛生研究院現任院長。我們必須承認他的資歷無懈可擊：他是位物理化學家、醫療遺傳學家、以及人類基因組工程（the Human Genome Project）的前任頭頭。根據他自己的說法，他也是科學與宗教之間不會有衝突的活證明。我將以較長篇幅討論柯林斯的觀點，因爲他付諸行動之「高雅時髦」的信仰模範，大大地讓人印象深刻。

在二〇〇六年，柯林斯出版了一本暢銷書，即《上帝的語言》（*The Language of God*），⑥⑧在書中他聲稱，展示了二十一世紀科學與福音派基督教之間的「一個一貫且令人深深滿意的和諧」。《上帝的語言》是本眞正驚人的書。閱讀它就跟目擊一次知性的自殺一樣。然而，那是個幾乎完全未被承認的自殺：身體去就繩索；脖子啪嗒折斷；呼吸停止了；而且甚至現在屍體還在令人不快的不安中懸盪——然而彬彬有禮的人們到處繼續歌頌那大人物的康健。

柯林斯不斷因爲他不是什麼而被他的科學家同仁讚揚：他不是個「年輕的創世論者」，也不是個「智慧設計論」的擁護者。給予演化證據的現狀，這兩者都是一個科學家最好別去認同的事情。可是做爲美國國家衛生研究院的院長，柯林斯現在對生技醫學及其他保健相關研究，有比地球上任何人更大的責任，這個機構控制了一年超過三百億美元的預算。他也是美國最重要的科學代表之一。我們無需因他相信演化而歌頌他。

這裏是做爲科學家與教育家的柯林斯，如何對一般大衆總結他對宇宙的理解（以下採自二〇〇八年柯林斯在柏克萊加州大學所做演講的一系列幻燈片）：

幻燈片一

全能的上帝，不為時空所限，在一百三十七億年以前創造了一個宇宙，並把其參數精準的調成容許經過長時間發展出複雜的事物。

幻燈片二

上帝的計畫包括演化的機制來創造出我們行星上多樣得驚人的生物。最特別的是，那個創世計畫包括了人類。

幻燈片三

在演化準備好一間足夠發達的「房子」（人腦）以後，上帝贈給人類對善惡的知識（道德律）、自由意志、以及一個不朽的靈魂。

幻燈片四

> 我們人用自己的自由意志來違犯道德律，導致我們跟上帝的疏離。對基督徒而言，耶穌是那疏離之解。
>
> 幻燈片五
>
> 如果道德律只是演化的一個副作用，那麼就沒有善或惡這回事。它全是錯覺。我們被哄騙了。我們任何人，尤其是堅決的無神論者，真的準備在那種世界觀下過我們的日子嗎？

柯林斯的科學和他的宗教之間有所衝突，眞的那麼難察覺嗎？只要想像一下，如果柯林斯做爲一名虔誠的印度教徒，告訴他的聽衆，梵天（Lord Brahma）創造了宇宙但現在睡著了；毗濕奴（Lord Vishnu）維持它並修補我們的DNA（以一種尊重因果報應和輪迴的方式）；濕婆（Lord Shiva）最終把它在一場大火中毀滅；大部分美國人會覺得他有多科學呢？[69] 柯林斯如果是名多神論者，他還有任何機會來掌管美國國家衛生研究院嗎？

在他行醫的早期事業裏，柯林斯企圖藉學習世界的主要宗教，來彌補他生命中那上帝塑造的洞。然而他承認，在尋求「住在同一條街上的一位衛理公會牧師」的「溫柔的慈悲」（tender mercies）〔譯按：典出電影題名〕之前，並沒有什麼進展。事實上，柯林斯對世界宗教的無知看來頗爲驚人。例如：他經常複誦那基督徒的謠傳，說耶穌是人類史上唯一曾經宣稱是上帝的人（好像這樣就會使一世紀的一名未受教育的木匠的意見特別可信）。柯林斯似乎未覺察就在現在這一刻，就有數以千計的聖人、瑜伽修行者（yogi）、江湖騙士（charlatan）、精神分裂患者等聲稱自己是上帝。而且一向如此。四十年前，其貌不揚的查理・曼森（Charles Manson）使〔美國加州〕聖費爾南多谷（San Fernando Valley）裏一票與社會格格不入的人相信，他既是上帝又是耶穌。那麼我們該不該向曼森諮詢關於宇宙論的問題呢？他仍活在我們當中——或者至少還蹲在科克蘭州立監獄（Corcoran State Prison）裏。柯林斯身兼科學家與有影響力的宗教辯護者，反覆強調耶穌的怪異自我評價的愚蠢虛構，這項事實就是他在福音派基督教的回音室裏生活太久的許多令人難堪的跡象之一。

可是這位朝聖者繼續前進：接著，我們得知柯林斯對上帝身分的不確定熬不過與路易士（C. S. Lewis）的碰撞。以下這段路易士的話充分展現了決定性的力量：

我在這裏試圖防止任何人說出人們常說的關於祂的真正愚蠢的事：「我願意接受耶穌為一位偉大的道德導師，可是我不接受祂自稱是上帝」。這是一件我們不該說的事。一個只是人的人說了耶穌說的那種事情，不會是個偉大的道德導師。他若不是個瘋子——和一個說自己是水煮荷包蛋的人同樣層次——就是地獄的魔鬼。你必須自己抉擇。這個人過去與現在若非上帝之子：要不然就是狂人或比狂人更糟。你可以把他當傻瓜要他閉嘴，你可以對他吐口水或者把他當惡魔殺掉；或者對祂下跪而叫祂主和上帝。但千萬別讓我們想出祂是一位偉大的人類導師那樣屈尊俯就的廢話。祂沒有給我們那樣的選擇。祂並沒有這種打算。

柯林斯提供了這道精神食糧供我們沉思，然後描述它如何無可挽回的改變了他對宇宙的觀點：

路易士是對的。我必須做抉擇。自從我決定要相信某種上帝以來，一整年過去了，現在我被召來做交代了。在我第一次到密西西比河以西的旅程中，一個美麗的秋日，當我在喀斯喀特山脈（Cascade Mountains）中遠足時，上帝創造的雄偉與美麗壓倒了我的抗拒。當我轉了個彎，看見一道意想不到的美麗冰瀑，有好幾百英尺高，我就知道我的尋覓結束了。第二天早上，當太陽升起時，我跪在沾滿露珠的草地上對耶穌屈從了。⑰

這是自我欺瞞發揮到極致。實在令人震驚，這段文字會是一位企圖展示信仰與理智相容性的科學家寫的。如果我們認為柯林斯的推理不可能變得更離譜的話，且看他接著透露那瀑布凍成三道，這使他記起三位一體。⑱

不消說如果一道冰瀑布能證實基督教的特定信條，那什麼都能證實什麼了。可是當柯林斯「跪在沾滿露珠的草地上」時，這個眞理對他並不明顯，而現在對他仍不明顯。這點對《自然》的編輯也不明顯，雖然該雜誌是任何語言的最重要的科學刊物。該雜誌讚美柯林斯「與信教的人」接合「來探究科學——無論以其思考方式或其結果——是與他們的宗教信仰一致的」。⑫根據《自然》所言，柯林斯致力於那「動人的」與「可嘉的」作業，來建立「一道跨越存在於大部分美國學術界和所謂的『心臟地帶』之間的社會及知性鴻溝的橋梁」。而以下是柯林斯如何努力地搭建那座橋：

做為信徒，你們堅守上帝為造物主的觀念是對的；你們堅守聖經的真理是對的；你們堅守科學對大部分人類存在最迫切的問題沒有提供答案是對的；而且你們堅守對無神論的唯物論主張必須堅定不移地抗拒的必然性是對的。⑬

上帝不受時間和空間的局限，創造了宇宙並建立了支配它的自然律。上帝選擇了優美的演化機制來創造所有種類的微生物、植物、與動物，生物居住在此，否則是個不毛的宇宙。最可觀的是，上帝蓄意選擇了相同的機制來生成特別的人兒（creatures），他們會有智慧、對是非的知識、自由意志，以及尋求與祂團契的願望。祂也知道這些人兒最終會選擇不服從道德律。⑭

想想看：那是二〇〇六年；一半的美國人口相信宇宙只有六千年老；我們的總統才首度動用其否決權，以宗教立場來封殺美國聯邦對世界上最看好的醫學研究的資助；而國土上最重要的科學家，直接從他的心（如果不是從其大腦）說出這樣的話。

當然，信仰的眼睛一旦打開，到處都找得到證實。以下是柯林斯在考慮是否接受出掌人類基因組計劃時的考量：

> 我花費了一個漫長的下午在一間小教堂祈禱，尋求對這項決定的指引。我沒有「聽到」上帝說話——其實，我從來沒有那種經驗。但在那幾個鐘頭，以我沒有預期到的晚禱禮拜作終，一陣平和沉降我身。幾天後，我接受了工作。[75]

我們希望看到，但沒發現，「親愛的日記」中是從誠實的推理來表達這些莊嚴的飄移。我們再一次發現對最不值得注意的意料之外的奇怪強調：就像柯林斯沒有預期會看到冰凍的瀑布，他也沒期待晚禱禮拜。在花費了「一個漫長的下午在一間小教堂祈禱」的同時，有多不可能會遇上晚禱禮拜（通常就在日落前舉行）呢？而柯林斯的「平和」

感又是如何？顯然旨在要我們把它看成柯林斯宗教信仰眞誠性的若干跡象，無論有多微小。柯林斯在他書中其他地方正確地說：「一神論和多神論不會兩個都對」。可是他難道不認爲在過去一千年中的某時點，有一兩名印度教徒在廟裏祈禱的時候——也許對著象頭神格涅沙（Ganesh）——也經驗了類似的平和感嗎？他，做爲科學家，對於這個事實可能怎麼理解？

我在這個時點應當說，我看不出追尋位於許多世界宗教核心的心靈狀態有什麼非理性。悲憫、敬畏、奉獻、合一感等，當然都屬於一個人所能有的最寶貴的經驗。一名科學家與教育家非理性與不負責的是，對宇宙的結構、對某些書籍的神聖起源、及基於這種經驗對人類的未來，做出毫無根據與無可辯解的斷言。甚至依照一般沉思經驗的標準，柯林斯提出來支持他宗教信仰的現象簡直不値得討論。一道美麗的瀑布？一次意料外的教會禮拜？一種平和感？這些柯林斯脫出羈絆之旅中最突出的地標，也許是在這肯定是煩惱之海中最令人不安的細節。

柯林斯辯稱科學使對上帝的信仰「極度有理」——宇宙大爆炸、自然常數的微調、複雜生命的興起、數學的效力，(76)全都對他暗示一位「慈愛、邏輯、且一貫的」上帝存在。可是當被用這些現象的交替（且更有理得多的）說法——或者以暗示上帝可能不慈愛、不邏輯、不一貫、或的確缺席的證據——挑戰時，柯林斯就宣稱上帝立於自然之外，因此科學根本不能應對祂的存在問題。同樣的，柯林斯堅持我們的道德直覺證實了上帝的存在，證實了祂完全道德的品格，以及證實了祂渴望跟我們物種的每個成員有團契；可是當我們的道德直覺因海嘯或地震隨意毀滅無辜的孩子而退縮時，柯林斯向我們保證，我們受時間所限的善惡觀念不可信，而且上帝的意旨是個完美之謎。(77)正如宗教辯解常常有的情況，它是個擲銅板的例子，正面的話，信仰贏；反面的話，理性輸。

就像大多數的基督徒，柯林斯相信一套按照教規的奇蹟，包括童貞女之子和耶穌基督確確實實的復活。他引用萊特（N. T. Wright）(78)和約翰・珀金霍恩（John Polkinghorne）(79)做爲這些事項的最佳權威，而當被追問神學的要點時，他建議人們參考他們的書以便進一步的闡明。這裡給讀者們品嘗一下這種文獻，以下是珀金霍恩描述死人即將復活的物理學：

如果我們把人類視為精神身體統一體，如同我相信聖經以及心靈和大腦之間親密連結的當代經驗，兩者都鼓勵我們這麼想，那麼靈魂將必須以一種亞里斯多德的意義來理解，即肉體的「形」，或肉體承載資訊的模式。這個模式雖然在死亡時化解，但相信它會被上帝記住而在一個復活的神蹟中重組，似乎完全是理性的。即將到來的世界的「物質」，是那重新化身的載體，它將是目前宇宙的被轉型的物質，本身被上帝挽回到**它的**宇宙之死外。那再生的宇宙並不是造物主**無中生有的**（ex nihilo）製造一個世界的第二度嘗試，而是藉**從老的**（ex vetere）新創，作為對現世的蛻變。這樣上帝才真是一個完全神聖宇宙的「萬物之主」（all in all）（哥林多前書一五：二八），該宇宙的神注的「物質」，將從現在的物理過程固有的無常和腐朽交付。這種神祕的和使人興奮的信仰，其動機所倚賴的不僅是上帝的忠心，也靠基督的復活，被理解成影響深遠的事件，新的創世從它而生，而且也靠空墓的細節，涵蘊主的升天和榮耀的軀體是他屍體的蛻變，就好像將到來的世界是目前這個不能永生的世界的轉型。[80]

這些信仰的確是「神祕的和使人興奮的」。正巧，珀金霍恩也是位科學家。然而，問題在：不可能把他在宗教方面的著作——現在可擺滿整個書架——與一個極其有耐心的索卡式的騙局區別。[81]我們如果打算用仔細建構的廢話來羞窘宗教當權派的話，這正是我們會運用的那種僞科學、僞學術、和僞推理。不幸的，我看不出有任何理由來懷疑珀金霍恩的誠懇。看來法蘭西斯・柯林斯也看不出。

一位具有柯林斯此等地位的科學家，在掙扎著想調和其耶穌神性的信仰和現代科學的過程當中，竟將一切都歸結到那「空墓」。柯林斯毫不諱言地承認，如果他對上帝確實存在的所有科學論證都被證明錯了，他的信仰還是不會稍減，因爲它是建立在所有嚴肅的基督徒所共有的信仰上，即福音書對耶穌奇蹟的說法是眞的。然而，問題在奇蹟故事，即便在二十一世紀，也跟屋裏的塵埃同樣尋常。例如：耶穌的所有他界神力，都被爲數甚夥的活生生的目擊者歸於南印度的上師（guru）沙迪亞・賽峇峇（Sathya Sai Baba）身上。賽峇峇甚至聲稱是童貞女生的。這在宗教的歷史上，甚至一般的歷史上，其實不是個不平凡的聲稱。連像成吉思汗和亞歷山大這樣的塵世人物，都一度被認爲是童貞女生的（孤雌生殖顯然不保證一邊臉頰挨打就會湊上另一邊臉頰）。如是，柯林斯的信仰取決於今天環繞著一個像沙迪亞・賽沓沓的人的奇蹟故事那類的聲言——甚至還不值得有線電視播放一個鐘頭——而該聲言不知怎的，在事情說是發生了幾十年以後，當設在第一世紀羅馬帝國的前科學的宗教脈絡中時，就變得特別可信了，即使證據只是既與古希臘手稿大相徑庭又殘缺不全的抄本的抄本的抄本。㉜就是在這個基礎上，美國國家衛生研究院的現任頭頭推薦我們相信以下諸命題：

一、以木匠為業的耶穌基督，由一處女所生，做為他的生物種集體罪惡的代罪羔羊，被儀式性地謀殺掉了，然而在過了三天的時間後由死復生。

二、他很快的以肉體升上「天堂」——他，兩千年來，在那兒偷聽幾十億處於困境的人類的同時祈禱（而且有時候甚至還會回答呢）。

三、這位看不見的木匠對無限期的維持這種神靈般的安排不滿足，他有天將會回到地球來，審判人類在性方面的失檢以及〔對他〕持懷疑態度的疑慮，屆時他將賜予任何有幸在媽媽的膝上就信服的人以永生；他們信服的是，這個令人費解的一長串奇蹟是最重要的揭示關於宇宙的真理系列。

四、我們生物種的其他成員，過去的與現在的，從埃及豔后到愛因斯坦，無論他或她在人間的成就如何，都將被交付一個更不令人想要得多的命運，該命運最好別明說。

五、同時，上帝/耶穌隨其心所欲，可能介入或不介入我們的世界，透過祂完全智慧與慈愛的動力，偶爾治好末期的癌症（或不治），回答個特別懇切的祈禱（或不答），安慰喪失親人的人（或不安慰）。

這樣的圖像到底違背了多少科學法則？我們忍不住想說「全部」。然而，從《自然》之類的刊物對待柯林斯的方式來判斷，我們只能做出結論，在科學的世界觀中，或在生成科學世界觀的知性嚴謹和自我批評中，沒有什麼把這些信念用不利的角度來呈現。

在被任命爲美國國家衛生研究院院長之前，柯林斯開辦了一個叫做「生物道基金會」（Bio logos Foundation）的組織，其目的（根據它創會使命所聲明的話）在於傳達「基督教信仰與對宇宙及生命起源的科學發現之間的相容性」。「生物道」是由坦伯頓基金會資助，後者是個聲稱追求對「生命的最大問題」答案的組織，但看來主要致力於抹消宗教與科學之間的分際。由於其驚人的財富，坦伯頓在追求把宗教信仰重塑成科學的合法分支的形象時，似乎能用別的方法買通世俗的學者。完全不出所料，《自然》對坦伯頓也採取了丟人的軟弱低姿態。⑧③

如果柯林斯為科學與巫術、占星術、或塔羅牌之間的相容性論辯，他在《自然》會不會受到同樣的待遇呢？與之相反，他會遭遇到火海般的批評。做為一個比較點，我們應當回想一下，生化學家魯帕特・謝德瑞克（Rupert Sheldrake）的學術事業，被僅僅一篇《自然》的〈編者的話〉乾淨的腰斬掉了。⑧④謝德瑞克在其著作《一門新的生命科學》（*A New Science of Life*）中，發展了一個「形態共振」（morphic resonance）的理論，企圖說明生命系統和自然中的其他模式如何發展。⑧⑤不消說，該理論有很大的機會可能根本是錯的。但謝德瑞克的書中沒有一個句子能比得上柯林斯在《上帝的語言》中幾乎每一頁所達到的知性的不誠實。⑧⑥該怎麼來交代這種雙重標準呢？顯然批評主流宗教（在西方所指的是基督教、猶太教、和伊斯蘭教）還是禁忌。

據柯林斯說，道德律專門針對人類：

> 雖然其他動物可能有時看來顯示了隱約一瞥的道德感，但顯然並不普遍，而在許多實例中，其他生物種的行為似乎與任何普同正直感形成引人矚目的對比。[87]

我們懷疑這位作者到底有沒有看過報紙。人的行爲就沒提供這種「引人矚目的對比」嗎？人類行爲要多糟，才能把這「普同正直感」置於疑地？雖然沒有其他生物種在利他上能比得上我們，但在虐待狂式的殘酷上也遠不及我們。而且在柯林斯的眼中——他畢竟對基因略有所知——其他動物道德的「一瞥」得有多普遍，他才會開始去想我們的道德感有演化上的先驅呢？如果老鼠對熟識的老鼠受罪比對不熟的老鼠受罪表現出更大的苦楚怎麼辦？（牠們會。[88]）如果猴子會自己挨餓以免籠友受到痛楚的電擊又該怎麼說？（牠們會。[89]）如果黑猩猩在接受食物獎賞時展示出公平感又該如何？（牠們有。[90]）如果狗也這樣呢？（亦然。[91]）如果我們的道德是演化的產物的話，這些難道不正好是我們期待的那種發現嗎？

柯林斯對道德超自然起源的理據基於眞正的利他，不能以演化來解釋這進一步的斷言。由於自我犧牲不能增加一個別動物將存活及繁衍的可能性，眞正自我犧牲就是任何道德生物學論述的本初反駁。因此，在柯林斯的觀點中，僅僅利他的存在就提供了一位有位格的上帝（a personal God）令人信服的證據。然而，片刻的思索就揭露了我們如果接受這個閹割過的生物學，那關於我們的幾乎任何事情，都將沐浴於宗教性神祕的溫馨光輝之中了。抽香菸不是個健康的習慣而且極不可能提供適應的益處——再說了，舊石器時代可沒有香菸——可是這個習慣非常普遍且引人入勝。那麼上帝會不會碰巧是位種菸草的農夫呢？柯林斯似乎看不出人類道德與無私的愛源自於更基本的生物性和心理性特質，而它們本身即是演化的產物。鑑於其科學訓練，這種失察實在很難詮釋。我們如果不是更明白事理的話，可能會很想做出宗教教條主義構成科學推理的一個障礙的結論。

當然，相信人類是唯一按照上帝的形象所造並惠予「不朽靈魂」的生物種，是有倫理含義的。關心靈魂是個對倫理行爲——即實際緩解像我們自己這樣的有意識動物的苦難——非常不好的指引。對靈魂在受精的瞬間（或非常接近該瞬間）進入受精卵的信仰，導致了對在皮氏培養皿（Petri dishes）中未分化的胚胎幹細胞的謬誤憂慮，並因此導致對胚胎幹細胞研究的深刻疑懼。對靈魂的信仰經常使人們對被認爲未擁有靈魂的動物所受之苦無動於衷。有許多種動物被以三天大的人類胚胎所不能的方式受罪。像是用猿類做醫學研究，讓鯨魚和海豚暴露於軍用聲納(92)——這些都是眞的倫理兩難，干係眞的受罪。對這個比句尾的句點還小的人類胚胎的關心——多年來它們構成醫學研究最有前景的脈絡——是宗教的許多妄想的產物之一，導向倫理的死巷和悲憫的可怕失敗。柯林斯雖然看來是支持胚胎幹細胞研究，但他是在眞的（名副其實的）捫心自問後才支持，而且受到相當大的神學脅迫。他對該題目所說的與所寫的每樣東西，都毫無必要的把一個根本直截了當的倫理問題——如果一個人眞的關心人類與動物安康的話——搞得好複雜。

胚胎幹細胞研究目前蘊含對人類胚胎的毀壞，其倫理學只能從在一百五十個細胞階段的胚胎到底是什麼來考慮。我們必須根據我們如何對待複雜性在類似和更高階段的有機體，以及我們如何對待發展到更後期的人類，來思索對胚胎的毀壞。例如：在妊娠中各式各樣的狀況可能發生，對這些狀況的補救意味著對更發達得多的胚胎的毀壞——然而這些干預對社會提供了少得多的潛在益處。奇怪的是，沒有人反對這種醫療手續。一個孩子出生的時候可能會有發育不全但活著的雙胞胎手足寄生在他的身體裏——一種叫作**胎中胎**（fetus in fetu）的情況。偶爾這種狀況在出生好幾年後都沒發現，直到孩子抱怨他身體中有什麼東西在動。於是這第二個孩子就像腫瘤般的被移除摧毀。93 由於上帝似乎愛多樣性，這種狀況就有無數的排列可能，而雙胞胎可能用任何想像得出來的方式融合。雙胞胎中的二號也可能是個叫作**畸胎瘤**（teratoma）的一團混亂組織。不消說，任何寄生的雙胞胎兒無論組織有多混亂，都比在一百五十個細胞階段的胚胎要發達得多。甚至故意犧牲「暹羅雙胎」〔連體嬰〕（"Siamese"）裏的一個來救另一個，都在美國發生過；亦即把共有的器官給存活的那個。其實，還有把連體嬰中要犧牲的那個的未共有的器官移植掉的病例。94

有人論辯一有機體的「生存能力」是這裏的首要問題：因爲若不經過一些特別干預，這種雙胞胎無法存活。可是許多發育完全的人在他們一生中的某時點，符合這種完全依賴的情況（例如腎臟病患靠洗腎）。而且胚胎除非放在適當的情況下，否則本身沒有生存能力。的確，胚胎能巧妙的設計成即使在子宮內著床，但仍過了某階段就不能存活。這會消除那些反對胚胎幹細胞研究者的倫理學關心嗎？

寫作本書的時候，歐巴馬政府還沒有除去對胚胎幹細胞研究最重要的障礙。目前，聯邦經費只准用在取自生育診所剩餘胚胎的幹細胞上。這種圓滑是對美國選民宗教信念的明顯讓步。柯林斯雖然似乎願意更進一步並支持對透過體細胞核移植技術（SCNT, somatic-cell nuclear transfer）生成胚胎的研究，但他在這項辯論中遠遠不是倫理明晰性的聲音。例如：他認爲體細胞核移植技術生成的胚胎，與精子和卵子結合所形成的胚胎不同，因前者不是「上帝創造一人類個體之計畫的部分」，而「後者是上帝之計畫的本身，幾千年來透過我們的生物種和許多其他生物種來執行」。⑮在一個嚴肅的生物倫理學討論中，談「上帝之計畫」能得到什麼？如果這種胚胎養足月並變成了生靈和受苦的人類，那因爲他們的受孕是出於「上帝之計畫」外，而殺掉這些人來摘取他們的器官，會是倫理的嗎？雖然柯林斯對美國國家衛生研究院的掌管，似乎不太可能阻礙我們對胚胎幹細胞研究扭扭捏捏的進展，但他的任命是歐巴馬總統切割一方的眞科學和眞倫理學與另一方的宗教迷信和禁忌之間差別的一個努力。

柯林斯曾寫道：「科學對大部分人類存在最迫切的問題沒有提供答案」，以及「無神論的唯物論主張必須堅定不移地抗拒」。我們只能希望這些信念不會影響他在國家衛生研究院的判斷。正如我在本書中所論證的，在大腦的層次理解人類安康，很可能對人類存在最迫切的問題提供一些答案——這些問題像是：**我們為什麼受苦？我們如何能達到最深刻形式的幸福？**或者，**真有可能愛鄰如己嗎？**可以不指涉靈魂來解釋人性、不指涉上帝來解釋道德的任何努力，構成「無神論的唯物論」嗎？把美國生醫研究的前途交給一個相信透過科學來理解我們自己是不可能的、同時我們從死復活是不可避免的人真的明智嗎？

當我在《紐約時報》批評歐巴馬總統對柯林斯的任命時，許多讀者認爲那是「不寬容」的露骨表現。[96]例如：生物學家肯尼士．米勒（Kenneth Miller）在一篇讀者投書中聲稱，我的觀點純粹是我自己「根深柢固反宗教偏見」的產物，而我只因「他是名基督徒」而反對柯林斯。[97]安德魯．布朗（Andrew Brown）在《衛報》（*The Guardian*）中寫道，我對柯林斯的批評是個「極端小心眼且孕育極權主義的立場，與每個可能的人權理念乃至美國憲法背道而馳」。米勒和布朗顯然覺得只要跟主流宗教關聯，無正當理由的信仰和錯亂的思考就不該被挑戰——而挑戰了就與偏執同義。他們並不孤單。

現在有很多而且越來越多的文獻——包括幾十本書和幾百篇文章——積極抨擊我和

理查・道金斯、丹尼爾・丹尼特、克里斯多夫・希辰斯（Christopher Hitchens）等人〔即所謂的新無神論者（New Atheists）〕，數落我們不文明、充滿偏見，以及對「高雅」信徒如何實踐信仰一無所知。他們常說我們醜化宗教，拿它最極端的形式來代表整體。我們不做那樣的事。我們只不過依照法蘭西斯・柯林斯此等高雅信徒的模範所爲：認眞看待宗教的具體斷言。

許多世俗的批判者擔心，我們如果責成人們在理智和信仰之間選擇，他們會選擇信仰而停止支持科學研究；另一方面，我們如果不停的重申宗教和科學之間沒有衝突，我們就可能說服極多民衆去接受演化的眞相（好像這本身就是目的似的）。以下是這種指控的一個版本，取自記者克里斯・穆尼（Chris Mooney）和海洋生物學家謝麗爾・柯申鮑姆（Sheril Kirshenbaum）的書《不科學的美國》（*Unscientific America*），我恐怕大部分人看了都會接受：

> 如果目標在創造一個對科學和理智更友善的美國的話，那新無神論者的戰鬥性就非常適得其反了。別的不說，他們與死敵以諷刺的組合方式，來確保我們在傳授

演化主題上持續沒有必要的兩極化；新無神論者的死敵即反科學的保守基督徒，他們充斥著創世論與智慧設計論。美國是個非常宗教性的國家，如果被迫在信仰與科學之間做選擇的話，龐大人數的美國人會選擇前者。新無神論者錯在堅持我們必須做出選擇。無神論並非科學推理邏輯上無可避免的後果，不比智慧設計論是宗教信仰的必要推論更甚。許許多多科學家相信上帝而不覺得有內在矛盾，就好像許多信教的人接受演化為解釋地球上生命的發展、多樣性、及其相互關係的正確學說。新無神論者，就像他們非常看不起的基本教義派者一樣，設立了一個只能傷害未來世代科學素養成因的偽二分法。它威脅到把科學本身置於極端的中間，無法在一個破壞性的、似乎無休無止的文化戰爭中找到掩護。⑱

第一件待觀察的事是穆尼與柯申鮑姆混淆了問題的本質。目標並不在於使更多美國人僅僅接受演化的眞相（或其他任何科學理論）；目標在於使他們珍視現在使相信演化為必需之推理和有根據話語的原則。對演化的懷疑不過是一基底病況的症狀；該病況是信仰本身——無充分理由的信念、希望被誤爲知識、防範了好主意的壞主意、被壞主意掩蓋了的好主意、癡心妄想被提升爲得救的原則等等。穆尼與柯申鮑姆似乎想像我們能藉對人們扯謊而使他們珍視知性誠實。

穆尼與柯申鮑姆推薦的遷就說，雖然總是被包裝成對有信仰的人「尊重」的表現，其實不過是受恐懼驅動的赤裸裸的屈尊俯就。他們對我們保證**無論提出反對宗教的理由再怎麼好**，人們還是會選擇宗教在科學之上。在若干脈絡中，這種恐懼或許有理。我站在麥加的大清眞寺裏時，就不會急於細數伊斯蘭教的非理性。不過，且讓我們誠實看待穆尼與柯申鮑姆對美國的公共論述究竟抱持怎樣的態度吧：**注意你說什麼，要不然基督徒暴民就又要再一次燒掉亞歷山大圖書館了**。相形之下，新無神論者的戰鬥性顯得相當和諧。我們的「罪過」不過是假設了我們的智人同胞擁有回應關於宗教主題的理性議論、諷刺、奚落等的必要智慧和成熟情感——就像他們對其他所有議題要求以理性回應的壓力。當然，我們可能錯了。可是讓我們看清楚論辯兩造究竟哪邊把我們的鄰人當作危險的孩子，而哪邊才是把對方看成是對眞實的本質寧可不完全錯的成人。

終於，我們來到了混淆的核心，也就是本章節的主題——「許許多多科學家相信上帝而不覺得有內在矛盾」那不切題的斷言。[99] 若干人能糟糕的推理而問心無愧——或者能這麼做的時候宣稱自己問心無愧——對宗教與科學的理念、目標、思考方式等的相容性，根本不能證明什麼。是有可能錯了而不知道（我們叫這個爲「無知」）。是有可能錯了而且知道、但不情願蒙受公開承認這點的社會成本（我們叫這個爲「僞善」）。也是有可能錯了，依稀瞥見事實，但害怕錯的恐懼反倒增加自己對錯誤信仰的忠誠（我們叫這個爲「自欺」）。這些心境爲宗教做出了非比尋常的服務似乎已很清楚。

在美國，對科學的無知正在流行。這點並不奇怪，因爲很少科學眞理是不證自明的，而且許多深深違反直覺。空的空間有結構或我們與蒼蠅和香蕉兩者有共同祖先絕不明顯。要像科學家一樣思考可能很難（我們開始看到甚至當一個人是科學家時亦然）。但似乎很少有事情比得過宗教執著那般，使人們更難以像科學家一樣的思考。

5 幸福概念之前景

從來沒有人把我誤當成樂觀主義者。然而當我考慮悲觀主義的一個比較原初的來源——我們這個生物種的道德發展——時，我找到抱持希望的理由。儘管我們有多年來的壞行爲，但在我看來，我們也確實有明顯的道德進步。我們的同理心正逐步增強當中。今日的我們，比過去任一時點都更可能爲了人類整體效益而行動。

當然，二十世紀帶來了一些空前的恐怖。可是生活在已開發世界中的我們，正變得越來越以我們會傷害彼此的能力爲困擾。我們已比較不容忍戰時的「附帶性破壞」——無疑的因爲我們現在看到了具體影像——而且我們對妖魔化整個族群、好把欺負他們或乾脆消滅他們合理化的意識形態更不自在了。

且考慮一下過去百年間在美國種族歧視已經消滅的程度。當然，種族歧視仍然是個問題。但變化的證據不容否認。大部分讀者一定看過二十世紀上半葉處以私刑的照片，在其中全鎮傾巢而出，好像嘉年華會似的，只爲了觀賞某青年男女被凌虐至死，並掛在樹上或路燈柱上示衆。那些照片常顯示了銀行家、律師、醫生、教師、教會長老、報紙編輯、警察等人，偶爾甚至還有國會參衆兩院議員，穿著他們最好的衣服微笑著，故意在一個懸盪著的、撕裂的、而且常常半火化的人底下擺姿勢拍攝明信片用的照片。這種形象眞夠震撼了。不止於此，這些士紳還常拿肉體的紀念品——牙齒、耳朵、手指、膝蓋骨、生殖器、內臟等——回家給親友看呢。有時他們甚至把這些令人毛骨悚然的錦標當作辦公廳的擺設。①

且思索一下以下拳擊手傑克・詹森（Jack Johnson）對所謂「偉大的白色希望」吉姆・傑佛瑞斯（Jim Jeffries）衛冕成功時的反應：

給黑人的忠告：

你鼻子別翹得太高

你胸膛別挺得太突
你吹牛別太響
你別趾高氣揚
別讓你野心不凡
或轉錯方向
記住你什麼也沒幹
你不過跟上星期是同一名社會分子
你沒更上一層樓
不值得新的考慮
也不會得到任何報償
沒人會更看得起你
因你膚色還是沒變
跟在雷諾的勝利者一樣②

一名現代的讀者可能會假定，這堆種族歧視的仇恨只出現在三Ｋ黨的傳單上。剛好相反，這是正好一世紀以前，《洛杉磯時報》（*Los Angeles Times*）編輯們仔細斟酌過的意見。你能想像我們的主流媒體還會再發出這種種族歧視之聲嗎？我想更可能的狀況是，我們將繼續在目前的路徑上前進：種族歧視將繼續失去其用戶；美國歷史上的奴隸制將變得細想起來甚至更令人目瞪口呆；而未來的世代也將對我們未能致力於公益的方式驚嘆。我們將令子孫蒙羞，正像我們的祖先讓我們蒙羞。

我在這個期望上有我對道德風景的觀點撐腰：道德是一個人類探索的眞正領域，而不只是一個文化產物，這表示進步是可能的。如果道德眞理超越了文化的偶然性，那人類應當終將輻輳於他們的道德判斷。然而，我痛苦的察覺，我們生活在一個時代，當穆斯林爲了漫畫而造成數以幾十萬人計的暴動，天主教徒反對在愛滋病造成大批死亡的村莊使用保險套，而那少數保證能團結大多數人類的「道德」判斷之一，就是同性戀令人深惡痛絕。然而我雖然相信大多數人對善惡深深混淆，卻同時仍能看出道德的進步。我也許比自己所想的更是個樂觀主義者。

科學與哲學

貫穿本書，我論辯事實和價值之間的切割是個錯覺，因此，科學和道德之間亦然。無論如何，討論曾在至少兩個層次進行：檢討了我相信支持我論證的科學數據；但我也做了一個更基本、更哲學性的論證，其有效性並不狹隘的端賴目前的實證資料。讀者們也許想知道這兩層次是怎麼產生關聯的。

首先，我們必須觀察科學與哲學的疆界並不一直存在。愛因斯坦出名的懷疑波爾（Niels Bohr）對量子力學的觀點，然而兩位物理學家都配備有同樣的實驗發現和數學技巧。他們的意見不合是「哲學」還是「物理學」的事情呢？我們無法總是在科學思考和「僅僅」哲學之間劃清界線，因爲所有數據都必須在背景理論的襯托下來詮釋，而不同理論都附帶了相當程度的脈絡推理。一名相信非物質性靈魂存在的二元論者可能會說：整個神經科學的領域都受惠於**物理主義**（physicalism）（心靈事件應當理解成物理事件的觀點），而他會是對的。心靈是大腦產物的假設，對神經科學家所做的幾乎每件事都是不可或缺的。那物理主義是「哲學」還是「物理學」的事情呢？答案可能視一個人正好站在大學校園中的位置而定。即使我們承認只有哲學家才傾向於思索「物理主義」本身，但任何使這個哲學假設成疑的論證或實驗，都會為神經科學帶來里程碑般的發現——很可能是其歷史上最重要者。所以，雖然有些哲學觀點不和科學接觸，科學卻常是哲學付諸實踐的事情。也許值得回想一下，物理科學原來的名字其實是「自然哲學」。

貫穿本書諸章節可以恰當的描述爲「哲學的」，我在其中提出許多具有科學含義的論點。大多數科學家把事實和價值當成原則上涇渭分明而且互不相容。我論辯它們不可能如此，因爲任何有價值的東西一定對某人有價值（無論實際上或潛在上）——因此，其價值應當可歸於關於有意識動物之安康的事實。我們可以稱此爲「哲學的」立場，但它直接與科學的疆界有關。我如果是對的，科學就有比它的許多從業人員所以爲的更寬廣得多的範圍，而其發現可能有一天會對文化掀起他們意想不到的作用。我如果是錯的，那科學的疆域就像大多數人所想定的那麼狹隘。這個觀點的差異也許可歸於「哲學」，但它在未來的歲月將決定科學實踐的差異。

且回想一下第二章中以相當篇幅討論過的喬納森・海特的工作：海特曾使科學界內外兩方的許多人相信道德有兩類：自由派道德的焦點在兩個主要關心（傷害和公平），

而保守派道德則強調五個（傷害、公平、權威、純粹、團體忠誠）。由此，許多人相信自由派和保守派注定以不相容的方式看待人類行為，而科學將永遠不能宣稱一種道德的途徑比另一種更「好」或更「眞」或更「道德」。

我認爲海特錯了，至少出於兩個理由。首先，我懷疑他歸於保守派的額外因素能被理解成對傷害更進一步的關心。也就是，我相信保守派有與自由派相同的道德，他們只是對在這個宇宙中傷害如何增加有不同的想法。③也有研究指出保守派比較容易產生厭惡感，而且這似乎特別影響他們對「性」主題方面的道德判斷。④更重要者，無論自由派和保守派之間的差異可能是或可能不是什麼，如果我對道德風景的論證是對的，那一條到道德的途徑就可能比另一條更有助於人類的昌盛。雖然我跟海特的意見分歧目前可能比較是議論之事而不是實驗之事，但無論哪個議論佔上風都將影響科學的進展，以及科學對文化的其他衝擊。

幸福之心理學

我在本書中對涉及人類安康的心理科學現狀所談甚少。這種研究——間或稱作「正向心理學」(positive psychology)——尤其當談到在大腦層次來理解相關細節時，發展還遠在嬰兒階段。而既有界定人類安康的困難，加上科學家們一般不願挑戰任何人對它的信念，有時很難知道這種研究在調查什麼。例如：去比較個人間或跨文化的「幸福」或「生活滿意度」的自我報告評比，是什麼意思？我一點也不清楚。顯然，一個人對人生中什麼是可能的構想，會影響她對自己是否已善用了機會、達成了目標、發展了深摯友情等等的判斷。有些人今晚上床時，會僅以他們減少了對甲基安非他命〔冰毒〕的日常消費量爲傲；有些人則會以他們在富比世前四百大富豪榜上的排名跌至三位數爲惱。人們在生活中得達到什麼境界才會滿意，常與他們曾在哪裏攸關。

我曾經認識一個非常聰明而且才氣橫溢的人，他寄了一帖電子郵件給幾十位朋友與相識者，宣布他打算自我了斷。正如你所期待，這個通信促成了回應的湧進。我雖然跟他不熟，也發給他好幾帖電郵，敦促他去看專業的心理輔導、試試抗抑鬱劑、設法瞭解並解決他的睡眠問題，以及做其他種種明顯的事情來對抗憂鬱。然而，在他的每帖回覆中，他都堅持自己並不憂鬱。他相信自己是根據一個哲學洞識而行動：每個人終將一死；生命因此終究是無意義的；由是，一個人如果不想活了，就沒有理由繼續活下去。

我們針對這些題目來來去去，我企圖說服他，其「洞識」本身就是憂鬱症或其他情緒毛病的一個症狀。我主張他只要覺得好過些，就不會相信自己的生命不值得活了。無疑的其他許多人也跟他有類似的往還。這些通信似乎勸他離開了困境一陣子。然而，四年以後他還是自殺了。

這類的經驗顯示討論人類安康的題目有多麼困難。當然，對任何主題的討論都可能產生誤導，因爲人們常以相當不同的方式使用同樣的詞語。然而談論心靈狀態特別困難。我的朋友真的是我使用該詞意義下的「意志消沉」嗎？甚至他知道我說的「意志消沉」是什麼意思嗎？我知道我應當把它界定成什麼嗎？例如：憂鬱症的形式是否仍有待區分以便對症下藥呢？而有沒有可能我朋友所患的都不是那些？換句話說，有沒有可能一個人並沒經驗任何情緒病變，卻覺得不值得再多活一天，而被激勵去殺死自己呢？在此，有兩件事對我而言似乎很清楚：這種問題是有答案的，然而我們常對人類經驗知道得不夠多，因而甚至無法適當的討論問題本身。

當我們用像「幸福」和「安康」之類的詞語時，可以意味著好多事情。這使得以科學研究人類經驗最正面的面向困難重重。事實上，它使我們許多人連知道生命中什麼目標値得追尋都有困難。我們在自己的事業中或親密關係中到底應當期待有多快樂或滿足呢?當我談論這些事項時，許多懷疑來自認爲「幸福」是心靈的一個膚淺狀態、而生命中有比「幸福」更重要之事的人。有些讀者可能認爲像「安康」和「興旺」之類的概念同樣虛弱無力。然而，我不知道有任何詞彙能用來意表我們所能嚮往之存在（being）的最正面狀態。思索道德風景——其高度仍有待發現——的優點之一，就是它使我們從這種語義的困難解放。一般而言，我們僅需操心相對於「向下」，「向上」移動是什麼意思。

心理學家對於人類安康所得知的一些事情，證實了每個人都已經知道的事：人們如果有好朋友、能基本掌握自己的生活、有足夠的金錢應付他們的需要，往往就會更快樂。寂寞、無助、貧窮等都不被推薦。我們不需要科學來告訴我們這些。

不過這個研究最値得關注的是，它也顯示了我們對幸福的直覺常常有很大的錯誤。例如：我們大多數人覺得有更多選擇可做——在擇偶、選事業、買新爐子等等時——總是大家所想要的。不過雖然一般而言，有**一些**選擇是好的，但有太多選擇則往往會削弱我們的滿足感，無論我們做的選擇是什麼。⑤知道了這點，策略的限制自己的選擇也許是理性的。任何修繕過房子的人都知道，爲了找那完美的水龍頭而去了太多家店乃至不知所措的苦惱。

從對人類幸福的研究得出的最有趣的事情之一，就是發現我們對未來會感覺如何的判斷力——心理學家丹尼爾・吉爾伯特（Daniel Gilbert）稱之爲「情感推理」（affective reasoning）的能力——很糟。吉爾伯特等人顯示了，我們系統性地高估了會影響到我們的一些好的和壞的經驗。⑥財富、健康、年齡、婚姻狀況等等的改變，往往不像我們所以爲的那麼要緊——然而我們根據這些不準確的假設做出人生最重要的決定。我們以爲要緊的東西常比我們所想的無關緊要，這種瞭解是有用的。反之，我們認爲瑣碎的事卻能實際上大大衝擊我們的生活。你如果曾經對人們遭遇重大困苦時能應付自如，卻因小小的不方便就崩潰而印象深刻，那你就已看過這個原則如何在作用。這項研究的一般性結論現在已經沒有爭議了：關於自我的幸福，我們處於糟糕的位置來正確的回憶過去、感知現在、或預期未來。也因此，難怪我們經常未能得到滿足。

我們該滿足於哪個自我？

你如果想要人們報告他們時時刻刻的滿足度——可以給他們一個在隨機間隔發響聲

的蜂鳴器，以提醒他們記錄自己的心理狀態——你就能得到他們有多快樂的一種量度。然而，你如果只是問他們對自己的生活一般來說有多滿意，你常得到一個非常不同的量度。心理學家丹尼爾・卡尼曼叫第一個資訊來源爲「經驗的自我」（the experiencing self），第二個爲「記憶的自我」（the remembering self）。而他把人類心靈用這個方式分割的理據是，這兩個「自我」經常意見相左。的確，它們的意見不合可以用實驗來顯示，甚至只需經過相對較短的時間。這點我們稍早在關於卡尼曼對大腸鏡的資料就看到了：由於「記憶的自我」是藉著參考的高峰強度及最後瞬間來衡量任何經驗（即「峰/終定律」），因此改運是可能的，即犧牲「經驗的自我」，不過藉以延長強度在最低水準的不愉快過程（因而減低未來記憶的反感）。

適用於大腸鏡者似乎也適用於生活的其他地方。例如：想像一下你要去度假：你正在決定要去夏威夷旅行還是去羅馬旅行。去夏威夷的話，你會想像自己在海洋中游泳、在海灘上放鬆、打網球、啜飲邁泰酒（mai tais）等。去羅馬的話，你會到咖啡館坐坐、參觀博物館和古蹟、喝大量的葡萄酒。你該選擇哪個假期呢？藉由以小時計的有關你情感樂趣和感官樂趣所指示的記數來看，很有可能你的「經驗的自我」在夏威夷會快樂得多，雖然一年以後你的記憶的自我會對羅馬給予更正面的報告。哪個自我會是對的呢？甚至那問題有意義嗎？卡尼曼觀察到，雖然我們大部分人認爲自己的「經驗的自我」一定更重要，但它對我們要在人生做什麼的決定沒有置喙的餘地。追根究柢，我們無法從經驗中做選擇；我們必須從記得的（或想像的）經驗中來做選擇。而且，據卡尼曼說，我們並不傾向於把未來想成一套經驗；我們把它想成一套「預期的記憶」。⑦問題在於，對從事科學和過一個人的一生兩者而言，「記憶的自我」是唯一能回想和談論關於過去者。因此，它是唯一能有意識的參照過去經驗而做決定者。

根據卡尼曼的研究，在這兩個「自我」之間安康的相關係數大約是零點五。⑧這基本上是同卵雙生子之間，或一個人與十年後的他之間，所觀察到的相關係數。⑨因此，無論我們諮詢哪個「自我」，關於一個人的快樂還有大約一半的資訊留在桌上。當一個「記憶的自我」聲稱過了美好的一生，同時他的「經驗的自我」卻不斷地遭受婚姻壓力、健康問題、和事業焦慮，我們該做何解？而一個人的「記憶的自我」聲稱深度不滿——未能達成他最重要的目標——但他每一刻的快樂狀態相當高又該做何解呢？卡尼曼似乎認爲這種等差無法調解。如果是眞的，這會對任何道德的科學構成問題。

然而，看來清楚的是，「記憶的自我」不過是「經驗的自我」在其諸狀態之一。例如：想像一下你每天日子過得挺快樂的，經驗了一刻接一刻的滿足，然後你撞上了在學校時的老對頭。他看起來就像成功的化身，他問你在過去幾十年裏你怎麼樣。在這個時點，你的「記憶的自我」就挺身而出了，你覺得非常懊惱，承認「不怎麼樣」。我們不妨這樣說，這次遭遇把你投進了一次自我懷疑的危機，使你做出一些激烈的決定，既影響到你的家庭，也影響到你的事業。然而，所有這些瞬間都是你經驗架構中的部分素材，無論記起與否。有意識的記憶和自我評價本身，都是在爲未來經驗打下基礎。對你的生活、事業、或婚姻做出有意識的評估，在當下都是以某種方式進行的感覺，並進而導致後續的思想和行爲。這些變化也將呈現某種方式的感覺，並對你的未來有進一步的含義。但在目前的瞬間，這些事件沒有哪個發生在你經驗的連續體之外（也就是「經驗的自我」）。

我們如果能拿構成平均人生的二十五億秒來評估一個人在每個時點的安康，「經驗的自我」和「記憶的自我」之間的區別就會消失了。對，喚起過去的經驗常常決定了我們打算在未來做什麼——而這點大大的影響了一個人未來經驗的性質。但說在平均人生二十五億秒的每一秒，若干瞬間是愉快的，而其他則是痛苦的，還是眞的；有些瞬間後來被以或多或少的忠實記憶下來，而且這些記憶在日後加加減減都會有效果。意識與其不斷變化的內容則保持唯一的主觀眞實。

如是，假如你的「記憶的自我」聲稱在羅馬的時候很開心，同時你的「經驗的自我」只感受到無聊、疲憊、絕望等，那麼你的「記憶的自我」（即你對該次旅行的追憶）對你在羅馬過得如何就根本錯了。這點隨著我們縮小焦點就變得越來越明顯：試想像一個「記憶的自我」認爲你坐在羅馬西班牙台階（Spanish Steps）上的那十五分鐘特別高興；雖然那幾分鐘裏，每一分鐘你「經驗的自我」其實比在該趟旅行的任何時點都陷入更深的苦楚。我們需要兩個自我來交代這個落差嗎？不必。記憶的怪異多變就足以說明了。

正如卡尼曼所承認的，我們在生活中的經驗大都從未被再喚起過，而且我們花在實際記憶過去的時間相對較短。如是，我們生活的品質只能根據生活所有的、無論什麼稍縱即逝的性質，在它發生的當兒來評估。但這包括我們花在喚起過去的時間。在這不斷的變動中，我們建構關於生活的更大故事的諸瞬間，顯得像是黑暗的河流上閃爍的陽光：它們也許看起來特別，但仍然是水流的部分。

關於對或錯

當我們追尋將人類安康最大化時，顯然同時面臨了現實的困難與概念的困難。例如：且考慮一下在言論自由、對隱私的權利、以及每個政府維護公民安全等之間的緊張關係。這當中每一個原則對健康社會而言似乎都是基本的。然而，問題出在：當個別原則處於極端時，都會與其他二者敵對。若干形式的言論痛苦地違犯了人們的隱私，而且甚至把社會本身置於險境。我能透過鄰居臥室的窗戶去拍攝影帶，並將之視爲「新聞工作」的作品而上傳到YouTube嗎？我應該有自由去公布合成天花的詳細製作過程嗎？顯然，對自由的表達局限存在。同樣的，對隱私的過度尊重，會使採訪新聞或起訴罪犯和恐怖分子變得不可能。而過度熱心的獻身於保護無辜的人，會導致對隱私和言論自由不能忍受的侵犯。我們應當如何平衡這種種善的承擔呢？

我們也許永遠無法以絕對的精準來回答這個問題。然而，看來相當清楚的是，像這樣的問題是有答案的。即使有一千種方式來把這三個變數做最佳調整，但在既定的文化變遷當中，一定有許多比最佳還糟的方式——會招致人們承受苦難的後果。

一對夫婦決定他們應該有個孩子，這對他們而言是什麼意思？意思大概是他們認為給世界添加一個人的話，他們自己的安康將傾向於增加；意思也應該是，他們期待他們的孩子會有個總結起來值得過的人生。他們如果不期待這些事情的話，就很難理解他們當初為什麼要有個孩子。

然而，大部分對快樂的研究表明，當人們有了孩子以後其實變得較不快樂，而且得等到孩子離家，他們才會開始接近先前的快樂程度。⑩且讓我們說，你知道有這項研究但想像你自己會是例外。當然，另外一套研究顯示，大部分人認為他們是這類規則的例外：普天之下的人幾乎都相信自己在聰穎、智慧、誠實等等上都高於平均。但你對這項研究也知道，而且它沒有使你改變心意。也許，在你的例子中，所有相干的例外都是真的，而你會是個與你所希望者完全一樣的快樂父母。然而，一項對人類成就的著名研究表明，要消滅一個人的社會貢獻，最可靠的辦法之一就是要他成家。⑪你如果知道你花在換尿布和玩樂高積木上太多時間，乃至你未能發展出即將成功的治癒老年癡呆症的方法，你會怎麼看待你打算有個孩子的決定呢？

這些不是空洞的問題。但它們也不是那種任何人都可能回答得了的問題。要個孩子的決定，可能總是在對所有涉及者的未來安康之合理的（以及沒那麼合理的）期待脈絡下所做的。在我看來，用這種角度去考慮就是思索道德風景了。

我們即使無法完美的調和個人安康和集體安康之間的緊張，還是沒有理由認爲它們一定會起衝突。大部分的船肯定會隨著同樣的潮流浮起。會改進每個人生活的全球性變化並不難預想：在一個把較少的資源投入準備殺戮彼此的世界，我們全都會更好。找到乾淨的能源、治癒疾病的方法、對農業的改進、以及促進人類合作的新方式，都顯然是值得爭取的一般目標。這樣的斷言是什麼意思呢？它意味著我們有一切理由來相信，對這種目標的追求將在道德風景的山坡引領我們向上。

說科學可對價值進行重要議論的斷言（因爲價值與對有意識動物安康的事實有關），是個在第一原理（first principles）上所做的論證。職是之故，它不倚靠任何特定的實證結果。然而，這並不意味著這個斷言不能被反證爲假。顯然，如果有更重要的價值源頭與有意識動物的安康（在此生或來生）毫無干係，那我的論題就會被否決了。然而，如我已說過的，我無法想見這樣的價值源頭會是什麼：因爲根據定義，如果有人聲稱在某處發現它了，任何人也不可能對它有興趣。

然而，還有別的方法能反證我的論題爲假。例如：如果人的安康是完全任意的而與頭腦的狀態無關，那就不會有未來的道德科學。如果有些人在大腦狀態甲呈現最幸福的樣態，但卻有其他人在同樣的大腦狀態下悲慘，那就代表人的安康並無神經上的關聯性。反之，人類安康的神經關聯性可能存在，但它可以被正相反的世界狀態引發到同樣程度。在這種例子中，一個人的內在生活和他的外在境遇就不會有聯繫。如果這些情節中有哪個爲眞，我們就不能對人類的昌盛做任何一般性的斷言。然而，如果這是世界運作的方式，那人腦就似乎是比頭顱的隔絕材料多不了多少，而整個神經科學的領域就構成了一個精心製作、且非常昂貴的誤解世界的方法。再一次，這是個可理解的聲言，但那並不意味著明智的人應該對它認眞。

也可以想像一門人類昌盛的科學是可能的，然而人們能因非常不同的「道德」衝動而同樣快樂。也許在狀態良好（being good）和感覺良好之間沒有聯繫——因此，道德行爲（如一般所設想者）和主觀安康之間沒有聯繫。在這種情況下，強姦犯、騙子、小偷等會都和聖人經驗到同樣深度的快樂。這個情節雖然有最大的機會是眞的，但還是顯得相當牽強。神經影像學研究已經證明了早已透過內省就很明顯的事實：人類合作是有益的。⑫然而，如果惡結果跟善是同樣可靠的達到幸福的途徑，那我對道德風景的論證仍然成立，神經科學對研究它的可能用處亦然。它就不再特別是「道德的」風景；而會是個安康的連續體，在其上聖人和罪人會佔據同等的山巔。

這類的憂慮似乎忽視了一些關於人類非常明顯的事實：我們都是從共同的祖先演化來的，因此相似遠大於相異；大腦和主要的人類感情顯然超越文化，而且它們無疑受到世界狀態的影響（正如任何曾經腳趾不小心踢到過什麼的人都能證實）。據我所知，沒人相信人類安康的要件有那麼多的紛歧，乃至使上述的憂心顯得貌似有理。

道德會不會變成科學的一個正當分支並不真是要點。經濟學已經是真的科學了嗎？從最近的事件來判斷，它看來不是。也許我們將永遠抓不到對經濟學的深刻理解。可是有誰會懷疑精心組織經濟的方式有好有壞嗎？有任何受過良好教育的人會認爲，批評一個社會對銀行業危機的反應是一種心胸狹隘的形式嗎？試想想：如果大批聰明人變得相信所有防範全球性金融浩劫的努力，**原則上**若不是同等有效，便是同等荒謬，會有多可怕。然而這正是我們在對人類生命最重要的問題上的立場。

目前，大多數科學家相信，對人類價值問題的答案將永遠遙不可及——不是因爲人類主觀性太難研究，或者頭腦太複雜，而是因爲對跨越文化談論是非或善惡沒有知性的理據。許多人也相信，沒有多少事情倚賴我們是否找到一個道德的普同基礎。然而，在我看來，爲了滿足我們在此生最深的利益，無論個人的或集體的，我們必須首先承認一些利益比其他利益更可辯護。的確，有些利益太不可抗拒了，乃至根本無須辯護。

本書撰寫的目的是希望隨著科學的發達，我們能夠認知如何將它應用到人類存在最迫切的問題上。將近一世紀了，科學的道德相對論讓給基於信仰的宗教——那無知與心胸狹隘的偉大引擎——幾近無人敢爭的發言權，聲稱它是對道德智慧的唯一普同架構。由此產生的結果是，地球上最強大的社會在應該專心於像核擴散、種族屠殺、能源安全、氣候變化、貧窮、失敗學校等問題上時，卻花時間辯論像同性婚姻之類的議題。沒錯，根據道德風景來思索的現實效益，不會是我們這麼做的唯一理由——我們必須基於我們認爲什麼實際爲眞，來形成我們對眞實（reality）的信念。可是似乎很少人察覺，認爲道德問題沒有眞正答案所構成的危險。

如果我們的安康端賴我們大腦中事件與世界中事件的互動，而獲得安康的方法有好有壞，那麼某些文化將往往比別的文化產生更值得過的生活；某些政治信仰會比其他政治信仰更開明；而且有些世界觀錯的方式會造成不必要的人類苦難。無論我們是否終能理解實踐上的意義、道德與價值，我已試圖顯示原則上一定有些關於它們的什麼可以知道。我深信僅僅承認這點，就足以轉變我們思索人類幸福及公益的方式。

謝辭

《道德風景》部分基於我在洛杉磯加州大學神經科學領域所寫的博士論文。因此，本書從論文指導委員會對初稿的審查中受益良多。我極爲感謝馬克・科恩、馬可・亞科博尼（Marco Iacoboni）、埃然・載德爾（Eran Zaidel）、傑羅姆・（「皮特」）・恩格爾（Jerome [“Pete”] Engel）諸位對我的指導與支持——因爲那持續了許多年，而其間我科學研究的進展很難看得出蹊蹺。每位都在若干場合把我從自己——而且，以令人不安的頻仍，從他們每位——拯救出來。

我對我的論文指導教授馬克・科恩虧欠特別多。馬克是位不凡的天才老師，而且是審愼報導科學結果的典範。如果我倆的學術興趣不總是重疊的話，我肯定因而比較不幸。我也想感謝馬克的夫人兼同事，蘇珊・布克海默（Susan Bookheimer）：我總是從蘇珊的忠告獲益——在我的情況中，是以做母親的在一個繁忙的十字路口拯救孩子般那麼悲憫的急迫。我也感激洛杉磯加大系際神經科學博士班（the Interdepartmental PhD Program for Neuroscience）的笑醫，蘇西・維達（Suzie Vader），謝謝她多年來提供了慷慨的鼓勵和幫助。

本書的幾個章節基於兩篇已經發表的論文：第三章包含了我與謝斯及科恩的一項討論，即刊於《神經學年鑑》的〈相信、不信與不確定性之功能性神經影像〉〔Harris, S., Sheth, S. A., and Cohen, M. S. (2008), Functional neuroimaging of belief, disbelief, and uncertainty, *Annals of Neurology, 63* (2), 141-147〕；第四章部分採自〈宗教信念和非宗教信念的神經關聯〉〔Harris, S., Kaplan, J. T., Curiel, A., Bookheimer, S. Y., Iacoboni, M., Cohen, M. S. (2009), The neural correlates of religious and nonreligious belief, *PLoS ONE 4* (10)〕。我對這些作品的合著者以及原來的出版者銘心感激。我想特別感謝現任職南加州大學大腦與創造力研究所（the Brain and Creativity Institute）的約拿斯・卡普蘭在第二篇論文與我搭檔。此研究在每個階段都是共同努力所得，而喬納斯的參與對研究的完成不可或缺。

除了我在洛杉磯加大的論文委員會外，幾位校外學者和科學家審核了本書較早的草稿。保羅・丘奇蘭德、丹尼爾・丹尼特、歐文・弗拉納根（Owen Flanagan）、史蒂芬・平克等人閱讀了正文的全部或部分，並提供了極有幫助的意見。幾個章節包含了首先被一個較大的圈子的學者們和作家們讀過的文章拆取來的版本：這些學者們包括傑利・柯尼（Jerry Coyne）、理查・道金斯、丹尼爾・丹尼特、歐文・弗拉納根、安東尼・格雷凌（Anthony Grayling）、克里斯多夫・希辰斯、史蒂芬・平克等諸位。我很高興地覺察到，有了他們這樣的朋友，就越來越不容易說笨話了（不過一個人仍然僅能就己力所及）。能深深的虧欠他們是項榮譽。

我在自由出版社（Free Press）的編輯希拉蕊・瑞德門（Hilary Redmon）透過好幾個階段的修訂，大大的在每個層次改進了《道德風景》。與她共事根本是個樂趣。我的經紀人約翰・布洛克曼（John Brockman）、卡婷卡・馬特森（Katinka Matson）和麥克斯・布洛克曼（Max Brockman）等，極有助益地精鍊了我對本書原來的構想，並把本書交付給合適的出版社。當然，ＪＢ正如他的朋友、同事和客戶所周知，比僅僅是個經紀人要重要得多：他已成了世界上科學意見的卓越牧人。透過他的鋒芒基金會（Edge Foundation）的努力，把科學家和公共知識分子湊在一塊兒來討論我們時代最有趣的問題，我們都因而變得更富有了。

我在所有事情上都深受家人和朋友的支持——尤其是家母，她一直是位最異乎尋常的朋友。她讀過《道德風景》的書稿不止一次，並提供了極爲寶貴的註釋和清樣工作。

內人安娜卡・哈里斯（Annaka Harris）不斷在所有專業的陣線上幫助我——編輯我的書稿、文稿、公開演講的講稿等，以及幫忙管理我們的非營利基金會。如果她充沛的天分並沒在我產生的每個句子顯然可見的話，那是因爲我仍然不可救藥。在我工作的同時，安娜卡也養育了我們的女兒艾瑪（Emma），這裏也就有我最大的負債：我花在研究與寫作《道德風景》的許多時間本是屬於我的「女郎們」的。

註釋

導論：道德風景

①Bilefsky, 2008; Mortimer & Toader, 2005.

②爲了這個討論的目的，我不打算硬性區分「科學」與其他討論「事實」的知性脈絡——如歷史。例如：約翰・甘迺迪（John F. Kennedy）被刺殺是項事實。如果把科學廣義理解爲我們對經驗現實進行理性解說的最佳努力，這種事實就落入「科學」的脈絡。儘管我們一般不把像「刺殺」這樣的事件想成「科學的」事實，但「甘迺迪總統被謀殺」畢竟是個四處皆能獲得充分佐證的事實，若要硬生生否認，反倒呈現出一個深度不科學的心智框架。因此，我想「科學」應被設想爲我們對周遭事件形塑眞實信念之更寬廣脈絡中的一個特殊化分支。

③這並非否認健康的文化概念對決定一個人的疾病經驗能扮演重要的角色（在某些疾病上會特別顯

著）。有證據顯示，美國人對心理健康的看法，已開始負面的影響到其他文化的人受苦的方式（Waters, 2010）。有人甚至主張像精神分裂這樣的病況，靈魂附體的想法相較於器官性腦疾的信念更具緩解之效。然而，我的論點是無論文化差異對我們的經驗世界有著什麼樣的影響，其本身在原則上都能在大腦的層次被理解。

④ Pollard Sacks, 2009.

⑤ 爲了簡單與切題兩者起見，我談到宗教時往往聚焦在基督教、猶太教、和伊斯蘭教。當然，我對這些信仰所言也適用於印度教、佛教、錫克教和其他宗教。

⑥ 對歐洲的未來悲觀是有很多理由的：Ye'or, 2005; Bawer, 2006; Caldwell, 2009。

⑦ Gould, 1997.

⑧ *Nature 432*, 657 (2004).

⑨ 我並不是第一個主張道德應該跟我們對自然世界的科學性理解整合起來的人。晚近，哲學家威廉・凱斯畢爾（William Casebeer）和歐文・弗拉納根各自建立了類似的論述（Casebeer, 2003; Flanagan, 2007）。威廉・凱斯畢爾與歐文・弗拉納根兩位都復活了亞里斯多德的**幸福**（eudaimonia）概念，該詞一般翻譯成「昌盛」（flourishing）、「成就」（fulfillment）、或「安康」（well-being）。我雖然倚重這些英文的同義詞，但選擇完全不去理會亞里斯多德。雖然亞里斯多德在他的《尼各馬可倫理學》（*Nichomachean Ethics*）中有許多觀點很有意思，並且與我希望建立的論述輳合，但有些則否。而且我寧可不捲入偉大哲學家的哲學奇巧當中。凱斯畢爾與弗拉納根兩位似乎也比較強調道德做爲一種實務知識的技能與形式，主張過好的生活比較是「知道如何」而非「知道事實」的問題。我雖

然認爲這個區別常常有用，但還不想要放棄爲道德眞理而戰。例如：我相信在阿富汗強迫婦女戴面紗往往沒必要的使她們受罪，而且會養育出新一代厭惡女性、清教徒式的男人。這是個「知道事實」的例子，而且是個非對即錯之對眞理的主張。我有自信凱斯畢爾和弗拉納根兩位都會同意。總之，凱斯畢爾和弗拉納根兩位在許多論點上都比我更深入哲學的細節，而且兩位的著作都很値得閱讀。弗拉納根也對本書的初稿提供了非常有幫助的意見。

⑩ E. O. Wilson,1998.

⑪ Keverne & Curley, 2004; Pedersen, Ascher, Monroe, & Prange, 1982; Smeltzer, Curtis, Aragona, & Wang, 2006; Young & Wang, 2004.

⑫ Fries, Ziegler, Kurian, Jacoris, & Pollak, 2005.

⑬ 休姆的論證其實是爲批判護教論者而來的，他們試圖從上帝的存在推演出道德。諷刺的是，其推理日後變成了把道德與其餘人類知識連結的首要障礙。然而，休姆的實然/應然區別總是有強烈的抨擊者（如 Searle, 1964）；這裏是丹尼特的說法：

> 如果「應然」不能從「實然」導出的話，那它到底**能**從哪裡導出來呢？……倫理學肯定**多少**是基於對人性的領會——基於一個人是什麼或可能是什麼的認知，及基於一個人可能想要什麼或想要成為什麼。如果**那**是自然主義的話，那麼自然主義就不是謬誤（Dennett, p. 468）。

⑭ Moore [1903], 2004.

⑮ Popper, 2002, pp. 60-62.

⑯ 以絕對服從來追隨休姆與莫爾的科學家名單長到難以引用。一個在神經科學的晚近例子，見 Edelman (2006, pp. 84-91)。

⑰ Fodor, 2007.

⑱ 我最近有幸聽到哲學家帕特麗夏・丘奇蘭德做了這同樣的類比。（帕特麗夏，我沒偷喔！）

⑲ De Grey & Rae, 2007.

⑳ 我們一旦考慮成熟中的神經科學的一些指望與危險時，用一種嚴格的享樂主義方式來衡量「善」所產生的問題就變得更明顯了。例如：如果有天我們能操縱頭腦乃至特定行爲與心智狀態，使它們比現在更令人愉快，懷疑這種細微改良是否爲「善」就似乎有干係了。使悲憫比性欲更具價值也許是好的，但使恨成爲所有感情中最愉悅者會是好的嗎？在這樣的例子中，我們不能訴諸愉悅做爲對「好」或「善」的量度，因爲愉悅是我們將選來重新分派者。

㉑ Pinker, 2002, pp. 53-54.

㉒ 必須搞清楚，傳統對「信念」與「知識」的區別在這裏並不適用。正如第三章所澄清，我們對於世界的命題知識（propositional knowledge）完全關乎上述意義中的「信念」。無論選擇說我們「相信」X或我們「知道」X都不過是強調之別，表達了我們的信心程度。正如本書所討論者，命題知識是信念的一種形式。用功能性磁共振成像（fMRI）在大腦的層次理解信念，是我晚近科學研究的焦點（S. Harris et al., 2009; S. Harris, Sheth, & Cohen, 2008）。

㉓ Edgerton, 1992.

㉔引用自 Edgerton, 1992, p. 26。

㉕雖然也許連這點都歸因於人類學領域中充斥了太多的常識，正如埃傑頓（Edgerton, 1992, p. 105）告訴我們的：「研究小型、傳統社會醫療慣行的人類學家之間盛行的一個假設是，這些族群享有良好的健康與營養……的確，我們常被告知，一旦完全瞭解似乎不合理的食物禁忌以後，會證明那是適合演化條件的。」

㉖Leher, 2010.

㉗Filkins, 2010.

㉘對小布希政權的生醫倫理委員會（Council on Bioethics）特別言之鑿鑿的觀察，見史蒂芬・平克對其五百五十五頁的報告《人類尊嚴與生命倫理》（*Human Dignity and Bioethics*）的回應（Pinker, 2008a）。

㉙S. Harris, 2004, 2006a, 2006b; S. Harris, 2006c; S. Harris, 2007a, 2007b.

㉚Judson, 2008; Chris Mooney, 2005.

1 道德真理

①二〇一〇年二月，我在ＴＥＤ大會談論關於我們未來如何可能以普同的、科學的說法理解道德（www.youtube.com/watch?v=Hj9oB4zpHww）。通常，當一個人在會議演講時，隨之而起的回饋交流通不過是休息時間在前廳的對話。然而，很巧的是，當我在撰寫本書的最後階段時，我的ＴＥＤ談話放在網際網絡上傳播，各種有用的評論如暴風雪般狂襲而來。

許多批評者怪我沒有更直接的面對關於道德哲學的學術文獻。我有兩個原因沒這麼做：首先，我雖然也讀過很多這方面的文獻，但我對人類價值與其餘人類知識之間關係的立場，並非從閱讀道德哲學家的著作而來；我是靠思索我們在心靈科學上所獲致之持續進步的邏輯含義得來的。其次，我相信每出現一次像「後設倫理學」（metaethics）、「道義論」（deontology）、「非認知主義」（noncognitivism）、「反實在論」（antirealism）、「情感主義」（emotivism）等等的詞彙，都直接增加了宇宙中無聊的分量。我在像TED之類的會議演講以及撰寫本書的目的，都是希望開啓一個讓更廣泛的大衆能夠面對並進而受用的對話。很少有事情會比像學院哲學家那樣說話寫作更難達到這個目的了。當然，若干哲學討論難以避免，但面對那些會造成人類價值之學術討論變得無法理解的觀點和概念區分，我一般採取迂迴的方式遊走其間。這勢必會惹惱一些人，但我諮詢過的專業哲學家似乎理解也支持我的做法。

②以身爲宗教批評者的經驗，我必須說，老在電郵收件箱和部落格上看到教育過度的無神論道德虛無主義者持續上演滑稽戲碼，是令人困窘的。我誠摯的希望像里克・沃倫（Rick Warren）這樣的人沒注意到我。

③Searle, 1995, p. 8.

④在這點上有許多混淆，而且其大部分在哲學圈裏仍有影響力。且考慮一下麥基（J. L. Mackie）的說法：

> 如果有客觀價值的話，那麼它們會是種非常奇怪的實體或性質或關係，根本與宇宙中的任何東西不同。相應之下，我們如果對它們有知覺的話，那就得憑藉某種特別的道德知覺或直覺的官能，

它與我們認知其他每樣事物的尋常方式全然不同（Mackie 1977, p. 38）。

顯然，麥基把「客觀」一詞的兩個意義混爲一談了。爲了談論道德眞理，我們不需要討論「種類非常奇怪、與宇宙其他任何東西截然不同的實體或關係」。我們需要的只是承認有意識動物的經驗以定律般倚賴宇宙的狀態——因此其行動會有所差別，可能導致傷害多於好處、好處多於傷害、或道德上是中性的結果。善與惡即由此呈現；倘若對於一個所有相關人士（包括肇事者在內）皆受其傷害的行動，還宣稱它可能爲「善」，那根本一點意義也沒有。爲了確認道德問題的答案有對錯之別，我們並不需要一個形而上的是非資源庫，也不需要**自身即能**神祕彰顯對錯的行動；我們僅僅需要一個包含各種可能經驗的景觀，讓我們能按照宇宙實際運作情形以**某種**有序的方式通過。因此，主要的準繩是苦難與安康並非完全隨機。在我看來，我們已經知道它們不是隨機的——因此，一個人如何從一個狀態移動到另一個狀態是可能有對錯之別的。

⑤用刀把一個小孩的肚皮切開總是錯的嗎？不。我們可能在做緊急的闌尾切除手術。

⑥或許有人會回應說：科學家對科學的共識比一般人對道德的共識更強（我沒把握眞是如此）。但至少基於兩個原因，可以認定這是個空洞的主張：㈠它是循環論證的，因爲在任何科學的領域中，不認同多數意見至某程度者都不算「科學家」（因此**科學家**的定義是「丐題式」的）；㈡依定義而言，科學家是個精英群體。同樣地，「道德專家」也構成一個精英群體，而且這種專家的存在完全符合我的論證。

⑦明顯的例外包括需要某種程度的共識使其爲眞的「社會建構」現象。我口袋裏的紙眞的是「鈔

票」——但勢必要有足夠多的人願意把它當鈔票，它才是錢（見 Searle, 1995）。

⑧現實來說，我想我們在這個層面具備一些非常有用的直覺。我們對能經驗較大範圍之痛楚與快樂的動物更爲關心——這是對的，因爲痛楚與快樂（以最廣泛的定義而言）是能被關懷的一切。所有動物的生命都同等嗎？不！猴子會比老鼠在醫學實驗中承受更大的痛苦嗎？若是如此，在其他條件都相同的情況下，在猴子身上做實驗就比在老鼠身上來得糟糕。

所有的人命都同等嗎？不！要我去承認若干人的性命比我的更寶貴，這是沒有問題的（我只需要想像一下，某人的死會造成更多的苦難、阻擋更大的幸福）。然而，我們集體以好比所有人的性命都同樣可貴來行動似乎也是相當合理的。因此，我們大部分的法律和社會制度一般都忽視了人與人之間的差異。我很懷疑這眞是適切的作爲。當然，我可能是錯的——而這正是重點所在。我們如果不以這種方式行爲，我們的世界會不一樣，而且這些差異或者會影響人類安康的整體，或者不會。再一次強調，無論我們在實踐上是否能獲致明確的解答，這種問題本身是有答案的。

⑨追根究柢，這純粹是語意上的論點：我主張對於「宗教爲什麼重要」這個問題，任何答案都能置入對某人安康的關懷架構之中（無論誤置與否）。

⑩我也不認爲康德的道德哲學代表了一個例外。康德的定言令式（categorical imperative）只有在它能造就普遍福祉的假設下，才有資格做爲一個理性的道德標準〔正如約翰・穆勒在《功利主義》（*Utilitarianism*）開頭所言〕。因此，我們可以論辯康德道德哲學的可行性相當於一種變相的後果論。我在後面章節，會對康德的定言令式再提出幾項評論。

⑪例如：許多人設想對人類「安康」的強調會導致我們去做可怕的事，像恢復奴隸制、採集窮人的

器官、間歇性地對開發中世界投擲核子彈、或持續給孩童注射海洛因等。這種預期是沒有認眞考慮這些議題的結果。事實上，不去做這些事情的理由清晰可見——全部關乎其所導致之苦難的嚴重性以及其所阻絕之深層幸福的可能性。眞有人相信人類昌隆的最高可能狀態是與奴隸制、偷竊器官、或種族屠殺相容的嗎？

⑫有權衡與例外嗎？當然有。可能有許多情況顯示，社群之存亡必須違背若干這些原則。但這並不意味著它們一般而言對人類安康是無益的。

⑬Stewart, 2008.

⑭我承認，做爲宗教批評者，我對天主教會的性侵犯醜聞關心太少了。坦白說，我覺得用一根那麼小的槍管打那麼大隻、那麼緩慢的魚，顯得太沒運動精神了。這樁醜聞是宗教史上最驚人的「烏龍」之一，而且似乎沒有必要在它最岌岌可危和最自我作賤的時候嘲笑宗教信仰。甚至回顧起來，也很容易理解自己把目光避開的衝動：只要想想一對虔誠的父母把心愛的孩子送去「千手教會」(the Church of a Thousand Hands）接受精神啓迪，結果卻害他被強姦，又被下地獄的威脅嚇得噤不作聲。然後想像這在我們自己的時代發生在數以萬計的孩子身上——以及千餘年來數不勝數的孩子身上。信仰的奇觀這麼徹底的誤置，這麼完全的被背叛，眞是讓人想到就太沮喪了。

但總是有比這個現象多的事情促使我注意。想想看使其可能發生的荒唐的意識形態：天主教會已花了兩千年把人類的性妖魔化到沒有其他任何制度能比得上的地步，宣稱最基本、健康、成熟、及兩情相悅的行爲是禁忌。的確，這個組織仍然反對避孕：相反的，寧可地球上最窮的人有最大的家庭和最短的壽命。做爲這種受尊崇的、不可救藥的愚蠢結果，該教會迫使一代代正派的人們陷於羞恥和僞善——或陷於新石器時代的繁殖力、貧窮、和愛滋病造成的死亡。再把與世隔絕的獨身詭計加在這種無人性上，於是就產生了一個機構——地球上最富有者之一——優先的吸引雞姦者、孌童者、和性施虐狂者到它的隊伍中，把他們提升到權威地位，並且賦予他們接近兒童的特權。最後，考慮一下無論在教會主宰的哪個地方，大量的孩子會在婚姻外出生，而他們的未婚媽媽被詆毀——導致數以千計的小孩被扔到教會辦的孤兒院去，而只是被教士們強姦與威嚇。在這個毛骨悚然的機器，設定來靠羞恥與施虐狂的逆風轉動過很長時間後，我們凡人終於瞥見了主是多麼奇怪的完美。

二〇〇九年，愛爾蘭的虐待兒童調查委員會（CICA, the Irish Commission to Inquire into Child Abuse）調查了發生在愛爾蘭的這種事件。他們的報告有兩千六百頁長（www.childabusecommission.com/rpt/）。單是閱讀部分文件就令人心情沉重，我只能說，當想到教會對孩子們的凌虐，最好別往古雅典的幽靈與那巧言爲「不敢名之的愛」（love that dare not speak its name）〔譯按：意指同性戀〕聯想。是的，教士中一定有文雅的雞姦者，對翌晨將年滿十八歲的少年表達了苦澀的情意。但在這些失檢的行爲背後，有個以絕對邪惡作終的凌虐的連續體。那天主教會中的醜聞——我們現在或許可以放膽直指醜聞就是從天主教會而來——包括對孤兒和殘疾兒有系統的姦淫和凌虐。受害人作證被鞭打和雞姦到流血（有時有好幾個攻擊者）然後又被鞭撻，並且被威脅他們如果敢對凌虐之事洩漏一個字的話，就會死亡並下地獄。而且的確，許多因絕望至極而孤注一擲或足夠勇敢而報告了這些罪行的孩子們，都被指控欺騙而又送回給他們的施虐者，再被強姦和凌虐。

證據顯示，這些孩子們的苦難是由天主教會級系中每個階層促成和隱瞞的，上至包括現任教皇的

「前額葉皮層」。教皇本篤（Pope Benedict）十六世在他原先當若瑟・拉辛格樞機主教（Cardinal Ratzinger）時，親自督導梵蒂岡對關於教會性凌虐報導的回應。這位聰明悲憫的人在得知他的員工正強姦著數以千計的孩童時，做了什麼呢？他有馬上報警並確保受害者得到不再被侵害的保護嗎？我們竟然還抱持幻想，像這種人類基本的清醒神志甚至在教會中還有可能。相反的，反覆的、越來越急切的對凌虐的控訴被扔在一邊，證人們被施壓閉嘴，主教們因他們蔑視世俗的權威而被誇獎，而犯錯的教士們只是被重新安置到沒有疑心的教區去毀壞新鮮生命。說幾十年來（如果不是幾世紀以來）梵蒂岡符合一個致力於——不是賭博、賣淫、毒品、或其他任何微罪，而是——性奴隸兒童的犯罪組織的正式定義，並未過言。且考慮以下取自CICA報告的段落：

7.129 關於一間學校，四名證人做了性凌虐的詳盡報告，在所有的例子中都包括被兩名或更多的修士強姦，而在一個例子中還多加了一名較年長的住校生。第二間學校有數份報告，該校的一名證人描述了被三名修士強姦：**「我被帶到醫務室去……他們把我壓在床上，他們是野獸……他們插進我，我流血了。」**另一名證人報告說，每星期的特定日子，他被兩名修士在宿舍旁的廁所裏凌虐兩次：

一位修士……〔性〕**……侵害我的時候，另一位一直在旁邊看……然後他們換手。每次都以狠打一頓結束。當我在告解的時候告訴神父，他說我是騙子。我就沒再說過了。**

每次他要的時候我都得到他的……〔甲修士〕**……房間去。你如果不去的話就會被痛打，而他會要我幫他……**〔打手槍〕**……做。有天晚上我沒有……**〔幫他打手槍〕**……而有另一位修士在那兒，**

> 他把我按住，他們用球棒打我，把我的手指打裂了……〔出示疤痕〕……

7.232 證人們陳述，晚上特別害怕，因為他們聽到住校生在衣帽間、宿舍或職員寢室被凌虐時的嘶喊聲。證人們知道被說成孤兒的共住生日子特別難過：

> 這些孤兒，他們的情況有夠糟。從他們的個子我就知道……〔他們是誰〕……我會問他們，他們就說他們來自……某某機構……他們從很小就在那裏了。你從甲…修士……欺負他們的房間聽得到尖叫。
>
> 某天晚上，我到那裏還不久，而我就看到修士們跟一個比較小的男孩在床上…我聽到小男孩尖叫大哭，甲……修士……則對我說：「如果你要管閒事，你就會遭受一樣的待遇」……我聽到孩子們尖叫，你就知道他們被欺負了，而那是每個人心裏的夢魘。你會想試著逃跑……所以我絕不讓那種事發生在我身上……我記得有個男孩，他的後面在流血，我就下決心絕不讓……〔肛交強暴〕……發生在我身上……。那個景象過去常在我心裏重演。

這就是教會從沒有紀錄之前就開始發生並隱藏的凌虐。連CICA的報告都拒絕對犯錯的教士指名道姓。

關於這方面的議題，我已因晚近的新聞報導（Goodstein and Callender, 2010; Goodstein, 2010a, 2010b; Donadio, 2010a, 2010b; Wakin and McKinley Jr., 2010），以及特別是同僚克里斯多夫・希辰斯（Christopher Hitchens, 2010a, 2010b, 2010c, 2010d）和理查・道金斯（Richard Dawkins, 2010a, 2010b）的雄辯，而從無感昏睡中甦醒過來。

⑮該教會甚至開除了女孩媽媽的教籍（http://news.bbc.co.uk/2/hi/americas/7930380.stm）。

⑯哲學家希拉瑞・帕特南（Hilary Putnam, 2007）辯證事實與價值是「攪成一團」的。科學的判斷預設了「知識論的價值」——融貫、簡單、美觀、簡約等等。帕特南曾經指出（如我在本書所言）：所有反對道德眞理存在的論證可無須改變的適用於科學眞理。

⑰許多人覺得「道德專家」一詞可憎。的確，由我論證而來的這個衍生物，曾被稱爲「正宗歐威爾式的」〔譯按：歐威爾是小說《一九八四》的作者〕和「法西斯主義的食譜」。重申，這種顧慮似乎起自不肯好好思索「安康」的概念到底蘊含了什麼，以及科學如何對其成因和條件有什麼啓發。持續用健康的類比看來是重要的：對於吸菸與肺癌之關聯的科學共識有什麼歐威爾式的嗎？醫療界對人們不該吸菸的堅持導致了「法西斯主義」嗎？許多人對「道德專才」的觀念會產生如此的反射性反應（reflexive response）：「我不想任何人告訴我怎麼過我的日子。」對此我只能回應道：「如果有個法子能使你和你關心的人比你們現在更幸福得多，你不會想知道嗎？」

⑱這個主題跟愛因斯坦的那句名言息息相關——「科學而無宗教則瘸，宗教而無科學則盲」——它被護教論者不斷的重複利用。但愛因斯坦訴說此言時，絕非表達對上帝的信仰，或對無理據信念的尊重；他談的是那想要理解宇宙的原始衝動，以及對這種理解是可能的「信仰」：

> 雖然宗教可能是決定目標者，然而它也從最廣義的科學學到什麼手段能對達成設定的目標有所貢獻。但科學只能由那些完全浸染在對眞相和理解之抱負的人來創造。不過，這個感覺源自於宗教的領域。也屬於這個信仰的是，相信現存世界之有效規則是理性的（亦即理智所能理解的）。我無

法設想一個真正的科學家能欠缺此深刻的信仰。這種情況也許可用一種意象來表達：科學而無宗教則瘸，宗教而無科學則盲（Einstein, 1954, p. 49）。

⑲這種僵局很少像懷疑論者想像的那麼難以克服。例如：創世論「科學家」也應該可以看得出來，他們根據實證資料證明經文正確所用的推理標準，同樣顯露了經文裏邊數以百計的前後矛盾——從而破壞了他們的整個工程。這對道德的僵局亦然：聲稱其道德來自上帝而沒有提及任何塵世關懷的人，到頭來還是容易受到這種關懷的影響。在最極端的例子裏，《紐約時報》特派員湯馬斯・弗里德曼（Thomas Friedman）報導了一名遜尼派鬥士，他被說服異教徒的軍隊是兩惡之中較小的惡，於是開始與美軍並肩作戰，對付位於伊拉克的「基地」組織。是什麼說服了他呢？原來他目睹一名「基地」分子砍掉一個八歲小女孩的頭（Friedman, 2007）。因此，小女孩灑出的鮮血似乎可以劃清伊斯蘭教的瘋狂價值觀和徹底瘋狂之間的界限。這是希望的某種基礎。

其實，我認爲道德最終會比其他科學分支立於更穩固的基礎，因爲科學知識只因對我們的安康做出貢獻才有價值。當然，這些貢獻也包括了那些聲稱自己「爲知識而知識」的人——因爲他們不過在描述隨著理解世界、解決問題等等而來的心智歡娛。安康顯然必須比知識優先，因爲我們很容易想像一些不知道眞相或獲取假知識會比較令人愉悅的狀況。無疑，在某些情況中，宗教妄想是以這種方式作用：例如在戰場上遠遠敵衆我寡的兵士們，由於對逆勢無知而且相信上帝站在他們這邊，就有辦法鼓起某種神奇的力量，這是具備完整資訊與理據信念的人們所沒有的情感資源。然而，無知和假知識偶爾有用並不能做爲宗教信仰一般效益的論據（更別說眞實性了）。的確，除了其教義明顯的不通情理外，宗教的一大弱點就是大規模地抱持非理性的、製造爭端的信仰，由此產生的代價太大了。

⑳物理學家蕭恩・卡羅爾（Sean Carroll）認爲休姆對事實與價值的分析太有說服力了，而把它提升到數學眞理的地位：

從「實然」導出「應然」的企圖，就像試圖把偶數加在一起以求奇數一樣枉然。如果有人聲稱他們做過，你不必檢查其中的演算過程，就知道他們犯錯了（Carroll, 2010a）。

㉑這種似是而非的「應然」理念可以引入任何專業領域而種下可能致命的懷疑種子。問我們爲什麼「應該」重視安康比問我們爲什麼「應該」理性或科學更沒意義。雖然說我們不能從「實然」轉到「應然」是可能的，但我們首先應當對我們如何達到「實然」誠實以對。科學的「實然」陳述從頭到尾都立基於隱含的「應然」層面。當我說「水是兩份氫與一份氧」時，我說出了一個關於科學事實的本質性陳述。可是如果有人懷疑這個陳述呢？我可訴諸化學的數據，描述簡單實驗的結果。但如此一來，我已經不言明的訴諸了實證主義與邏輯的價值。如果與我對話的人不認同這些價值怎麼辦？那時我能說什麼呢？歸根結蒂，這其實是錯誤的問題。正確的問題是：我們爲什麼要在意這樣的一個人對化學有什麼想法？

道德與安康之間的關聯也是這樣：宣稱因爲我們必須先假定有意識動物的安康是好的，所以道德就是獨斷的（或文化上建構的，或僅僅是個人的）；這種說法就像宣稱：因爲我們必須先假定對宇宙的理性理解是好的，所以科學是任意的（或文化上建構的，或僅僅是個人的）。是的，兩種努力都立於假設之上（而且，如我先前所言，我認爲前者可被證明其基礎更爲穩固），但這不是個問題。沒有任何知識框架足以承受絕對的懷疑論，因爲它們都不可能完美地自我辯解。既然無法完全立基於框架之外，總會遭受憑空架構的指控，即說其系統性的公理（axioms）是錯的，或說它有無法解答的基本問題。有時候我們的一些基本假設的確可能是錯的或範圍有限——例如歐幾里得幾何學的平行線假設並不能應用到整個幾何學之上——但這些錯誤只能藉由其他基礎穩固的假設才能偵測出來。

科學與理性一般立基於不能化約或證明的直覺和概念。只要試著用非循環的方式來定義「因果關係」就知道了。或嘗試把邏輯中的遞移性（transitivity）合理化：若A＝B及B＝C，則A＝C。一名懷疑論者可能會說：「這不過是個用來建立『等同』定義的假設。別人也可自由賦予『等同』不一樣的定義」。是的，或許有人會這樣做；但我們將自由的稱呼他們「傻瓜」。從這個角度來看的話，道德相對論——認爲是非對錯只在特定文化中具有局部有效性的觀點——就不應該比物理相對論、生物相對論、數學相對論、或邏輯相對論誘人了。界定我們的用語有更好或更壞的方式；思索現實有更邏輯融貫或不融貫的方式；同樣地，追求生命的滿足也有許多方式，有些可行，有些不可行——對這點有任何疑問嗎？

㉒ 因此，我們能摒棄這個形而上的「應然」理念，而留下一個科學性的因果圖像。就促使宇宙中每個人承受最大可能苦難的能力程度而言，我們能說，如果我們不想要每個人都經歷最大可能的苦難，那我們就不該做某事。我們能夠設想出一個人，他可能持有完全不同的價值觀，而想要包括

他自己在內所有意識性生物陷入最大可能的災難嗎？我不認為如此。而且我不認為底下的問題是可理解的：「如果眾人皆承受之最大可能災難其實是好的，那該如何？」這樣的問題似乎陷入了分析性的混淆。我們也能提出類似的荒謬問題：「如果最完美的圓其實是方的，那該如何？」「如果所有眞的陳述其實是假的，那該如何？」倘若眞有人固執的用這種方式說話，我看不出有什麼義務要嚴肅看待其論點。

㉓即使心靈能獨立於物理的宇宙之外，我們仍能談論與其安康相關的事實；但此時所談的是對於這些事實的其他基礎〔靈魂、脫離肉體的意識、外質（ectoplasm）等等〕。

㉔在一個相關的論點上，哲學家羅素．布萊克福德（Russell Blackford）對我在TED的演講回應道：「我從未看到過顯示精神變態者對某些關於世界的事實必然是錯的論證。更有進者，我看不出那論證能怎麼運作。」雖然我在下一章更詳細的討論了精神變態，這裏先簡單說說：我們已經知道精神變態者有某種頭腦損傷，會阻礙他們感受若干對人們（無論個人或集體）似乎都好（就往往增進個人和集體的安康而言）的深度滿意經驗（如感同身受之心）。因此，精神變態者不知道他們失去了什麼（可是我們知道）。精神變態者的立場是不能概括化的；因此不是一種人類應如何過活的變通之道（這是康德搞對了的一點：即使一名精神變態者也不會想生活在一個都是精神變態者的世界）。我們也應當明白我們設想的精神變態者是個稻草人：看看對眞的精神變態者的訪談，你會發現他們不會傾向於聲稱擁有另一套道德或過著深深滿意的生活。那些人一般被他們不瞭解及不能抗拒的衝動所制約。絕對清楚的是，無論精神變態者如何相信自己在做什麼，他們都在追求某種形式的安康（興奮、極樂、權力感等等），但由於其神經缺陷與社交缺陷，他們做得很糟。我們

可以說一個像泰德・班迪（Ted Bundy）這樣的精神變態者是從錯誤的事情獲取滿足，因爲把目標指向強姦和殺害女人的生活，並不考慮到更深的與更一般化的人類興旺的形式。試將班迪的缺陷與一位妄想狂物理學家相比，該物理學家在錯的地方找到有意義的模式和數學意義。數學家約翰・納許（John Nash）受精神分裂症狀所苦的時候，似乎是個好例子：他的「我想到了！」的偵知神經似乎校準得很糟；他在同僚們看不到的地方看見了有意義的模式——而那些模式對正當的科學目標（即理解物理世界）是很糟的指引。泰德・班迪的「對！我愛這個！」的偵知神經，與找尋人生深刻滿足的可能性之間，有著很糟糕的連結；或者說，他對強姦與殺害年輕女子的著魔，在建立正當道德目標（即與他人過滿足的生活）上是很糟糕的指引——對此會有任何疑問嗎？雖然像班迪這樣的人也許會想從生活中得到一些古怪的東西，但沒有人想要絕對的、無休無止的悲慘。持有顯然不同道德準則的人仍然在追求我們認識的安康形式——像免於痛苦、懷疑、恐懼等等的自由——而其道德準則，無論他們可能多想爲它們辯護，都以明顯的方式破壞了他們的安康。如果有人聲稱想要眞的悲慘，我們大可將之視爲像聲稱相信 2 + 2 = 5 或所有事件都是自行發生的人。在道德議題上，就像其他任何主題一樣，有些人是不值得傾聽的。

㉕引自白宮的新聞稿：www.bioethics.gov/about/creation.html。

㉖後葉催產素是一種刺激神經的荷爾蒙（neuroactive hormone），它顯然支配動物的社會認知以及人類對信任（及其交互作用）的經驗（Zak, Kurzban, & Matzner, 2005; Zak, Stanton, & Ahmadi, 2007）。

㉗Appiah, 2008, p. 41.

㉘《史丹佛哲學百科全書》（*Stanford Encyclopedia of Philosophy*）對道德相對論的主題如此述說：

一九四七年在聯合國辯論普同人權的場合，美國人類學會（the American Anthropological Association）發表了一項聲明，宣稱道德的價值觀是相對於文化的，沒有方法顯示一種文化的價值比另一文化更佳。人類學家從未全體一致的對此表達認同，而近年來就某些鼓吹人權的人類學家而言，已緩和該學科的相對論導向。即便如此，像克利福德・紀爾茲（Clifford Geertz）與李察・史威德（Richard A. Shweder）等著名的當代人類學家，仍繼續為相對論者的立場辯護。http://plato.stanford.edu/entries/moral-relativism/。

一九四七年？請注意，這眞是美國社會科學家在奧斯威辛集中營（Auschwitz）的焚化爐還在冒煙時所幹下最好的事了。我與李察・史威德、斯考特・亞特然、梅爾・康納爾（Mel Konner），以及其他人類學家在言語及文字上的衝突已說服我，對道德多樣性的認知並不蘊含對人類安康清晰的思考（其實前者是後者很糟糕的替代品）。

㉙ Pinker, 2002, p.273.

㉚ Harding, 2001.

㉛ 把女性主義及多元文化對西方科學的批判更徹底的拆毀，見 P. R. Gross, 1991; P. R. Gross & Levitt, 1994。

㉜ Weinberg, 2001, p. 105.

㉝ Dennett, 1995.

㉞ 同上，頁四八七。

㉟參見，例如：M. D. Hauser, 2006。實驗顯示連八個月大的嬰兒都想要看到侵犯者受罰（Bloom, 2010）。

㊱www.gallup.com/poll/118378/Majority-Americans-Continue-Oppose-Gay-Marriage.aspx.

㊲現在有門分離出來的領域叫作「神經倫理學」（neuroethics），由神經科學與哲學會合而成，鬆散地把焦點定在這類事情上。對大腦的層面而言，神經倫理學超出了生醫倫理學的範圍（即它超出了爲神經科學行事的倫理框架）：它包含我們去理解做爲生物學現象的倫理學本身的努力。關於神經倫理學的文獻正迅速增加（新近的長篇導論可在 Gazzaniga, 2005 及 Levy, 2007 中找到），而且還有一些神經倫理學的其他議題與此討論相關：對心靈隱私、測謊、以及進展中之神經影像科學的其他含義的顧慮；鑑於大腦中決定性過程和隨機性過程（兩者對「自由意志」的普遍性看法都無任何助益）的個人責任；情感提升與認知提升的倫理學；以物理名詞理解「精神」經驗的含義等等。

2 善與惡

①舉例而言，想想我們花了多少時間與金錢在保全我們的家、店面、和汽車上，以防範不想要的侵入（以及在鑰匙丟了的時候找專人來開鎖）。試考慮網際網路和信用卡維安的代價，以及浪費在使用與檢索通關密碼的時間。在一個現代社會中，當電話服務中斷了五分鐘，費用是以幾十億美元計算的。我想，要說防盜成本比這高出許多，應該是準沒錯。再加上鎖門的代價、準備正式契約書——另類的鎖——給我們的麻煩等，那成本就高漲到超出所有算計的地步。想像一下，一個不需要如此大費周章防範盜竊的世界（無可否認，那很難）——那會是一個可支配財富（用時間與

金錢兩者來衡量）多出很多的世界。

②關於人類合作還有其他的思索方式，包括政治和法律，但我認爲倫理規範是最基礎的。

③Hamilton, 1964a, 1964b.

④McElreath & Boyd, 2007, p.82.

⑤Trivers, 1971.

⑥G. F. Miller, 2007.

⑦一個晚近的評論也闡述了**間接互惠**（indirect reciprocity）的現象（即**甲**給**乙**；然後**乙**給**丙**，或**丙**給**甲**，或兩者皆然），見 Nowak, 2005。對於親族選擇與互惠利他是否足以說明合作——尤其是在眞社會性昆蟲（eusocial insects）間——的懷疑，見 D. S. Wilson & Wilson, 2007; E. O. Wilson, 2005。

⑧Tomasello, 2007.

⑨Smith, [1759]1853, p.3.

⑩同上，頁一九二—一九三。

⑪Benedict, 1934, p.172.

⑫從邊沁（Jeremy Bentham）和穆勒原初的**功利主義**（utilitarianism）以來，結果論已歷經多次修改精鍊的過程。我的討論將忽略大部分這些發展，因爲它們一般而言只會引起學院哲學家的興趣。《史丹佛哲學百科全書》提供了一篇很好的摘要文章（Sinnott-Armstrong, 2006）。

⑬J. D. Greene, 2007; J. D. Greene, Nystrom, Engell, Darley, & Cohen, 2004; J. D. Greene, Sommerville, Nystrom, Darley, & Cohen, 2001.

⑭ J. D. Greene, 2002, pp. 59-60.

⑮ 同上，頁二〇四—二〇五。

⑯ 同上，頁二六四。

⑰ 且讓我們簡短述及幾個哲學基礎：對像強迫婦女罩面紗這樣的一個慣行要是客觀上錯的話，必須什麼爲眞呢？這個慣行必須在**所有可能的世界**都造成沒必要的痛苦嗎？不必！它只需要在這個世界造成沒必要的痛苦。強制罩面紗是不道德的必須在**分析上**爲眞嗎——即該行動的錯得建立於「面紗」一詞的意義嗎？不必！它必須**先驗上**爲眞嗎——即該慣行的錯必須獨立於人類經驗之外嗎？不必！該行動的錯其實非常倚賴人的經驗。強迫婦女和女孩穿蒙面長袍之所以錯，是因爲完全被罩著的過活很不愉快且不實際，因爲這個慣行持續了女人是男人財產的觀點，也因爲它讓殘酷執行它的男人對兩性間眞正平等與溝通的可能性持續無感。束縛一半的人口也直接削減了一個社會的經濟、社會、與知性的財富。促使每個社會都面對的挑戰，這在幾乎每個事例中都是壞的慣行。強制罩面紗在倫理上不能被接受，必須是在我們的世界中**完全沒有例外**嗎？不必！我們能很容易的想像強迫女兒穿罩袍能夠完全合乎道德的情形——也許在阿富汗鄉間旅行時可避開凶殘男子的注意。從固有的、分析的、先驗的、必要的眞理滑落到綜合的、後驗的、依情況而定的、充滿例外的眞理，這對道德實在論會構成問題嗎？回憶一下我對道德與下棋的類比。在一盤西洋棋中犧牲皇后**總是**錯的嗎？不是！但一般而言那是個糟糕的主意。即使承認對這個規則有數不清的例外，在每盤西洋棋中還是有客觀上好的步數與壞的步數。我們的立場是在說，傳統穆斯林社會中對待婦女的方式一般都不好嗎？確實如此。如果還有疑問的話，我推薦讀者參閱阿揚・希爾

西・阿里關於這個主題的幾本好書（A. Hirsi Ali, 2006, 2007, 2010）。

⑱ J. D. Greene, 2002, pp. 287-288.

⑲ 哲學家理查德・喬伊斯（Richard Joyce, 2006）辯稱：道德信念的演化起源以數學信念和科學信念之演化起源所沒有的方式侵蝕了其基礎。然而，我不認爲他的推理有說服力。例如：喬伊斯聲稱：我們的數學直覺與科學直覺是因爲它們的精準才被選擇，然而我們道德直覺的選擇則是基於一個完全不同的基礎。在算術的例子中（他拿來做爲他的模型），這點似乎言之成理。但科學的進展卻違反了許多（如果不是大部分的話）我們對現實本質固有的、前科學的直覺。根據喬伊斯的推論，我們應當把這些直覺的違抗看成是很可能背離眞理的一步。

⑳ 格林的論證其實似乎有點古怪。結果論不眞確，是因爲人們對於道德的意見太紛歧了；但他又似乎相信，如果有足夠時間去反省的話，大部分人對結果論的原則會趨於一致。

㉑ Faison, 1996.

㉒ Dennett, 1995, p. 498.

㉓ Churchland, 2008a.

㉔ Slovic, 2007.

㉕ 這似乎與在推理文獻中一個更一般性的發現有所關聯，在其中常發現，人們對一件突出的軼事比對大樣本的統計更爲重視（Fong, Krantz, & Nisbett, 1986/07; Stanovich & West, 2000）。它也顯然是個卡尼曼與弗瑞德里克（S. Frederick）稱之爲「外延忽視」（extension neglect）的特別反常的版本（Kahneman & Frederick, 2005）：我們的評價並不隨著問題的加大而增加。例如：大部分人評定拯救兩千人的價

值，會比他們評定拯救一千人價值的兩倍要小。然而，斯洛維克的結果表明它可能較不具有價值（即使那較大的團體包含較小者）。如果道德心理學會有非規範性的結果，這就是了。

㉖對於這個原則也許有些例外：例如，若你認爲如果一個孩子死了另一個會無法忍受，你可能會認爲兩個都死比只死一個好。無論這樣的案例是否實際存在，對負面後果應當加總計算的一般法則而言，顯然有例外。

㉗這聽起來瘋狂嗎？簡・麥戈尼格爾（Jane McGonigal）設計了把這種現實世界後果置於心靈層面的遊戲：www.iftf.org/user/46。

㉘Parfit, 1984.

㉙雖然帕菲特的論證被正確的讚揚，而且《理性與人格》（*Reasons and Persons*）是部哲學傑作，但一個非常類似的觀察最早出現於羅爾斯（Rawls），[1971] 1999, pp. 140-141。

㉚例如：

只有法國存續的情況如何（How Only France Survives）。在一個可能的未來中，世界上處境最糟的民族很快地開始有值得過的生活，不同國家的生活品質持續上升。雖然每個國家都對世界資源獲取了應得之份，但像氣候及文化傳統卻給予某些國家更高的生活品質。許多世紀以來，處境最好的民族就是法國人了。

在另一個可能的未來中，一種新傳染病使得幾乎每個人都不育。法國科學家生產了剛好夠法國人口的解藥。其他所有國家都不再存在。這對殘存的法國人的生活品質有若干壞影響。從此法國人不再有外國藝術品、文學、或科技能進口了。諸如此類的壞影響超出任何好影響。因此就整體而言，在第二個可能的未來中，法國人所有的生活品質會比第一個可能的未來稍微低些」（Parfit, ibid., p. 421）。

㉛ P. Singer, 2009, p.139.

㉜ Graham Holm, 2010.

㉝ Kahneman, 2003.

㉞ LaBoeuf & Shafir, 2005

㉟ Tom, Fox, Trepel, & Poldrack, 2007。但正如作者們所指出的，這個實驗計劃檢查了大腦對潛在損失的評估（即決定用途）而不是經驗到的損失，其他研究則顯示，負面效果及相關的扁桃體活動可被預期。

㊱ Pizarro 和 Uhlmann 也做了類似的觀察（D. A. Pizarro & Uhlmann, 2008）。

㊲ Redelmeier, Katz, & Kahneman, 2003.

㊳ Schreiber & Kahneman, 2000.

㊴ Kahneman, 2003.

㊵ Rawls, [1971] 1999; Rawls & Kelly, 2001.

㊶ S. Harris, 2004, 2006a, 2006d.

㊷ 他後來修正了他的觀點，主張做爲公平的正義必須理解成「一個正義的政治構想，而不是一個整全性道德學說的部分」（Rawls & Kelly, 2001, p. xvi）。

㊸ Rawls, [1971] 1999, p.27.

㊹ Tabibnia, Satpute, & Lieberman, 2008.

㊺ 因此，期待追求安康最大化的人也重視公平是合理的。重視公平的他們往往會把違反公平看成是不道德的——即不會有助於他們的集體安康。但如果他們不重視的話，怎麼辦？如果自然律在道德風景上允許不同的而且看似正好相反的山巔的話，怎麼辦？如果有個可能的世界，在其中黃金律（the Golden Rule）變成了不可動搖的本能，同時在另一個同等幸福的世界裏，其居民反射性地違反它，怎麼辦？也許這是個施虐狂者與被虐狂者完全配合的世界。且讓我們假設，在這個世界中每個人都能一對一的與第一個世界中的聖人配對，而這些配對雖然在所有其他的方面都不一樣，卻在干係他們安康的每一方面都完全一樣。規定了這一切事情，結果論者會被強迫說這些世界在道德上相等。這是個問題嗎？我不認爲是。問題是在達到這點的過程中，有多少細節我們被迫忽視了。人類安康的原則這麼有彈性的話，有什麼可能的理由我們需要擔心？這就像擔心有一個可能的世界，在其中物理法則雖與我們的世界那麼一致，但與我們所知道的物理完全相反。好吧，那怎麼辦？在試圖預測我們世界中物質的行爲時，到底這種可能性與我們有多大干係？

而康德對把人們看成目的本身的執著，雖然是個非常有用的道德原則，但卻很難精準的投射到世界上。不僅自己與世界之間的界線難以定義，一個人的個體性就其過去與未來而言也有點神祕。例如：我們每個人都是自己行動的與自己未行動的繼承人。這點有任何道德含義嗎？我如果目前不情願做某些必要且有利的工作、好好吃飯、定期去看醫生和牙醫、避免危險的運動、坐車繫安全帶、儲蓄等等——那我對將因我忽略後果而受苦的未來的自己犯了一連串的罪嗎？爲什麼沒有？而我如果因爲顧慮我未來的自我利益而謹慎的過活，即使那給我造成痛苦，這是個我被別人的目的利用爲手段的例子嗎？我是否不過是我未來會是的那個人的資源嗎？

㊻羅爾斯的「基本利益」（primary goods）的想法，即在任何公正的社會中對它的獲取必須是公平分配的，似乎寄生在一個對人類安康的普遍觀念上。如果不是做爲快樂人生的構成部分的話，那我們對「基本權利與自由」、「遷徙的自由和對職業的自由選擇」、「官位與權威地位的權力與特權」、「收入和財富」、「自尊的社會基礎」等會有任何興趣嗎？當然，羅爾斯是費盡心機來說他對「善」的構想只是政治的、非整全性的——但就它終究爲善的程度而言，它似乎被置於一個更大的人類安康的概念底下。見 Rawls, 2001, pp. 58-60。

㊼比較 Pinker, 2008b。

㊽Kant, [1785] 1995, p. 30.

㊾正如帕特麗夏・丘奇蘭德所指出的：

> 康德相信在描述道德義務上對情感的超然是必要的，這顯然與我們對自己的生物性本質所知者相左。從生物學的觀點而言，基本情感為大自然促使我們去做我們審慎認為應該做的手段。社會情感則是促使我們去做社會上應該做的一種手段，而報償系統是學習如何利用過去經驗來改進我們在兩個領域的一種方式（Churchland, 2008b）。

㊿然而，人們對結果論常有的一個問題就是它蘊含道德級系（moral hierarchy）：若干領域的安康（即心靈）將比其他領域重要。哲學家羅伯特・諾齊克（Robert Nozick）有段著名的評述，認爲這爲「效

益怪獸」（utility monsters）開了扇門：假想的動物從吞噬我們得到的生活樂趣，能比我們將失去者大得多（Nozick, 1974, p. 41）。但如諾齊克所評述的，我們正是那種效益怪獸。拋開經濟的不平等使我們許多人從他人的苦勞獲益的事實不論，我們大部分人付錢給別人去蓄養與宰殺動物乃至我們能吃牠們。這種安排對動物們相當糟糕。這些動物到底受了多大的罪？最快樂的牛、豬、雞等跟那些在我們工廠式的農場上受苦者有多不同？看來我們已經決定了在通盤考慮之下，若干物種的安康完全為我們犧牲是妥當的。我們在這點上可能是對的；或者可能不對。對許多人而言，吃肉不過是轉瞬即逝的樂趣的一個不健康的來源。因此，很難相信我們強加於動物同胞的那一切死亡和受苦在倫理上可以辯解。然而，為了論證之故，且讓我們假定讓一些人吃掉一些動物會在地球上產生安康的淨增加。

在這個脈絡下，被牽去屠宰的牛若掌握機會防衛自己——也許靠踩踏捕捉牠們的人來脫韁——是合乎倫理的嗎？基於漁夫想吃魚的欲望是正當的，那麼魚抗拒魚鉤合乎倫理嗎？既然判定某些消費動物的行為在倫理上是可取的（或至少倫理上可接受），我們似乎已排除了牠們正當抵抗的可能性。我們是牠們的效益怪獸。

諾齊克藉由顯而易見的類比繼續追問：為了某種超生物無法想像的巨大快樂，而把我們這個物種犧牲掉是否合乎倫理？假如花時間仔細想像其中的細節（這並不容易），我想答案明顯是肯定。似乎沒有理由去假設我們必須佔據道德風景的最高峰。如果有生物的地位之於我們有如我們之於細菌，那就很容易承認他們的利益勝過我們自己的，而且其程度是我們不可能設想的。我不認為這樣一個道德級系的存在會對我們的倫理學構成任何問題。而且沒有令人信服的理由認定這樣的超生物存在，更別說想吃我們的了。

51 傳統的效益理論一直無法解釋，人們爲什麼常以他們知道日後會後悔的方式行爲。人類如果僅僅傾向於選擇能導致最滿意結果的途徑，那麼意志力就沒有必要了，而不利自己的行爲就會前所未聞了。精神病學家喬治・愛恩斯利（George Ainslie）在其引人入勝的著作《意志的崩潰》（*Breakdown of Will*）中，檢視了人類在面臨互相競爭的偏好時如何下決定的動力學。爲了說明人類意志的必要以及其可預見的失敗，愛恩斯利提出了一個決策模型，在其中每個人都被看成是現在的「自己」和未來的「自己」競爭中的共同體，而每個「自己」都把未來報酬看得比嚴格理性應該評估的低。在人類心中競爭性利益的多重性造成我們每個人都像一個鬆散的利益結合體來作用，而該結合體只靠資源的限制——像我們只有一個身體可用來在每個剎那表達我們欲望的事實——而統一。這個對我們達成彼此不相容目的的明顯局限，讓我們得以與不同時間向度的「自己」討價還價：「爲塞壬女海妖（the Sirens）計劃的尤利西斯（Ulysses），必須把聽見她們歌聲的尤利西斯當作另外的人，如果可能就影響他，不可能的話就預先阻止」（Ainslie, 2001, p. 40）。

誇張的把未來的報酬打折扣，導致像「偏好倒置」（preference reversal）的怪異現象：例如，比起三年後有一萬五千美元，大部分人寧可今天有一萬美元；但比起十年後有一萬美元，寧可十三年後有一萬五千美元。後一個情節不過是第一個情節隔了十年來看，顯然人們的偏好會隨著拖延的長度而反轉。我們越接近享受的可能性，延遲報酬就越不能接受。

52 我也沒有像我可能的那麼健康、接受那麼多的教育。我相信這種陳述客觀爲眞（即便牽扯到關於我的主觀事實亦然）。

㊿③ Haidt, 2001, p.821.

54 你如果想像起初的選擇是從一千扇而不是三扇門，那換門的智慧就比較容易看得出來。且想像你選擇了十七號門，然後除了第五六二號門外，蒙提・霍爾打開了每扇門，顯露出來的都是放眼所及的山羊。那你下一步該怎麼做？守住十七號門還是換成五六二號？你起初的選擇是在極不確定的情況下做的，應該很明顯了，只有千分之一的成功機會及千分之九百九十九的失敗機會。開了九百九十八扇門給了你極大量的資訊——對五六二號門粉碎了千分之九百九十九的機會。

55 Haidt, 2008.

56 Haidt, 2001, p.823.

57 http://newspolls.org/question.php?question_id=716。順便一提，同樣的研究發現，百分之十六的美國人也相信「非常可能」「〔美國〕聯邦政府扣住了從其他行星來的有智慧生命存在的證明」（http://newspolls.org/question.php?question_id=715）。

58 這點在分裂的大腦研究上特別明顯，左半球的語言區例行的爲右半球的行爲進行虛構解釋（Gazzaniga, 1998; M. S. Gazzaniga, 2005; Gazzaniga, 2008; Gazzaniga, Bogen, & Sperry, 1962）。

59 Blow, 2009.

60 〈多元文化主義「促使年輕的穆斯林迴避英國的價值觀」〉，《每日郵報》（*The Daily Mail*）（二〇〇七年一月二十九日）。

61 Moll, de Oliveira-Souza & Zahn, 2008; 2005.

62 Moll et al., 2008, p. 162.

(63) 包括伏隔核（nucleus accumbens）、尾狀核（caudate nucleus）、腹內側皮質（ventromedial cortex）和眶額皮層（orbitofrontal cortex）、喙前扣帶（rostral anterior cingulate）等（Rilling et al., 2002）。

(64) 不過，正如神經影像學常見的情況，其結果並沒有分得那麼清楚。事實上，莫爾以前對厭惡和道德義憤的一個研究發現，內側區（medial regions）也涉及了這些負面狀態（Moll, de Oliveira-Souza et al., 2005）。

(65) Koenigs et al., 2007.

(66) J. D Greene et al., 2001.

(67) 這個思考實驗最早是福特（Foot, 1967）引介的，後來由湯普森（Thompson, 1976）進一步完善。

(68) J. D. Greene et al., 2001.

(69) Valdesolo & DeSteno, 2006.

(70) J. D. Greene, 2007.

(71) Moll et al., 2008, p. 168。還有一個顧慮困擾著許多神經影像學研究：格林等人標籤爲「情感的」區塊涉及了其他類型的處理——例如記憶和語言（G. Miller, 2008b）。這是波德瑞克（Poldrack, 2006）提出的「逆向推斷」（reverse inference）的例子，在下面僅就我自己對信念的研究脈絡來討論。

(72) 雖然有些研究者曾試圖區別這兩個術語，大部分人仍把它們互用。

(73) Salter, 2003, pp. 98-99。亦見 Stone, 2009。

(74) www.missingkids.com.

(75) 百分之二十的男女囚犯是精神變態者，而且他們犯了一半以上的嚴重犯罪（Hare, 1999, p. 87）。精神變態者的再犯率比其他罪犯高三倍（而暴力再犯率更高出三到五倍）(Blair, Mitchell, & Blair, 2005, p. 16）。

⑯ Nunez, Casey, Egner, Hare, & Hirsch, 2005。也許與剛提及之駭人聽聞的數據有關，在《精神障礙診斷與統計手冊》（*DSM-IV*）中，精神變態並不做爲一個診斷範疇存在，甚至不是一個索引的項目。企圖對付精神變態之行爲相關因素——反社會的人格障礙（ASPD）和品行障礙——的兩個 *DSM-IV* 診斷根本沒有掌握其人際成分與情感成分。反社會行爲在幾種失序狀態中常見，而患有 ASPD 的人可能在 PCL-R 的得分不高（de Oliveira-Souza et al., 2008; Narayan et al., 2007）。*DSM-IV* 對症狀治療的欠妥在 Blair et al., 2005 中已有卓越的見解。反社會行爲有許多動機，而變成暴戾的重罪犯也有許多途徑。精神變態的印記並非惡行本身，而是其基底之情感與人際損傷的光譜。做爲一個評斷基礎，精神變態比 *DSM-IV* 標準更對特定行爲（如再犯）有預測性得多。

⑰ 然而，同樣的話似乎也能套用在偉大的埃爾溫・薛丁格（Erwin Schrödinger）身上（Teresi, 2010）。

⑱ 額葉（frontal lobe）的傷害能造成一種叫作「後天性社會變態」（acquired sociopathy）的病，它與發展性精神變態共有若干特徵。它們雖常在相同的脈絡中被提起，後天性社會變態與精神變態不同，尤其是就它們產生的攻擊性類型而言。**回應性攻擊**（reactive aggression）是由惱人的或威脅的刺激激發，而且常與憤怒相關。**工具性攻擊**（instrumental aggression）則是鎖定一目標。在街上被推撞後猛烈攻擊的人表現了回應性攻擊；攻擊別人以搶他錢包或以使同幫派欽佩的人展現了工具性攻擊。蒙受後天性社會變態的研究對象，一般是他們的眶額葉（orbitofrontal lobes）受傷了，展現出不良的衝動控制，以及往往表現出增加了回應性攻擊的程度。然而，他們不顯出朝向工具性攻擊高

升的傾向。精神變態者很容易有兩種類型的攻擊性。最重要的，工具性攻擊似乎最密切的連結到的是該病變銘記的麻木不仁/無感情（CU, callousness/unemotional）特質。對同性雙胞胎的研究表明，CU特質也最與反社會行爲的可遺傳成因關聯（Viding, Jones, Frick, Moffitt, & Plomin, 2008）。莫爾、德奧利維拉—索薩及其同僚發現，灰質減少與精神變態的正相關延伸到額葉皮質（frontal cortex）以外，而這解釋了爲什麼社會變態與精神變態是有區別的病變。精神變態與灰質減少在一廣泛的結構網絡正相關：包括雙邊島葉（bilateral insula）、顳上溝（superior temporal sulci）、緣上/角腦回（supra-marginal/angular gyri）、尾狀（頭）〔caudate (head)〕、梭形皮質（fusiform cortex）、中額葉腦回（middle frontal gyri）……等等。要選擇性的損傷一個這麼廣闊的網絡是極不可能的。

(79) Kiehl et al., 2001; Glenn, Raine, & Schug, 2009。然而，當要非個人的道德兩難要時，與內側前額葉皮層（MPFC）損傷的病人不同，精神變態者往往和正常人的控制組做出同樣的答案，儘管沒有相同的情緒反應（Glenn, Raine, Schug, Young, & Hauser, 2009）。

(80) Hare, 1999, p. 76.

(81) 同上，頁一三二。

(82) Blair et al., 2005.

(83) Buckholtz et al., 2010.

(84) Richell et al., 2003.

(85) Dolan & Fullam, 2004.

(86) Dolan & Fullam, 2006; Blair et al., 2005.

⑧⑦ Blair et al., 2005。第一個以書本篇幅來處理精神變態的，看來是克列克里（Cleckley）的《神志正常的面具》（*The Mask of Sanity*）。該書目前雖然絕版了，但仍然廣被參考與尊重。它值得一讀，即使只爲了作者非常（而且常常是不經意的）逗人發笑的文體。Hare, 1999, Blair et al., 2005, and Babiak & Hare, 2006 則提供了比較晚近的對該病變的專書討論。

⑧⑧ Blair et al., 2005。發展的文獻表明，因爲處罰（非制約性刺激）很少及時緊接著一特定犯行（制約性刺激），體罰帶來的規避制約，往往變成與施罰者聯想而不是與需要矯正的行爲聯想。布雷爾也評述過如果處罰是道德教育的主要來源，兒童們會無法看到平常犯行（如在上課時講話）與道德犯行（如打另一個同學）之間的區別，因兩種違犯往往都引來處罰。然而健康的孩子能馬上區別這兩種形式的不端行爲。由此看來，當眞正的道德界線被踰越時，他們直接從別人展現的痛苦而受到矯正。其他哺乳類也對牠們同物種的受苦極爲嫌惡。我們是從今天看來不大符合倫理的對猴子（Masserman, Wechkin, & Terris, 1964）以及對老鼠（Church, 1959）的研究，得知這點的。例如：前面研究的結論說：「大部分的獼猴會一致的餓肚子，而不願因獲得食物致使同類受到電擊。」

⑧⑨ 後續對神經影像學文獻的檢討，在關於精神變態基底的神經學上產生了有些含糊的觀點（Raine & Yaling, 2006）。雖然個別的研究在各種腦區發現解剖上和功能上的異常——包括扁桃體（amygdala）、海馬區（hippocampus）、胼胝體（corpus callosum）、被殼（putamen）等，然而所有研究有一項共同的結果：精神變態者往往在前額葉皮層（ＰＦＣ）顯示縮小的灰質。在ＰＦＣ的三個區——眶內側區、眶外側區（medial and lateral orbital areas）以及額極（frontal poles）——灰質的縮小與精神變態分數正相關，而這些區已在其他研究中證明了直接涉及社會行爲的規制（de Oliveira-Souza et al.,

2008）。晚近的發現顯示，皮質的薄化與精神變態的正相關也許只對大腦右半球顯著（Yang, Raine, Colletti, Toga, & Narr, 2009）。精神變態者的大腦也顯示眶額葉區（orbital frontal region）和扁桃體間的白質聯繫減少（M. C. Craig et al., 2009）。事實上，眶額區（orbitofrontal region）的灰質平均量之別，似乎說明了兩性間反社會行爲的一半變異：男女在他們生氣的經驗上似乎沒有不同，但女人往往更害怕與更有同理心——因而比較能控制她們反社會的衝動（Jones, 2008）。

⑨⓪ 布雷爾等人假設精神變態者的眶額缺陷構成回應性攻擊的傾向，同時扁桃體的異常導致「嫌惡制約、工具性學習、以及處理害怕和悲傷表情的障礙」，那允許了習得工具性攻擊而使得正常的社會化變得不可能。第一位對精神變態做功能性磁共振成像（fMRI）研究的作者肯特・契爾（Kent Kiehl），現在相信該病變的功能性神經解剖學，包括一個含眶額葉皮質（orbital frontal cortex）、島葉（insula）、前後扣帶（anterior and posterior cingulate）、扁桃體（amygdala）、海馬旁回（parahippocampal gyrus）、前顳上回（anterior superior temporal gyrus）等的結構網絡（Kiehl et al., 2001）。他稱這個網絡爲「旁邊緣系統」（the paralimbic system）(Kiehl, 2006)。契爾目前正從事一項大型的對囚禁的精神變態者的 fMRI 研究，使用的是一部裝在能在監獄間移動的聯結車上的1.5特斯拉掃描儀（1.5 Tesla scanner）。他希望能建立一個一萬名研究對象的神經影像數據庫（G. Miller, 2008a; Seabrook, 2008）。

⑨① Trivers, 2002, p. 53。對細節的廣泛討論，參見 Dawkins, [1976] 2006, pp. 202-233。

⑨② Jones, 2008.

⑨③ Diamond, 2008。平克（Pinker, 2007）也指出同樣的論點：「如果二十世紀諸戰爭殺掉了死於一個典型部落社會戰爭同樣比例的人口，那死者會是二十億，而不是一億。」

我們很容易就下結論：在受到報仇與一報還一報法（「以眼還眼」）所制約的榮辱文化中，生命是不值錢的，但如同威廉・伊恩・米勒（William Ian Miller）的評述，在至少一個測量向度中，這些社會比我們更重視生命。現代經濟之所以昌隆，是因爲我們往往限制個人的債責。我如果賣給你一個有缺陷的梯子害你跌斷了脖子，我也許得對你做出若干賠償。但賠償金額不會高到近乎我願意爲自己的健康脖子所付出的代價。在我們的社會中，我們受制於法院對別人的脖子所定的價格；在一報還一報法統治的文化中，則受制於我們對自己脖子所定的價格（W. I. Miller, 2006）。

⑨④ Bowles, 2006, 2008, 2009.

⑨⑤ Churchland, 2008a.

⑨⑥ Libet, Gleason, Wright, & Pearl, 1983.

⑨⑦ Soon, Brass, Heinze, & Haynes, 2008。利貝特後來論證，我們雖然對於啓動行爲沒有自由意志，但我們在它生效前，可能有否決意圖的自由意志（Libet, 1999, 2003）。我想他的推理顯然有瑕疵，因爲存在很多理由可以設想，一個有意識的否決也必須發生在無意識的神經事件上。

⑨⑧ Fisher, 2001; Wegner, 2002; Wegner, 2004.

⑨⑨ Heisenberg, 2009; Kandel, 2008; Karczmar, 2001; Libet, 1999; McCrone, 2003; Planck & Murphy, 1932; Searle, 2001; Sperry, 1976.

⑩⓪ Heisenberg, 2009.

⑩① 這種探究法的一個問題是：做爲一般原則，量子力學的效果在生物性上多半並不顯著。量子效果的確驅動演化，因爲像宇宙射線之類的高能量粒子導致ＤＮＡ中的點突變，而這種粒子穿過一細

胞核的行爲受制於量子力學的法則。因此演化在原則上不可預測（Silver, 2006）。

⑩2 自然的法則並沒有使我們大部分人猛然意識到它們與自由意志不相容，因爲我們未曾想像如果所有因果關係都被瞭解的話，人類行爲看起來會怎麼樣。但想像一下，有個瘋狂科學家發展出一種遠距控制人腦的手段：看著他把一個人隨其「意志」差遣會是怎麼樣？還會有一丁點把自由歸給她的誘惑嗎？不會！但這個瘋狂科學家不過是人格化的因果決定論。使得他的存在與我們對自由意志的看法那麼抵觸的地方在於，當我們想像他躲在一個人思想和行動的背後——微調電勢、製造神經遞質、調整基因等等——就不能不讓我們對自由和責任的想法順著懸吊木偶的繩索而上到控制它們的手。增加了隨機性並不會改變這個情況，我們只需要想像那科學家根據在一個輪盤上的狡詐安排對他機器的輸入。一個人的頭腦狀態這麼不可預測的變化怎麼會構成自由？

把隨機性和自然律的任何組合換成瘋狂科學家，我們就能看出跟一個人內在生活相關特徵會被保留——思想、情緒、意圖仍然會產生並引起行動——然而留給我們的不容否認的事實是，有意識的心靈不會是它自己的思想與意圖的泉源。這揭露了自由意志的眞正神祕：如果我們的經驗與其終極的不在相容，那我們怎能說我們當初就看到其任何證據？

⑩3 Dennett, 2003.

⑩4「異己手綜合症」描述多種神經病變，基本上是一個人不再認知自己擁有他的任何一隻手。割裂腦患者（split-brain patient）的非慣用手能有這種特性，而在手術後的急性期，這能導致明顯的雙手間的衝突。Zaidel 等人 (2003) 比較喜歡「自主手」（autonomous hand）一詞，因爲通常經驗他們的手失控的病人並不會說那手屬於別人。類似的異常可歸因於其他神經的成因：例如在感覺性異己手綜

合症（sensory alien hand syndrome）中〔在發生右大腦後動脈（posterior cerebral artery）中風之後〕，右臂有時會卡住，要不然就攻擊身體的左側（Pryse-Philips, 2003）。

⑩⑤參見 S. Harris, 2004, pp. 272-274。

⑩⑥Burns & Bechara, 2007, p. 264.

⑩⑦其他人也做了類似的論證。見 Burns & Bechara, 2007, p. 264; J. Greene & Cohen, 2004, p. 1776。

⑩⑧比照 Levy, 2007。

⑩⑨神經科學家邁克爾・加札尼加（Michael Gazzaniga）寫道：

> 神經科學將永遠找不到大腦與責任的關聯性，因為那是我們歸因於人而不是頭腦者。那是我們對遵守規則的同胞所要求的一個道德價值。正如驗光師能告訴我們一個人有多少視力（二十／二十或二十／二百），但無法告訴我們一個人什麼時候法定失明了或視力太糟而無法開校車，所以精神病學家或腦科學家也許能告訴我們一個人的心智狀態或頭腦狀況如何，但無法（不武斷的）告訴我們什麼時候一個人控制力太低而不能跟他問責了。責任的問題（就像一個人能不能開校車的問題）是個社會的選擇。按照神經科學的說法，沒有人比其他任何人對行動負有更多責任或更少責任。我們都是一個決定性系統的部分：理論上，我們有一天將完全理解該系統。然而責任的想法是個存在於社會規則中的社會建構，並不存在於頭腦的神經元結構中（Gazzaniga, 2005, pp. 101-102）。

雖然責任是歸於人而非頭腦的社會建構是眞的，但它畢竟賦予一個人頭腦的若干事實而能使其更有意義或沒意義的社會建構。我想我們很容易可以想像神經科學的發現以及頭腦影像技術，將使我們以比現在所能的更準確得多的方式，把責任歸於人們。如果我們得知在每個奶油夾心糕（Twinkie）多乳脂的中心有些什麼會抹殺額葉對大腦邊緣系統的抑制控制，那「奶油夾心糕辯護」就會完全沒有爭議了。

但也許「責任」根本是個錯誤的建構：因爲加札尼加說「按照神經科學的說法，沒有人比其他任何人對行動員有更多責任或更少責任」當然是正確的。意識的行動起於我們對它們沒有意識的神經事件的基礎。無論它們是否能被預測，我們並不造成我們的成因。

⑩ Diamond, 2008.

⑪ 在哲學的文獻中，我們發現對這個問題有三條門徑：決定論（determinism）、自由意志論（libertarianism）、和兼容論（compatibilism）。決定論和自由意志論常被稱爲「不兼容論」的觀點，因爲兩者均堅持：如果我們的行爲完全由背景成因所決定，自由意志就是個錯覺。決定論者相信我們完全生活在這樣的一個世界中；自由意志論者（與跟這個英文名字一樣的政治觀點無關）相信我們的動原（agency）上升到超於先前成因的領域——而且它們無可避免的援用像靈魂之類的形而上實體做爲我們自由行動的意志的載體。像丹尼爾・丹尼特等兼容論者則堅持自由意志與因果決定論相容（參見 Dennett, 2003 ；對其他兼容論者的論證參見 Ayer、Chisholm、Strawson、Frankfurt、Dennett 及 Watson——均收入 Watson, 1982）。兼容論者的問題，如我所見的，在於它往往忽視了人們的道德直覺被更深的、形而上的自由意志的看法所驅動。也就是說，人們爲自己及他人假定的自由意志（無論在丹尼特的意思中這種自由「值不值得要」），是個擺脫了非個人、背景成因影響的自由。你顯

示這種成因是有效——正如任何對人類思想與行爲的神經生理學的詳細說明——的瞬間，自由意志的支持者就不再能找到一個言之成理的鉤子去吊掛他們對道德責任的看法。神經科學家約書亞・格林和喬納森・科恩（Jonathan Cohen）也提出同樣論點：

> 大部分人對心靈的觀點都暗中是二元論的與自由意志論的，而不是唯物論的和兼容論的……直覺的自由意志是自由意志論的，不是兼容論的。也就是說，它需要拒斥決定論以及對某種隱含的神奇心靈因果的投入……與法律的及哲學的正統相反，決定論真的威脅自由意志以及我們直覺理解的責任（J. Greene & Cohen, 2004, pp. 1779-1780）。

3 信念

①頭腦不會變成化石，所以我們不能檢驗我們古代祖先的頭腦。不過，比較現生靈長類的神經解剖，提供了可能導致語言出現的體質適應的類別。例如：對獼猴、黑猩猩、人類等的瀰散張量成像（diffusion-tensor imaging），顯示了弓狀纖維束（arcuate fasciculus）——連接顳葉（temporal lobes）與額葉（frontal lobes）的纖維束（fiber tract）——在連通性上逐漸增加。這表明相關的適應是漸進的，而不是跳躍的（Ghazanfar, 2008）。

②N. Patterson, Richter, Gnerre, Lander, & Reich, 2006, 2008.

③Wade, 2006.

④Sarmiento, Sawyer, Milner, Deak, & Tattersall, 2007; Wade, 2006.

⑤然而，似乎尼安德塔人的 FOXP2 基因，帶有使現代人與其他靈長目區別的兩個同樣關鍵的突變（Enard et al., 2002; Krause et al., 2007）。現在知道 FOXP2 在口語上扮演了中心角色，其毀壞在很健康的人身上導致嚴重的語言障礙（Lai, Fisher, Hurst, Vargha-Khadem, & Monaco, 2001）。把人類的 FOXP2 基因導入老鼠，就改變了牠們的超聲波發聲（ultrasonic vocalization），減低了探索的行爲，以及變更了皮質基底節電路（cortico-basal ganglia circuits）（Enard et al., 2009）。FOXP2 在人類語言發展的核心地位，導致一些研究者做出尼安德塔人會說話的結論（Yong, 2008）。其實，我們可以論辯說話能力一定先於智人，因爲「很難想像少了複雜的社會溝通卻會出現複雜的生計行爲，而且頭腦的大小增加了將近百分之七十五，而兩者都從大約八十萬年前開始」（Trinkaus, 2007）。

尼安德塔人無論是否會說話，都是令人印象深刻的動物。他們的平均腦容量爲一千五百二十西西，比與他們同時的智人稍微大些。其實，人類的腦容量幾千年來減少了大約一百五十西西，到目前平均爲一千三百四十西西（Gazzaniga, 2008）。一般而言，頭腦大小與認知能力之間的正相關不是很直接，因爲有若干生物種的頭腦比我們的大（如大象、鯨魚、海豚等），但並沒展示出更智慧的徵象。已經有許多人努力想找出能可靠的追蹤認知能力的神經解剖計量，包括異速生長的頭腦大小（allometric brain size）（按身體質量比例的頭腦大小）、「腦形成商數」（encephalization quotient）〔按對類似動物預期的頭腦大小比例的頭腦大小，以身體質量更正；對靈長類 EQ＝（腦重）／0.12×體重 0.67）〕、相對於大腦其餘部分的新皮質（neocortex）的大小等等。這些度量沒有哪個已證明特別有用。其實，在靈長類中，對認知能力的預測，沒有比不論身體質量的絕對頭腦大小更好的了（Deaner, Isler, Burkart, & van Schaik, 2007）。按照這個計量，我們與尼安德塔人的競爭看起來特別令人氣餒。

比起其他靈長類動物，據發現有幾個涉及頭腦發展的基因在人類是有差異的規制；兩個特別有意思的是小腦症基因（microcephalin）和ＡＳＰＭ〔異常紡錘形小腦畸形症關聯基因（the abnormal spindlelike microcephaly-associated gene）〕。小腦症基因規制頭腦大小，其現代變體出現在大約三萬七千年前（差不多是與現代人的登場同時發生），而且從那時起，在正選擇的壓力下頻率增加（P. D. Evans et al., 2005）。ＡＳＰＭ也規制頭腦大小，它的一個現代變種在過去五千八百年間以高頻率散布（Mekel-Bobrov et al., 2005）。正如這些作者所指出的，這與城市的散布和文字的發展大致正相關。這些發現的可能意義在加札尼加的書中也有討論（Gazzaniga, 2008）。

⑥ Fitch, Hauser, & Chomsky, 2005; Hauser, Chomsky, & Fitch, 2002; Pinker & Jackendoff, 2005.

⑦ 遺憾的是，語言也是我們能有效發動戰爭、犯下種族屠殺、以及使得我們的行星不宜居住的基礎。

⑧ 雖然一般資訊的分享無可否認很有用，但有很好的理由認爲，特別是**社交的**資訊驅動了語言的演化（Dunbar, 1998, 2003）。比起非社交資訊，人類也以更大的量與更高的精確度傳遞社交資訊（Mesoudi, Whiten, & Dunbar, 2006）。

⑨ 對照 S. Harris, 2004, pp. 243-244。

⑩ A. R. Damasio, 1999.

⑪ Westbury & Dennett, 1999.

⑫ Bransford & McCarrell, 1977.

⑬ Rumelhart, 1980.

⑭達馬西歐提出了類似的區別（A. R. Damasio, 1999）。

⑮因此，爲了在實驗室中研究相信的目的，界定關心的現象似乎沒有什麼問題：**相信**一命題即是接受它爲「眞」（例如：在問卷上標爲「眞」）；**不相信**一命題即把它當作「假」而拒絕；而對一命題的眞假值**不確定**即兩者都不做的意向，但寧可判斷它是「無法決定」。

在我們追尋像相信或不信之類的主觀狀態的神經關聯性時，我們一定得倚賴行爲的報告。因此，呈現一文字陳述——**如美國比瓜地馬拉大**——給一實驗對象並看他標下「眞」時，我們可能起念是否能把他的話當眞。他**眞的**相信美國比瓜地馬拉大嗎？換句話說，這個陳述眞的對他**看來是眞的**嗎？這相當像參照一個剛做了詞彙決定任務的研究對象，擔心所給予的刺激對他**看來像個詞與否**。雖然擔心實驗對象可能對他們相信的東西做糟糕的判斷，或他們可能企圖欺騙實驗者似乎都合理，但這種顧慮看來是誤置的——或者如果在這裏是恰當的話，那它們應當會困擾所有對人類感知和認知的研究。只要我們滿足於倚賴研究對象來報導他們的知覺判斷（對一所予刺激何時出現或有無出現）或認知判斷（對於它是什麼樣的刺激），則採取對相信、不信、不確定等報告的表面價值，似乎並沒有特別問題。這並沒有忽視欺瞞（或自我欺瞞）、內含認知衝突、被激發的推理、及其他困惑來源的可能性。

⑯Blakeslee, 2007.

⑰這些考慮似乎有點與大衛・瑪爾（David Marr）深具影響的論題衝突，他認爲任何複雜的資訊處理系統，必須先根據其「目標」在「計算理論」(computational theory）的層次（即在最高度抽象的層次）上來理解（Marr, 1982）。當然，根據目標來想極爲有用，因它統一了（也忽略了）非常大量的從下

而上的細節：例如「看」的目標在其神經實現的層次是很複雜的，而且它是藉至少四十條分別的演化途徑達成的（Dawkins, 1996, p. 139）。結果，根據抽象的計算目標來思考「看」就能產生很多意義。然而，在像頭腦這樣的結構中，該系統的「諸目標」是永遠無法事先指定的。我們目前對像腦島這樣的區塊還會「有」什麼別的目標毫無所知。

⑱在神經科學中，對於要把頭腦想成是離散模塊的集合或當成是個分布式、動力的系統，有長久的辯論。然而，看來清楚的是，端賴我們注意的層次，其實兩個觀點都是對的（J. D. Cohen & Tong, 2001）。某些程度的模塊性是頭腦組織的一個無可否認的性質，因爲對一頭腦區的損害能摧毀某特定能力（如認識面孔），但對其他大部分能力的無影響。在細胞類型和連接模式上也有明顯的區別，在各區塊間清晰的表達出明顯的邊界。而且某些程度的模塊性藉由資訊在頭腦中長距離傳遞的局限而得以確保。

雖然區域的專門化是頭腦組織的一般事實，嚴格的分區卻不是：正如已經說過的，頭腦的大部分區域具有多重功能。而且即便在功能特定的區內，其目前功能與可能功能之間的疆界是臨時的、模糊的，而且在個別頭腦的例子中，保證是特異的。例如：頭腦顯示了對病灶性損傷（focal injuries）恢復的一般能力，而這蘊含了徵用其他（通常是鄰接的）腦區並給予新用途。這種考量著我們不能期待頭腦間眞正的同態性（isomorphism）——甚至同一個頭腦跨越時間也不行。

然而，合理的顧慮是，目前神經影像技術的方法往往武斷的偏好模塊論點——以至於在對這種研究無批判力的消費者間，產生頭腦有功能隔離的幼稚圖像。且考慮一下目前最流行的神經影像技術——功能性磁共振成像（fMRI）。這個技術並不會給我們一個對神經活動的絕對計量。反之，它使我們得以比較在兩個實驗狀況中整個腦際血流的變化。例如：我們能比較研究對象相信陳述爲眞的例子與他們相信陳述爲假的例子。結果的成像顯示，在哪個狀況下頭腦的哪個區比較活躍。由於 fMRI 允許我們偵測整個腦際的信號變化，它原則上對廣泛分布的處理或組合的處理並不盲目。但它對血流做爲神經活動標記的倚賴減低了空間與時間的分辨率，而我們用來分析數據的統計技術要求我們把焦點放在相對較大的活動簇。因此，在工具的本質傳達的影像看起來，反倒證實了頭腦功能的模塊組織（參照 Henson, 2005）。就批評者所擔心的而言，問題是這個研究頭腦的方法忽視了在兩種實驗狀況中（如在信與不信中），整個頭腦都在活動的事實，而在這個減法式的手續中沒有殘存下來的區，很可能也涉及了相關資訊處理。

功能性磁共振成像（fMRI）也基於血流的變化，如MR信號中所衡量的血氧水平依賴（BOLD,（blood-oxygen-level-dependent）變化，與神經元活動變化之間有多多少少線性關係的假定。fMRI 的效度雖然一般受到很好的支持（Logothetis, Pauls, Augath, Trinath, & Oeltermann, 2001），但血流與神經活動之間假定的線性關係是否對所有心智過程都成立，則有若干不確定（Sirotin & Das, 2009）。比較大腦從一個狀態到另一個狀態腦功能變化的假定也有潛在問題，這些變化可能只是實驗組件的附加效果〔這常被稱作「純插入」（pure insertion）的問題〕（Friston et al., 1996）。對於BOLD信號變化中指示的是什麼「活動」，也有些疑問。頭腦中血流變化的主要相關看來是突觸前／神經調節活動（presynaptic/neuromodulatory activity）〔像局部場電位（local field potentials）所衡量者〕，而不是軸突尖峰（axonal spikes）。這項事實構成對詮釋 fMRI 數據的一些顧慮：fMRI 無法立即分辨針對一項任務和神經調節的活動；它也不能分辨從下而上與從上而下的處理。事實上，fMRI 可能對興奮訊號與抑制訊號的分別盲目，因爲新陳代謝也會隨抑制增加。例如：似乎相當可能在某所予區復現的抑制與更大的ＢＯＬＤ信號但減低的神經元放電關聯。對這些以及其他該技術的局限之討論，參見Logothetis, 2008; M. S. Cohen, 1996, 2001。即便有這些顧慮，fMRI仍然是非侵入性的研究人類頭腦功能最重要的工具。

一個對fMRI數據更精緻的、神經網絡的分析顯示，具象內容（representational content）——它在數據分析的標準方法下看來是嚴格隔離〔例如在腹側顳葉（ventral temporal lobe）〕的面孔知覺與對象知覺）——其實在更廣泛的皮質區混合與散布。資訊編碼看來並非倚賴嚴格的局部化，而是靠跨越一度以爲是功能上有別的諸區塊的神經反應強度變異的組合模式（Hanson, Matsuka, & Haxby, 2004）。

將心智狀態與頭腦中生理變化相關起來是什麼意思，也有知識論的問題。然而，我雖然認爲所謂意識的「硬問題」（Chalmers, 1996）是科學解釋的眞正障礙，但並不以爲它將全盤阻礙認知神經科學的進步。意識與其內容的區別似乎是至上的。的確我們並不明白意識如何起自神經網絡的無意識活動——甚或它怎能出現。但我們並不需要這種知識來透過神經影像術比較心智的狀態。不妨考慮一下目前文獻中無數例子中的一個：神經科學家已開始探究嫉妒與幸災樂禍如何在神經解剖學上有關。一個小組發現在ＡＣＣ〔前扣帶皮層（anterior cingulate cortex）〕的活動與嫉妒相關，而信號變化的強度，對當研究對象目睹他們嫉妒的人遭逢不幸時，紋狀體（striatum）（這是與報償關聯的一個區）中的活動有預測性（表現出幸災樂禍的樂趣）（Takahashi et al., 2009）。這顯示了關於這些心智狀態之間的某種關係，但它們對反省並不明顯。內側前額葉皮層（ＭＰＦＣ）右側的損傷，妨礙了對嫉妒（一種負面情感）的知覺，同時相似的左側的損傷，則妨礙了對幸災樂禍（一種正面情感）的知覺，這個發現填補了更多的細節（Shamay-Tsoory, Tibi-Elhanany, & Aharon-Peretz, 2007）——因爲對正負心智狀態的偏側性（lateralization）有更廣泛的文獻。就算如此，嫉妒與幸災樂禍的關係，用不著我們得知它們的神經相關，就能心知肚明。但神經影像術的改進，也許有一天能使我們對這些心智狀態間的關係瞭解得更精準。這可能帶來概念上的驚奇，乃至個人的頓悟。而且如果最有利於人類安康的心智狀態與能力，有一天能按照它們基底的神經生理學來瞭解，神經影像術也許會變成達至開明的倫理學途徑之不可分割的一部分。

在我看來，這個前線的進步並不需要我們解決意識的「硬問題」（甚或容許解決）。當比較心智狀態時，人類意識的實在是個所予條件。我們無需理解意識如何和原子的行爲關聯，便可以就神經生理學的條件研究像愛、悲憫、信任、貪婪、恐懼、憤怒之類的感情如何不同（及如何互動）。

⑲ 大部分對皮質樹突（cortical dendrites）的輸入來自皮質同區的神經元：極少數來自其他皮質區或上升的路徑。例如：對視覺皮質第四層的輸入只有百分之五到百分之十來自丘腦（thalamus）（R. J. Douglas & Martin, 2007）。

⑳ 即便「祖母細胞」（grandmother cells）明顯的（有條件的）存在（Quiroga, Reddy, Kreiman, Koch, & Fried, 2005）。對心靈表徵之傳統「連結論」（connectionist）的批判性探討，見 Doumas & Hummel, 2005。

㉑ 這些數據隨後發表在 Harris, S., Sheth, & Cohen 2008。

㉒ 神經影像數據的**事後歸因**分析（post-hoc analysis）是許多研究的限制，而在原來的論文中，我們承認區分腦功能特定模型預測的結果以及起自缺乏先驗假設的結果兩者的重要性。即便有此警告，

我相信一般科學，尤其是神經科學，過於強調描述性研究與假設驅動的研究兩者之間的區別。總是必須先有個實驗觀察，而我們再做後續研究也不會更趨近物理眞實。第一個觀察到對描繪面容之視覺刺激做出反應而在右梭狀回（right fusiform gyrus）引起血流變化的人（Sergent, Ohta, & MacDonald, 1992）——而在這些數據的基礎上做出皮質的這個區在面容識別上扮演了一個角色——是個科學歸納的完全合理的例子。對這些結果接續的證實，增加了我們對這第一套數據的集體信心（Kanwisher, McDermott, & Chun, 1997），但並不構成超越第一個研究的知識論的進步。所有後續把梭狀回當作値得關注之區的假設驅動的研究，增加了它所根據的描述性研究的合理性（或者如神經科學常有的情況，從純粹描述的、臨床的文獻）。如果初始的描述性有錯，那麼任何基於它的假設都會是空的（或者只是意外的正確）；如果初始的工作有效，那麼後續工作不過是支持它，而且也許建立在其上。菲尼亞斯・蓋奇（Phineas Gage）與H・M・所受的傷是非故意的、描述性的實驗，而從這兩個病例所得到的龐大資訊——可說比神經科學史上任何兩個實驗所得知者都多——並不因缺少先前假設而有缺憾。的確，這兩個臨床觀察變成了其後所有關於額葉和顳葉（frontal and medial temporal lobes）功能的假設的基礎。

㉓ E. K. Miller & Cohen, 2001; Desimone & Duncan, 1995。雖然對前額葉皮層（ＰＦＣ）的損傷可能造成一系列的缺陷，但最常見的是胡亂的、不妥的、衝動的行爲，以及沒能力習得新的行爲規矩（Bechara, Damasio, & Damasio, 2000）。如許多父母可作證，人類自我規制的能力直到青春期以後才會完全發展；這是ＰＦＣ中的白質連結終於成熟的時候（Sowell, Thompson, Holmes, Jernigan, & Toga, 1999）。

㉔ Spinoza, [1677] 1982.

㉕ D. T. K. Gilbert, 1991; D. T. K. Gilbert, Douglas, & Malone, 1990; J. P. Mitchell, Dodson, & Schacter, 2005.

㉖ 這個眞值偏見可能與後來叫作「確認偏誤」（confirmation bias）或積極測試策略（positive test strategy）在啓發式推理互動（或爲其基底）上有關（Klayman & Ha, 1987）：人們往往尋找確定一假設的證據而不找推翻它的證據。這種策略已知常產生推理錯誤。我們偏向相信的偏見也許也解釋了「虛幻眞實效應」（illusory-truth effect），即不過接觸到一命題，甚至連該命題被顯示爲假或歸因於不可靠的來源，都會增加日後記得它爲眞的可能性（Begg, Robertson, Gruppuso, Anas, & Needham, 1996; J. P. Mitchell et al., 2005）。

㉗ 這是出於在不信的試驗中比相信的試驗中信號減少得較多。頭腦的這個區已知有高水平的休息狀態的活動，而當與許多樣認知任務的基線比較時，呈現活動減低（Raichle et al., 2001）。

㉘ Bachara et al., 2000。內側前額葉皮層（ＭＰＦＣ）也被納入高情緒突出的推理任務所啓動（Goel & Dolan, 2003b; Northoff et al., 2004）。具有ＭＰＦＣ損傷的個人，在多種執行功能任務上測驗正常，但常未能把適當的情緒反應整合進他們對世界的推理。他們也未能正常的習慣於不愉快的體感刺激（Rule, Shimamura, & Knight, 2002）。在此區連結做決定與情感的線路似乎相當特定，因爲ＭＰＦＣ損傷並不擾亂恐懼制約或靠情緒化刺激的正常記憶調節（Bechara et al., 2000）。這些人雖然對他們行動的可能結果能做出適當的推理，但似乎不能感覺出好壞選擇之別。

㉙ Hornak et al., 2004; O’Doherty, Kringelbach, Rolls, Hornak, & Andrews, 2001.

㉚ Matsumoto & Tanaka, 2004.

㉛ Schnider, 2001.

㉜ Northoff et al., 2006.

㉝ Kelley et al., 2002.

㉞ 與相信及不確定相比較時，不信在我們的研究中是與前島（anterior insula）的雙側激活（bilateral activation）關聯，那是一個味覺的主區（Faurion, Cerf, Le Bihan, & Pillias, 1998; O'Doherty, Rolls, Francis, Bowtell, & McGlone, 2001）。這個區廣泛的被認爲涉及像厭惡（Royet, Plailly, Delon-Martin, Kareken, & Segebarth, 2003; Wicker et al., 2003）、避免傷害（Paulus, Rogalsky, Simmons, Feinstein, & Stein, 2003）、及在決定任務中期待損失等（Kuhnen & Knutson, 2005）負面效價的感覺。前島也被與痛感連結（Wager et al., 2004），而且甚至與對別人之痛的知覺連結（T. Singer et al., 2004）。前島中的活動與負面情緒反應頻仍的關聯看來，對不信的情緒基調至少有臨時的意義。

雖然嫌惡通常被歸類爲人類的一種主要情感，但嬰兒和學步兒看來感覺不到（Bloom, 2004, p. 155）。這可說明他們一些引人注目的不文明行爲的表現。有趣的是，患了亨廷頓氏病（Huntington's disease）的人，以及症狀發生前的帶 H D 等位基因者，表現出對嫌惡減低的感覺，而且一般不能認出別人的情緒（Calder, Keane, Manes, Antoun, & Young, 2000; Gray, Young, Barker, Curtis, & Gibson, 1997; Halligan, 1998; Hayes, Stevenson, & Coltheart, 2007; I. J. Mitchell, Heims, Neville, & Rickards, 2005; Sprengelmeyer, Schroeder, Young, & Epplen, 2006）。許多研究顯示，認知缺陷與前島活動降低有所關聯（Hennenlotter et al., 2004; Kipps, Duggins, McCusker, & Galder, 2007）——不過其他研究也已發現，H D 病人與帶基因者在處理一系列的（主要是負面的）情感上受損：包括嫌惡、憤怒、恐懼、悲傷、詫異等（Henley et al., 2008; Johnson et al., 2007; Snowden et al., 2008）。

我們必須小心，別以這些數據爲基礎，在不信與嫌惡（或其他任何心智狀態）之間畫出一個太強的連結。雖然與這些心智狀態之間的連結在直覺上似乎言之成理，但將不信與嫌惡畫上等號，代表了在神經影像術的領域中已知有問題的一種「逆向推理」(reverse inference)(Poldrack, 2006)。我們無法只在頭腦數據的基礎上就可靠的推斷一心智狀態的存在，除非已知該頭腦區對單一心智狀態眞是選擇性的。例如：如已知前島在若且唯若研究主體經驗嫌惡時是活躍的，那麼我們就能對嫌惡在不信中的角色做出相當強烈的推斷。但很少有頭腦區的功能是那麼選擇性的來將這種推斷合理化。例如：前島看來涉及了範圍廣泛的中性／正面狀態——包括時間感、音樂欣賞、自我認識、微笑等（A. D. Craig, 2009）。

而且嫌惡也許有許多形式：雖然許多研究對象往往把範圍廣泛的刺激評等成同樣「討厭」，但有一組發現了與病原相關的動作、社交—性行爲（如亂倫）、及非性的道德違犯等，驅動了不同（但重疊）的頭腦網絡（J. S. Borg, Lieberman, & Kiehl, 2008）。使事情更複雜的是，除了研究對象對亂倫的反應外，他們並沒發現腦島牽連到任何這種嫌惡處理。這個組不單單是暗示腦島也許對嫌惡並非選擇性的，而可能對其他因素一般更敏感，包括自我監視及情感顯著特點。正如作者們所指出的，詮釋這些結果的困難，被他們的研究對象進行的是項記憶任務的這個事實所加重，直到掃描結束後，研究對象並沒被要求明白的評價一刺激有多討厭。這也許是與腦島活動反向的選擇；至少有另一研究表明在對注意到的刺激反應時，腦島也許只是優先活躍（Anderson, Christoff, Panitz, De Rosa, & Gabrieli, 2003）。

㉟這些結果似乎拆了道德哲學中一個被廣爲接受觀點的台，該觀點一般描述做「非認知論」（noncognitivism）。非認知論者認爲道德主張缺乏命題內容，因此，並不表達對世界的眞正信念。對這個觀點不幸的是，我們的頭腦看來對這個後設倫理學的突破並無知覺：我們似乎以接受其他任何事實陳述的同樣方式來接受道德主張之眞。

在這個對相信的第一個實驗中，我們也分析了頭腦對沒把握的反應：即對一命題的眞值無法判斷的心智狀態。不知道我們相信者是否爲眞——**該旅館是在大街的北邊呢，還是在大街的南邊**？**他是在跟我說話呢，還是跟我背後的人說話**？——有明顯的行爲／情感後果。沒把握會防止思想與後續行爲／情感之間的連結形成。它在這方面能與相信和不信馬上區別，因爲在後者的狀態中，心智已經安排好一特定的、可行動的對世界的表徵。我們研究的結果表明有兩個機制也許能說明這個差別。

沒把握低於相信和**沒把握低於不信**兩對比在前扣帶皮層（ACC, anterior cingulate cortex）中產生了信號。頭腦的這個區曾被廣泛的牽連到錯誤偵知（Schall, Stuphorn, & Brown, 2002）和反應衝突（Gehring & Fencsik, 2001），而且固定對認知負荷和干擾的增加起反應（Bunge, Ochsner, Desmond, Glover, & Gabrieli, 2001）。它也被顯示在痛感上扮演了一個角色（Coghill, McHaffie, & Yen, 2003）。

相反的對比，**相信低於沒把握**和**不信低於沒把握**，則顯示了在尾狀核（caudate nucleus）信號的增加，尾狀核是基底神經節（basal ganglia）的部分。基底神經節的主要功能之一，就是提供一條路徑讓皮質的關聯區能影響運動動作。尾狀核在多種動物研究中展現了內容針對性的、期待的、及與報償有關的活動（Mink, 1996），並且在人類與認知計劃關聯（Monchi, Petrides, Strafella, Worsley, & Doyon, 2006）。它也被顯示當與無回饋的推理及猜測任務比較時，在同樣兩種任務中皆會有回饋反應（Elliott, Frith, & Dolan, 1997）。

用認知的說法，回饋的一個主要特徵就是它系統性的除去沒把握。當與沒把握比較時，相信和不信兩者都在尾狀核顯示了高度的局部化信號變化，從這項事實看來，基底神經結線路涉入了對世界的言語表徵的接受或拒絕。德爾加多與共同作者表明對回饋的尾狀核反應能被先前的期待調節（Delgado, Frank, & Phelps, 2005）。在一個由三名假設的（中性的、好的、壞的等）搭檔玩的信任遊戲中，他們發現中性者違規時尾狀核反應強烈，而對壞搭檔反應程度較低，但對認定道德上好的搭檔犯規則毫無反應。根據他們的說法，似乎對一搭檔在道德上是好的認定導致研究對象們忽視或不算回饋。這個結果似乎與我們自己的趨同：我們或許可說在他們的研究中，當一位被信任的合作者未能合作時，研究對象們似乎不確定該做什麼結論。

前扣帶皮層（ACC）和尾狀核顯示了一程度不凡的連通性，正如同用外科手術損害ACC〔一種叫作**扣帶回切開術**（cingulotomy）的手術〕造成尾狀核的萎縮，而這個通道的中斷被認爲是該手術治療像強迫症（obsessive-compulsive disorder）那樣病狀效果的基礎（Rauch et al., 2000; Rauch et al., 2001）。

然而，沒把握有不同類型。例如：在期待的不確定——一個人知道他自己的觀察不可靠——與未期待的不確定——環境中的什麼指出事情不是它們表面所顯示的那樣——之間有所差別。這兩種認知方式的差別，曾根據它們的基底神經生理學在貝葉斯統計框架（Bayesian statistical framework）下分析過。看來期待的不確定大致由**乙醯膽鹼**（acetylcholine）調和了，而未期待的不確定則由去甲腎上腺素（norepinephrine）調和了（Yu & Dayan, 2005）。行爲經濟學家有時會區分「風險」（risk）和「模糊」（ambiguity）：前者是或然率能被衡量的一種情況，如一局輪盤賭博，後者是少了資訊帶來的不確定。在一個風險的狀況下，即使或然率非常低，人們一般比較願意下賭注，而不願在少了資訊的情況下行動。有一組發現模糊與背紋狀體（dorsal striatum）〔尾狀核／殼核（caudate/putamen）〕中的活動負相關（Hsu, Bhatt, Adolphs, Tranel, & Camerer, 2005）。這個結果與我們的非常符合，因爲我們的刺激激發的不確定會採取「模糊」而不是「風險」的形式。

㊱有許多因素使我們的判斷偏頗，包括：估計數量時的任意錨定、估計頻率時的可得性偏見、對後果的先前或然率的不敏感、對隨機性的誤解、非回歸預測（nonregressive prediction）、對樣本大小的不敏感、虛幻的正相關、過度自信、重視沒價值的證據、後見之明偏見、確認偏誤（confirmation bias）、基於容易想像的偏見、以及其他非規範性思考方式。參見 Baron, 2008; J. S. B. T. Evans, 2005; Kahneman, 2003; Kahneman, Krueger, Schkade, Schwarz, & Stone, 2006; Kahneman, Slovic, & Tversky, 1982; Kahneman & Tversky, 1996; Stanovich & West, 2000; Tversky & Kahneman, 1974。

㊲Stanovich &West, 2000.

㊳Fong et al., 1986/07。再一次，問某事是否在理性上或道德上是規範性的，與問它是否在演化上是適應的有所區別。有些心理學家想藉提出研究對象利用對我們的祖先賦予了適應適存（adaptive fitness）的啓發式方法（heuristics），來把對認知偏見研究的意義最小化。正如斯坦諾維馳及維斯特（Stanovich and West, 2000）所評述的，對基因好的未必能促進個體的利益。我們也能補充說明，在一脈絡中對個體好的，在另一脈絡中對他未必好。可能（或可能不）曾將我們在面對面衝突（及其解決）中優化的認知機制與情感機制，顯然並未準備好去交涉從遠方發起的衝突——無論藉電子

郵件或其他長程武器。

㊴ Ehrlinger, Johnson, Banner, Dunning, & Kruger, 2008; Kruger & Dunning, 1999.

㊵ Jost, Glaser, Kruglanski, & Sulloway, 2003。阿莫迪歐與共同作者（Amodio et al., 2007）利用ＥＥＧ，來研判自由派和保守派在反應／不反應任務（Go/No-Go task）上神經認知功能的差別。他們發現自由主義與在前扣帶皮層（ＡＣＣ）增加的事件有關潛能正相關。藉由ＡＣＣ在調和認知衝突上已爲大家所接受的角色，他們做出結論：這個差異也許部分解釋了爲什麼自由派比保守派在自己的方式上沒那麼固定，而更能察覺細微差別、曖昧等等。因茲利赫特（Inzlicht, 2009）在不信教者／信教者之間，發現了近乎一致的結果。

㊶ Rosenblatt, Greenberg, Solomon, Pyszczynski, & Lyon, 1989.

㊷ Jost et al., 2003, p. 369.

㊸ D. A. Pizarro & Uhlmann, 2008.

㊹ Kruglanski, 1999。心理學家德魯・韋斯騰（Drew Westen）描述有動機的推理爲「一種隱式影響調控的形式，大腦在其中彙集能將負面影響最小化、正面影響最大化的解決之道」（Westen, Blagov, Harenski, Kilts, & Hamann, 2006）。看來十分恰當的。

㊺ 在宗教的領域中，這個原則常令人吃驚的及不自覺的崩解，這項事實正是爲什麼我們能合理質問世界的宗教到底有沒有與現實脫節。

㊻ Bechara et al., 2000; Bechara, Damasio, Tranel, & Damasio, 1997; A. Damasio, 1999.

㊼ S. Harris et al., 2008.

㊽ Burton, 2008.

㊾ Frith, 2008, p. 45.

㊿ Silver, 2006, pp.77-78.

51 但這種等位基因（allele）也曾被連結到多種心理特質，像追尋新奇和性格外向，這也許說明了它爲什麼能在基因組中持續存在（Benjamin et al., 1996）。

52 Burton, 2008, pp. 188-195.

53 Joseph, 2009.

54 Houreld, 2009; LaFraniere, 2007; Harris, 2009.

55 Mlodinow, 2008.

56 Wittgenstein, 1969, p. 206.

57 類比推理（analogical reasoning）一般認爲是歸納的一種形式（Holyoak, 2005）。

58 Sloman & Lagnado, 2005; Tenenbaum, Kemp, & Shafto, 2007.

59 對關於演繹推理文獻的回顧，見 Evans, 2005。

60 參照 J. S. B. T. Evans, 2005, pp. 178-179。

61 例如：Canessa et al., 2005; Goel, Gold, Kapur, & Houle, 1997; Osherson et al., 1998; Prabhakaran, Rypma, & Gabrieli, 2001; Prado, Noveck, & Van Der Henst, 2009; Rodriguez-Moreno & Hirsch, 2009; Strange, Henson, Friston, & Dolan, 2001。戈埃爾與多蘭（Goel & Dolan, 2003a）發現，當三段論法的推理被強烈的信念偏見調節時，腹內側前額葉皮層（ventromedial prefrontal cortex）被優先佔用，同時沒有有力偏見的這種推理

看來是被（右）外側前額葉皮層（lateral prefrontal cortex）更大的活動驅動。埃利奧特與共同作者（Elliot et al., 1997）發現，猜測顯然是被腹內側前額葉皮層所介導。貝沙拉與共同作者（Bechara et al., 1997）報告，遭受腹內側前額葉傷害的病人在從事賭博性任務時，未能根據他們的正確概念信念行動。在我們二〇〇八年的研究以前，這些發現如何涉及相信和不信本身並不清楚。然而，它們暗示內側前額葉皮層（medial prefrontal cortex）會在我們感興趣的諸區中。

做決定雖然一定與對相信的處理有關，但神經科學家往往研究的「決定」是那些在感官區別的測驗中先於隨意運動者（Glimcher, 2002）。這種運動的引發需要對一目標刺激已出現了的判斷——我們甚至可以說這蘊含了對一事件已發生了的「信念」——但這種研究並非設計來檢查做爲一命題態度的相信。在面對潛在報償時做決定，顯然任何想理解人類行爲與動物行爲根源的人都極感興趣，但對相信本身的連結看來是牽強的。例如：在視覺決定任務中（在其中猴子被訓練來偵知隨機點的連貫運動，並以眼睛的動作來示意它們的方向），戈爾德和沙德稜發現，負責這個感官判斷的頭腦區正是接著引發行爲反應的區（Gold & Shadlen, 2000, 2002; Shadlen & Newsome, 2001）。神經元在這些區中看來是做爲感官資訊的整合者，只要一達到啓動的門檻就引發訓練好的行爲。因此，我們可能禁不住想說，對一刺激正朝左移動的「信念」位於外側頂內溝區（the lateral intraparietal area）、額葉眼區（the frontal eye fields）、和上丘（the superior colliculus）——因爲這些是引發眼睛運動的腦區。但這裏我們在談的是一隻猴子的「信念」——一隻被訓練好的猴子在期待當即報償時，對一特定刺激產生一刻板印象型的反應。這不是我一向研究主題的那種「信念」。

關於做決定的文獻一般都尋求針對隨意動作、錯誤偵測、報償等之間的連結。只要頭腦的報償系統涉及了一特定行爲將導致未來報償的預測，我們就可能說這是個信念形成的事情——但沒有什麼指出這種信念是明確的、經語言介導的、或命題的。我們知道它們不會是的，因大部分報償處理的研究是對老鼠、猴子、山雀、鴿子等做的。這個文獻研究了感官判斷和運動反應之間的連結，而不是在命題眞値的事項上信與不信的差異。這並不是要極力貶低在這個領域中所發生的引人入勝的進步。其實，使行爲生態學家得以說明動物群覓食行爲的經濟模型，也使神經生理學家得以描述支配個別動物對差別報償反應的神經元組件的行動（Glimcher, 2002）。對神經經濟學也有增長中的文獻，它們用神經影像術檢查人類決策（以及信任和互惠）。上述研究的部分成果，本書將予以討論。

62 使用像多變項模式分類（multivariate pattern classification）之類的精緻數據分析技巧，使這個變得特別可行（Cox & Savoy, 2003; P. K. Douglas, Harris, & Cohen, 2009）。大部分 fMRI 數據的分析是單變項的，而且只找頭腦中每個點的行動與任務範式（task paradigm）之間的正相關。這個研究法忽略了諸區間一定存在的交互關係。考克斯和薩沃伊展示了一個多變項的研究法，在其中統計模式識別法被用來跨越所有區以尋找正相關，允許了以對行動的分布模式更敏感得多的方式，來對 fMRI 數據做一個非常巧妙的分析（Cox & Savoy, 2003）。用這個研究法，他們就能對一研究對象的實驗運行只檢查二十秒，就能決定他在（從十個可能的類型中）看什麼視覺刺激。

馬克・科恩在洛杉磯加州大學的認知神經科學實驗室的一位研究生，潘美拉・道格拉斯（Pamela Douglas），最近採用了相似的研究法來分析我原來的信念數據（P. K. Douglas, Harris, & Cohen, 2009）。她首先對我們研究對象的三次掃描做各別獨立成分（ＩＣ）分析，以創造一個未督導的機器學習分類器。然後她選擇對應於接著「信」或「不信」事件的血液動力學反應函數（ＨＲＦ）(hemodynamic response function）最大值的ＩＣ時間歷程值。這些值送進一個選擇過程，從而把「好預報者」的ＩＣ轉化成訓練樸素貝葉斯分類器（Naïve Bayes classifier）的分類網絡中的特徵。道格拉斯爲測試她分類的正確性，進行了一項留一交叉驗證（leave-one-out cross-validation）。利用這個準繩，她的樸素貝葉斯分類器在百分之九十的時間正確標示了「排除在外」試驗。既有這樣的結果，再把硬體和數據分析技巧兩者進一步精化，fMRI 能成爲一個準確的測謊手段就似乎不再是不著邊際了。

㊸ Holden, 2001.

㊹ Broad, 2002.

㊺ Pavlidis, Eberhardt, & Levine, 2002.

㊻ Allen & Iacono, 1997; Farwell & Donchin, 1991。斯賓斯與共同作者（Spence et al., 2001）顯然發表了最早的關於詐騙的神經影像學研究。他們的研究提出「詐騙」與在腹外側前額葉皮層（BA 47）(ventrolateral prefrontal cortex）活動的雙側會增加關聯，那是一個常與反應壓抑及不當行爲的抑制關聯的區（Goldberg, 2001）。

然而，斯賓斯研究的結果容易受到一些明顯局限的影響——也許最昭然若揭的，就是藉視覺提示精確地告訴研究對象什麼時候撒謊。不消說，這大大的奪取了實驗的逼眞性。在詐騙的自然生態學中，潛在的騙子必須注意何時問題拉近了他矢志掩飾的事實地帶，而且他必須隨著情況的允許來撒謊，同時遵守他與跟他談話的人觀點一致的邏輯條理和一貫性（値得注意的是，一個人除非遵守推理的規範及信念形成的規範，否則不可能撒謊成功。這毫不意外）。被要求回應視覺提示來自動撒謊，並未模擬通常的詐騙行動。斯賓斯與共同作者在一個後續的研究中做了很多來補救這個問題，讓研究對象在有關他們個人史的題目上自由裁量是否要撒謊（Spence, Kaylor-Hughes, Farrow, & Wilkinson, 2008）。這項研究大致複製了他們對於腹外側前額葉皮層主要牽涉的發現（不過現在幾乎完全在左半球）。還有其他對詐騙的神經影像研究——如「內疚知識」（Langleben et al., 2002）、「假裝的記憶受損」（Lee et al., 2005）等等——但除了可靠的找到任何一個這些狀態的神經相關性外，挑戰之處在於找到一個能對所有形式的詐騙概括化的結果。

這些研究藉由我們透過神經影像術來偵測詐騙的扎實基礎並不完全明顯。焦點放在信與不信的神經相關性上，也許免除了存在於諸類型的詐騙之間的任何差別、刺激表現的方式等等。例如：在否認什麼是眞與聲稱什麼是假之間有差別嗎？把問題以要相信還是不信的命題來重述，也許繞過了謊言的「方向性」所構成的任何問題。另一組研究者（Abe et al., 2006）採納的步驟是，藉由要求研究對象交替的否認眞的知識和主張假的知識來解決定向性的問題。然而，這個研究也遭受通常的局限，因爲研究對象被指導什麼時候撒謊，而他們的謊言受限於是否先前看過一實驗的刺激。

對信念的一個功能性神經解剖或許也能增加我們對安慰劑反應的理解——它對審查藥品的過程可以既意義深遠又深刻無益。例如：抗抑鬱藥的百分之六十五到百分之八十的效果似乎可歸於正面的期待（Kirsch, 2000）。甚至還有手術方式雖然有效，但並不比騙人的手術更有效（Ariely, 2008）。雖然一些神經影像的工作已在這個領域實施了，但安慰劑反應目前僅就徵候解除來操作，而不顧及研究對象的基底心態（Lieberman et al., 2004; Wager et al., 2004）。找到相信的神經相關性，也許能使我們最終在藥品設計的過程中控制這個效果。

(67) Stoller & Wolpe, 2007.

(68) Grann, 2009.

(69) 然而，有理由懷疑我們目前的神經影像學方法（像fMRI）將產生一個實用的讀心術。功能性磁共振成像研究做爲一組方法有若干重要的局限。也許首先與最重要的就是統計力和敏感性的局限了。我們如果選擇極爲保守的門檻來分析我們的數據，以排除類型一（假的正反應）偵測錯誤的可能性，這就必然會增加類型二（假的負反應）的錯誤。更進一步的是，大部分研究不加疑問的想定對整個頭腦一致的偵測敏感度，這個條件已知違反了爲fMRI所使用的低頻寬、快影像掃描。磁場非均勻性（field inhomogeneity）也往往增加了運動僞差（motion artifacts）的程度。當運動與刺激聯繫起來時，這能產生假的正啓動，尤其在皮層中。

我們可能也發現神經影像學的基底物理學只容許一點點範圍的人類機巧。如果這樣的話，便宜的、隱蔽的測謊可能永遠不會降臨，而我們將被迫去倚賴貴得不得了、累贅得不得了的技術。即便如此，我認爲可以安全的說，在分量最重的事情上——像是在法院、在大陪審團面前、在重要的商業交涉中等等——想在現實上撒謊將變得不可能的日子不遠了。當然，這項事實將被廣爲公布，而只要利害關係大，相應的科技就會被期待就位或可用。這項保證本身，而不是不斷的使用這些機器，將改變我們。

(70) Ball, 2009.

(71) Pizarro & Uhlmann, 2008.

(72) Kahneman, 2003.

⑬Rosenhan, 1973.

⑭McNeil, Pauker, Sox, & Tversky, 1982.

⑮還有其他推理偏見能影響醫療決定。例如：周知兩個類似抉擇的存在能產生「決定的衝突」，使偏向於第三種選擇。在一項實驗中，神經專科醫生與神經外科醫生被要求決定讓哪個病人先動手術。一半的研究對象在一位五十出頭的婦人和一位七十多歲老頭之間做選擇。另一半給了同樣的兩位病人，加上另一位與第一位很難區別的五十出頭的婦人：在第一個情節中，百分之三十八38％的醫生選擇對老頭子動手術；在第二個情節中百分之五十八選擇他（LaBoeuf & Shafir, 2005）。這是比乍看之下可能更顯然的大改變：在第一個例子中，該婦人得到動手術的機會是百分之六十二；在第二個則爲21％。

4 宗教

①Marx, [1843] 1971.

②Freud, [1930] 1994; Freud & Strachey, [1927] 1975.

③Weber, [1922] 1993.

④Zuckerman, 2008.

⑤Norris & Inglehart, 2004.

⑥Finke & Stark, 1998.

⑦Norris & Inglehart, 2004, p. 108.

⑧然而，社會經濟的不平等看來未能說明穆斯林世界中的宗教極端論，因那兒的激進分子平均比穩健者富有及受過更多教育（Atran, 2003; Esposito, 2008）。

⑨http://pewglobal.org/reports/display.php?ReportID=258.

⑩http://pewforum.org/surveys/campaign08/.

⑪Pyysiäinen & Hauser, 2010.

⑫Zuckerman, 2008.

⑬Paul, 2009.

⑭Hall, Matz, & Wood, 2010.

⑮世界價值調查（World Values Survey）(www.worldvaluessurvey.org）數十年來對「主觀安康」（SWB, subjective well-being）的跨文化研究指出，宗教可能在社會發展、安全、及自由處於低水平時，對人類的幸福和生活滿足做出重大貢獻。然而，最幸福與最安全的諸社會往往是最世俗的。對一個社會的中數ＳＷＢ的最佳預測指標，就是社會容忍力（對同性戀者、兩性平等、其他宗教等等）和個人自由（Inglehart, Foa, Peterson, & Welzel, 2008）。當然，容忍力和個人自由是直接連結的，而且兩者中沒有哪個看來在正統宗教的陰影下能夠繁榮。

⑯Paul, 2009.

⑰Culotta, 2009.

⑱Buss, 2002.

⑲多虧生物學家傑利・柯尼指出這點（個人通訊）。然而，神經科學家馬克・科恩更進而評述（個人

通訊），許多傳統社會對男性濫交比女性濫交要容忍得多——例如：對被強姦者的制裁常和對施暴者的制裁同樣嚴重，甚或更嚴重。科恩推測在這種例子中，宗教也許對生物性的衝動本能提供了事後歸因的正當化。也許是這樣吧。我只想補充，在這裏跟在別的地方一樣，將人類安康最大化的任務與更新世的生物性本能是明白切割的。

⑳ Foster & Kokko, 2008

㉑ Fincher, Thornhill, Murray, & Schaller, 2008.

㉒ Dawkins, 1994; D. Dennett, 1994; D. C. Dennett, 2006; D. S. Wilson & Wilson, 2007; E. O. Wilson, 2005; E. O. Wilson & Holldobler, 2005, pp. 169-172; Dawkins, 2006.

㉓ Boyer, 2001; Durkheim & Cosman, [1912] 2001.

㉔ Stark, 2001, pp. 180-181.

㉕ Livingston, 2005.

㉖ Dennett, 2006.

㉗ http://pewforum.org/docs/?DocID=215.

㉘ http://pewforum.org/docs/?DocID=153.

㉙ Boyer, 2001, p. 302.

㉚ Barrett, 2000.

㉛ Bloom, 2004.

㉜ Brooks, 2009.

㉝E. M. Evans, 2001.

㉞Hood, 2009.

㉟D'Onofrio, Eaves, Murrelle, Maes, & Spilka, 1999.

㊱Previc, 2006.

㊲此外，一特定類型的血清素受體（serotonin receptor）的密度，已與在氣質與性格量表（Temperament and Character Inventory）的「精神接納」亞分量表上得高分呈負關聯（J. Borg, Andree, Soderstrom, & Farde, 2003）。

㊳Asheim, Hansen & Brodtkorb, 2003; Blumer, 1999; Persinger & Fisher, 1990.

㊴Brefczynski-Lewis, Lutz, Schaefer, Levinson, & Davidson, 2007; Lutz, Brefczynski-Lewis, Johnstone, & Davidson, 2008; Lutz, Greischar, Rawlings, Ricard, & Davidson, 2004; Lutz, Slagter, Dunne, & Davidson, 2008; A. Newberg et al., 2001.

㊵Anastasi & Newberg, 2008; Azari et al., 2001; A. Newberg, Pourdehnad, Alavi, & d'Aquili, 2003; A. B. Newberg, Wintering, Morgan, & Waldman, 2006; Schjoedt, Stodkilde-Jorgensen, Geertz, & Roepstorff, 2008, 2009.

㊶S. Harris et al., 2008.

㊷Kapogiannis et al., 2009.

㊸S. Harris et al., 2009.

㊹D'Argembeau et al., 2008; Moran, Macrae, Heatherton, Wyland, & Kelley, 2006; Northoff et al., 2006; Schneider et al., 2008.

㊺ Bechara et al., 2000.

㊻ Hornak et al., 2004; O'Doherty et al., 2003; Rolls, Grabenhorst, & Parris, 2008.

㊼ Matsumoto & Tanaka, 2004.

㊽ 對基督徒和非信徒的一個**信仰低於不信**的直接比較，並沒顯示對非宗教刺激的集體差異。對宗教刺激，頭腦有額外的區的確因群體而異；然而，對這些結果最好的解釋，是兩個群體對違犯宗教教義的陳述（即「褻瀆上帝的」陳述）都有共同反應。

相反的對比，**不信低於信仰**，在額上溝（superior frontal sulcus）和中央前回（precentral gyrus）產生信號的增加。這些區的參與不能立即根據先前的研究解釋。然而，一個興趣區分析顯示了，對這個對比在腦島有訊號的增加。這局部複製了我們以前對此對比的發現及支持卡波吉安尼斯等人（Kapogiannis et al.）的研究，他們也發現腦島中的訊號與對被認爲假的宗教陳述的拒絕相關。前腦島對負面情緒／評估的意義前面已經討論過了。由於卡波吉安尼斯等人在他們的實驗中沒有包括一個非宗教的控制條件，他們把腦島的徵用當作對有信仰的人可能激發「反感、內疚、或對失去的恐懼」之違犯宗教教義的徵象。反之，我們先前的工作表明腦島對一般不信都活躍。

在我們的研究中，基督徒看來對腦島信號做出最大的雙側貢獻，同時從兩個群體來的彙總數據只在左半球產生訊號。卡波吉安尼斯等人也發現，信教的研究對象在不信試驗上產生雙側的腦島訊號，同時來自信徒與不信者兩者的數據只在左側產生訊號。綜合起來，這些發現表示就腦島活動而言，宗教信徒與不信者之間可能有群體差異。其實，因巴爾等人發現加劇的嫌惡感是社會保守主義的預測（藉自我報告的對同性戀反應的嫌惡來衡量）(Inbar, Pizarro, Knobe, & Bloom, 2009)。我們在第一個研究中對這個對比發現了，雙側腦島信號也許能用我們在招募研究對象時沒有對宗教信仰（或政治傾向）做控制的事實來解釋。在美國不信教者的稀罕，甚至連在大學校園中，我們可期待在我們的第一個研究中大部分研究對象擁有某程度的宗教信仰。

㊾即使兩個群組在我們實驗的一半試驗中接受或拒絕相反的陳述，我們還是得到這些結果。這似乎排除了我們的數據能被參加我們的研究者認爲是「眞」或「假」之外的諸刺激性質解釋。

㊿Wager et al., 2004.

(51)T. Singer et al., 2004.

(52)Royet et al., 2003; Wicker et al., 2003.

(53)Izuma, Saito, & Sadato, 2008.

(54)另一個看來因思考宗教而優先參與的關鍵區爲後內側皮質（posterior medial cortex）。這個區是在休息與自我參照任務時顯示較大活動的「休息狀態」網絡的部分（Northoff et al., 2006）。有可能對宗教刺激與非宗教刺激反應的一個差別在於，對兩組而言，一個人的答案用於肯定他或她的身分：即對每個宗教試驗，基督徒都明白肯定他們的宗教世界觀，同時非信徒則明白否認宗教宣稱的眞實性。相反的對比，**非宗教低於宗教陳述**，在左半球記憶網絡中產生了較大的信號，包括海馬體（hippocampus）、海馬旁回（parahippocampal gyrus）、顳中回（middle temporal gyrus）、顳極（temporal pole）、扣帶皮層（retrosplenial cortex）等。廣爲所知，海馬體和海馬旁回涉及記憶檢索（Diana, Yonelinas, & Ranganath, 2007）。前顳葉（anterior temporal lobe）也參與語意記憶任務（K. Patterson, Nestor, & Rogers, 2007），而扣帶皮層（retrosplenial cortex）展現出特別強的與內側顳葉（medial temporal lobe）中結構的相互連通性（Buckner, Andrews-Hanna, & Schacter, 2008）。如是，在我們的研究中呈現的對非宗教刺激的判斷，似乎更倚賴涉及接觸儲存知識的頭腦系統。

在我們的宗教刺激，與基督教教義相反的陳述的亞集，對兩組都在若干腦區中產生更大的信號，包括腹側紋狀體（ventral striatum）、旁扣帶回皮質（paracingulate cortex）、額中回（middle frontal gyrus）、額極（frontal poles）、頂下小葉皮質（inferior parietal cortex）等。在當基督徒擯斥違反他們教義的刺激（例如**聖經的神是個神話**）與當非信徒肯定那些相同陳述的眞實性兩者時，這些區都顯示了更大的信號。換句話說，這些頭腦區在兩個研究對象組中，都偏袒地對「褻瀆宗教」的陳述做出反應。這個對照中的腹側紋狀體信號表明，對這些刺激的決定可能對兩組都更有報償：非信徒可能從明白否定宗教教義的主張得到特別樂趣，同時基督徒可能喜歡擯斥這些陳述爲假。

㊿55 Festinger, Riecken, & Schachter, [1956] 2008.
56 Atran, 2006a.
57 Atran, 2007.
58 Bostom, 2005; Butt, 2007; Ibrahim, 2007; Oliver & Steinberg, 2005; Rubin, 2009; Shoebat, 2007.
59 Atran, 2006b.
60 Gettleman, 2008.
61 Ariely, 2008, p. 177.
62 Pierre, 2001.
63 Larson & Witham, 1998.

64 百分之二十一的美國成人（其中有百分之十四在美國本土出生）爲功能上的文盲（www.nifl.gov/nifl/facts/reading_facts .html），同時只有百分之三的美國人同意「我不信上帝」這個陳述。即便近乎看不見，無神論者在美國是最被誣衊的少數——超過同性戀者、非洲裔美國人、猶太人、穆斯林、亞洲人、或其他任何群體。連在二〇〇一年九月十一日之後，更多的美國人願意投票給一名穆斯林當總統而不願投票給一名無神論者（Edgell, Geteis, & Hartmann, 2006）。

65 Morse, 2009.

66 如果有名騎士騎乘這匹馬的話，他會完全沒有結構，並且無視知覺、認知、情感、意圖等細節，這些狀態的存在仰賴於大腦特定區的電化學行動。如果有個「純意識」可能擔任這樣的角色的話，它將跟大部分信教的人以爲的「靈魂」沒有多少相似。一個這麼透明的靈魂在鬣狗的腦袋裏（而且似乎也同樣可能在那兒）會跟在人的腦袋裏同樣適意。

67 Levy, 2007) 提出了同樣的問題。

68 Collins, 2006.

69 在這個脈絡下值得回顧一位聲譽顯著的科學家因爲說了什麼笨話而毀掉自己的事業，事實上是可能的。ＤＮＡ結構的共同發現者、諾貝爾獎得主、暨人類基因組工程原初領導人詹姆斯·華生晚近就達成了這個功業，他在一次接受採訪時聲稱，非洲裔的人看來天生就沒有白種的歐洲人聰明（Hunte-Grubbe, 2007）。幾個句子未經思考就說出口，隨即在學術上被「拋出窗外」：演講的邀請撤回了，頒獎典禮取消了，而且華生被迫立即辭去了冷泉港實驗室（Cold Spring Harbor Laboratory）總管的職務。

華生對種族的意見令人不安，但他基底的意向原則上並非不科學的。不同種族之間在智力上也許眞的有可偵知的差異。一孤立生活了幾萬年的人口群的遺傳後果，如果種族間或民族間**沒有**差異可發現那才驚人。我這麼說並不是爲華生對種族的著迷辯護，也不是提議這種以種族爲焦點的研究值得進行。我只是觀察到他的觀點，至少**可能有**科學的基礎。華生的說辭雖然令人反感，但我們不能說他的觀點根本不理性，或者說他爲那觀點發聲，就駁斥了科學的世界觀並聲稱他自己不受未來發現的影響。這個令譽還得保留給華生在人類基因組工程的接班人法蘭西斯・柯林斯博士。

(70) Collins, 2006, p. 225.

(71) Van Biema, 2006; Paulson, 2006.

(72)〈編者的話〉，二〇〇六。

(73) Collins, 2006, p. 178.

(74) 同上，頁二〇〇—二〇一。

(75) 同上，頁一一九。

(76) 數學對描述物理世界的神祕有效性，的確吸引了許多科學家往神祕主義（mysticism）、哲學的柏拉圖主義以及宗教靠攏。物理學家尤金・魏格納（Eugene Wigner）在一篇名爲〈數學在自然科學中不合理的有效性〉（"The Unreasonable Effectiveness of Mathematics in the Natural Sciences"）(Wigner, 1960）的論文中，聲名響著的提出了該問題。我雖然沒把握克雷克的想法（Craik, 1943）窮盡了這種神祕性，但我認爲他說各種大腦過程及世界中它們代表的諸過程之間的類質同像（isomorphism），可能說明了數字的用途和若干數學運算是有什麼可談。大腦活動的若干模式（即數字）能可靠的映上世界，真的那麼可驚嗎？

⑦柯林斯也有個挑軟柿子摘的可怕傾向，並容易歪曲如史蒂芬·霍金（Stephen Hawking）和愛因斯坦等著名科學家的觀點。例如他寫道：

愛因斯坦看見純粹自然主義的世界觀的貧瘠。他仔細的選擇措辭說道：「科學少了宗教就瘸了，宗教少了科學就瞎了。」

在這裏仔細選擇措辭的是柯林斯。正如我們在上文所見，當就文脈閱讀時（Einstein, 1954, pp. 41-49），這個引句顯示愛因斯坦根本不擁護有神論，而且他對「上帝」一詞的用法是指自然律的一種詩意說法。愛因斯坦曾抱怨過這種對他作品的蓄意曲解：

當然，你讀到的關於我的宗教信念的說法都是一個謊言，一個正被系統性一再重複的謊言。我不相信一個個人神，而且我從來沒否認過這點，反而曾清楚的表示過。如果我身上有什麼能被叫作宗教的，那麼就是對到目前為止我們的科學所能揭露的世界結構的無盡憧憬（引用自 R. Dawkins, 2006, p. 36）。

⑧Wright, 2003, 2008.

⑨Polkinghorne, 2003; Polkinghorne & Beale, 2009.

⑧⓪ Polkinghorne, 2003, pp. 22-23.

⑧① 一九九六年，物理學家艾倫．索可（Alan Sokal）投稿了一篇胡扯的文章〈逾越界線：一種具變革意義的「量子重力」詮釋學〉（"Transgressing the Boundaries: Towards a Transformative Hermeneutics of Quantum Gravity"）給《社會文本》（*Social Text*）雜誌。該文雖然荒唐得顯而易見，但那家仍站在「文化理論最前線」的雜誌還是熱心的刊行了。該文中充滿了如下的寶石：

科學共同體的話語，雖有那一切不容否認的價值，但對於發自異議的或邊緣化的共同體的反霸權敘事，就不能聲稱具有優越的知識論地位……在量子引力中，正如我們將看到的，時—空的多種形式停止做為客觀的物理真實存在；幾何變成關係的和脈絡的；而先前科學的基礎概念範疇——它們之間包括存在本身——變成問題化的與相對化的。我主張這個概念革命對未來的後現代及解放性科學的內容有深遠的含義（Sokal, 1996, p. 218）。

⑧② Ehrman, 2005。聖經學者們同意最早的福音書是在耶穌死了幾十年後寫的。我們並沒有任何福音書的原始文本。我們所有的是古希臘稿本的抄本的抄本的抄本，它們之間確實有數以千計的地方彼此不同。許多顯示了後代竄改的跡象——那就是說幾世紀間人們把片段加進了那些文本，而那些片段已滲透進書裏去了。事實上，新約有整節整節長久以來被認爲是僞造的，像啓示錄，是在被忽視幾世紀後才包括進聖經的；也有其他書，如赫默斯的牧者（Shepherd of Hermas），被尊爲聖經的一部分，幾百年後才終於因其爲僞經而排除。結果，眞的可說，好幾代的基督徒生死是由信徒

現在認爲是錯的與不完全的經文所引導。其實，直到今天，羅馬天主教徒與新教徒還不能同意聖經的完全內容。不消說，這種胡亂的、太人之常情的把宇宙創造者的權威話語拼湊一起的過程，似乎是糟糕的相信耶穌奇蹟眞的發生過的基礎。

哲學家大衛・休姆對於根據證言而相信奇蹟提出了很好的論點：「沒有證言足以建立一奇蹟，除非那證言的性質是，其謬誤比它想建立的事實更神奇……」（Hume, 1996, vol. IV, p. 131）。這是個好的經驗法則。哪個比較可能呢？耶穌的媽媽馬利亞有了婚外性關係而覺得必須撒謊，還是她跟蚜蟲和科莫多巨蜥那樣透過單性生殖而懷了孩子？在一方面，我們有了對通姦撒謊的現象——在通姦的處罰是處死的脈絡下——在另一方面，我們有個女人自發性的模擬若干昆蟲和爬蟲類的生物性。嗯……

(83)〈編者的話〉，二〇〇八。

(84) Maddox, 1981.

(85) Sheldrake, 1981.

(86) 我曾在許多場合公開惋惜過這個雙重標準（S. Harris, 2007a; S. Harris & Ball, 2009）。

(87) Collins, 2006, p. 23.

(88) Langford et al., 2006.

(89) Masserman et al., 1964.

(90) 我們對黑猩猩的公平想法的圖像有點模糊。牠們無疑地會注意到不平等，但如果牠們從中獲益就似乎不在乎（Brosnan, 2008; Brosnan, Schiff, & de Waal, 2005; Jensen, Call, & Tomasello, 2007; Jensen, Hare, Call,

& Tomasello, 2006; Silk et al., 2005）。

⑼ Range et al., 2009.

⑽ Siebert, 2009.

⑾ Silver, 2006, p. 157.

⑿ 同上，頁一六二。

⒀ Collins, 2006.

⒁ 當然，我也受到許多支持，尤其是來自科學家們，甚至是來自美國國家衛生研究院的科學家們。

⒂ 應該注意的是米勒也是位信教的基督徒、以及《尋找達爾文的上帝》（*Finding Darwin's God*）(K. R. Miller, 1999）的作者。這本書儘管缺點不少，但包含了一個對「智慧設計論」的極有用的摧毀。

⒃ C. Mooney & S. Kirshenbaum, 2009, pp. 97-98.

⒄ 這個主張甚至在科學話語的最高層次也還是很普及的。《自然》雜誌晚近的一篇〈編者的話〉對人類演化的眞相堅持道：

> 絕大多數科學家，以及大多數信教的人，看不出在宗教與科學的衝突中有什麼樂趣或進步的潛力，那種衝突固定被辯論雙方的相對一小撮人煽成烈焰。許多科學家信教，而且不察覺他們的科學價值觀——堅持對宇宙本質做無私、客觀探詢的價值觀——與他們信仰的價值觀衝突（〈編者的話〉，2007）。

來自美國國家科學院：

科學無法證明或反駁宗教……許多科學家曾雄辯的寫道，他們的科學研究如何增加他們對創世者的敬畏與理解……對科學的研究不必減少或違背信仰（National Academy of Sciences [U.S.] & Institute of Medicine [U.S.], 2008, p. 54）。

5 幸福概念之前景

①Allen, 2000.

②一九一○年七月五日《洛杉磯時報》。

③正如上文所指出的，我認爲對激怒上帝及／或在地獄永遠受罪的顧慮是基於對傷害的特定看法是相當清楚的。不相信上帝或地獄，使我們不在乎這種幸福上的負擔。在海特的分析下，對上帝及來生的顧慮似乎落於「權威」及／或「純粹」的範疇。我認爲這樣的分配沒必要的區分了在基底更一般的對傷害的顧慮。

④Inbar et al., 2009.

⑤Schwartz, 2004.

⑥D. T. Gilbert, 2006.

⑦www.ted.com/talks/daniel_kahneman_the_riddle_of_experience_vs_memory.html

⑧同上。

⑨ Lykken & Tellegen, 1996.

⑩ D. T. Gilbert, 2006, pp. 220-222.

⑪ Simonton, 1994.

⑫ Rilling et al., 2002.

參考書目

Aaronovitch, D. (2010). *Voodoo histories: The role of the conspiracy theory in shaping modern history.* New York: Riverhead Books.

Abe, N., Suzuki, M., Tsukiura, T., Mori, E., Yamaguchi, K., Itoh, M., et al. (2006). Dissociable roles of prefrontal and anterior cingulate cortices in deception. *Cereb Cortex, 16*(2), 192–199.

Abraham, A., & von Cramon, D. Y. (2009). Reality = relevance? Insights from spontaneous modulations of the brain's default network when telling apart reality from fiction. *PLoS ONE, 4*(3), e4741.

Abraham, A., von Cramon, D. Y., & Schubotz, R. I. (2008). Meeting George Bush versus meeting Cinderella: The neural response when telling apart what is real from what is fictional in the context of our reality. *J Cogn Neurosci, 20*(6), 965–976.

Adolphs, R., Tranel, D., Koenigs, M., & Damasio, A. R. (2005). Preferring one taste over another without recognizing either. *Nat Neurosci, 8*(7), 860–861.

Ainslie, G. (2001). *Breakdown of will.* Cambridge, UK: Cambridge University Press.

Allen, J. (2000). *Without sanctuary: Lynching photography in America.* Santa Fe, NM: Twin Palms.

Allen, J. J., & Iacono, W. G. (1997). A comparison of methods for the analysis of event-related potentials in deception detection. *Psychophysiology, 34*(2), 234–240.

Amodio, D. M., Jost, J. T., Master, S. L., & Yee, C. M. (2007). Neurocognitive correlates of liberalism and conservatism. *Nat Neurosci, 10*(10), 1246–1247.

Anastasi, M. W., & Newberg, A. B. (2008). A preliminary study of the acute effects of religious ritual on anxiety. *J Altern Complement Med, 14*(2), 163–165.

Anderson, A. K., Christoff, K., Panitz, D., De Rosa, E., & Gabrieli, J. D. (2003). Neural correlates of the automatic processing of threat facial signals. *J Neurosci, 23*(13), 5627–5633.

Andersson, J. L. R., Jenkinson, M., & Smith, S. M. (2007). Non-linear registration, aka spatial normalisation. *FMRIB technical report, TR07JA2.*

Andersson, J. L. R., Jenkinson, M., & Smith, S. M. (2007). Non-linear optimisation. *FMRIB technical report, TR07JA1.*

Appiah, A. (2008). *Experiments in ethics.* Cambridge, MA: Harvard University Press.

Ariely, D. (2008). *Predictably irrational.* New York: Harper Collins.

Asheim Hansen, B., & Brodtkorb, E. (2003). Partial epilepsy with "ecstatic" seizures. *Epilepsy Behav, 4*(6), 667–673.

Atchley, R. A., Ilardi, S. S., & Enloe, A. (2003). Hemispheric asymmetry in the processing of emotional content in word meanings: The effect of current and past depression. *Brain Lang, 84*(1), 105–119.

Atran, S. (2003, May 5). Who wants to be a martyr? *New York Times.*
Atran, S. (2006a). Beyond belief: Further discussion. Retrieved June 11, 2008, from www.edge.org/discourse/bb.html.
Atran, S. (2006b). What would Gandhi do today? Nonviolence in an age of terrorism. Retrieved from http://sitemaker.umich.edu/satran/relevant_articles_on_terrorism.
Atran, S. (2007). Paper presented at the Beyond Belief: Enlightenment 2.0. Retrieved from http://thesciencenetwork.org/programs/beyond-belief-enlightenment-2-0/scott-atran.
Azari, N. P., Nickel, J., Wunderlich, G., Niedeggen, M., Hefter, H., Tellmann, L., et al. (2001). Neural correlates of religious experience. *Eur J Neurosci, 13*(8), 1649–1652.
Baars, B. J., & Franklin, S. (2003). How conscious experience and working memory interact. *Trends Cogn Sci, 7*(4), 166–172.
Babiak, P., & Hare, R. D. (2006). *Snakes in suits: When psychopaths go to work* (1st ed.). New York: Regan Books.
Ball, P. (2009, June 25). And another thing . . . Retrieved July 6, 2009, from http://philipball.blogspot.com.
Baron, A. S., & Banaji, M. R. (2006). The development of implicit attitudes. Evidence of race evaluations from ages 6 and 10 and adulthood. *Psychol Sci, 17*(1), 53–58.
Baron, J. (2008). *Thinking and deciding* (4th ed.). New York: Cambridge University Press.
Baron-Cohen, S. (1995). *Mindblindness: An essay on autism and theory of mind.* Cambridge, MA: MIT Press.
Barrett, J. L. (2000). Exploring the natural foundations of religion. *Trends Cogn Sci, 4*(1), 29–34.
Bauby, J.-D. (1997). *The diving bell and the butterfly* (1st U.S. ed.). New York: A. A. Knopf.
Baumeister, R. F. (2001). Violent pride. *Sci Am, 284*(4), 96–101.
Baumeister, R. F., Campbell, J. D., Krueger, J. I., & Vohs, K. D. (2005). Exploding the self-esteem myth. *Sci Am, 292*(1), 70–77.
Bawer, B. (2006). *While Europe slept: How radical Islam is destroying the West from within* (1st ed.). New York: Doubleday.
Bechara, A., Damasio, H., & Damasio, A. R. (2000). Emotion, decision making and the orbitofrontal cortex. *Cereb Cortex, 10*(3), 295–307.
Bechara, A., Damasio, H., Tranel, D., & Damasio, A. R. (1997). Deciding advantageously before knowing the advantageous strategy. *Science, 275*(5304), 1293–1295.
Begg, I. M., Robertson, R. K., Gruppuso, V., Anas, A., & Needham, D. R. (1996). The Illusory-knowledge effect. *Journal of Memory and Language, 35*, 410–433.
Benedetti, F., Mayberg, H. S., Wager, T. D., Stohler, C. S., & Zubieta, J. K. (2005). Neurobiological mechanisms of the placebo effect. *J Neurosci, 25*(45), 10390–10402.

Benedict, R. (1934). *Patterns of culture.* Boston, New York: Houghton Mifflin.

Benjamin, J., Li, L., Patterson, C., Greenberg, B. D., Murphy, D. L., & Hamer, D. H. (1996). Population and familial association between the D4 dopamine receptor gene and measures of novelty seeking. *Nat Genet, 12*(1), 81–84.

Bilefsky, D. (2008, July 10). In Albanian feuds, isolation engulfs families. *New York Times.*

Blackmore, S. J. (2006). *Conversations on consciousness: What the best minds think about the brain, free will, and what it means to be human.* Oxford, UK; New York: Oxford University Press.

Blair, J., Mitchell, D. R., & Blair, K. (2005). *The psychopath: Emotion and the brain.* Malden, MA: Blackwell.

Blakemore, S. J., & Frith, C. (2003). Self-awareness and action. *Curr Opin Neurobiol, 13*(2), 219–224.

Blakemore, S. J., Oakley, D. A., & Frith, C. D. (2003). Delusions of alien control in the normal brain. *Neuropsychologia, 41*(8), 1058–1067.

Blakemore, S. J., Rees, G., & Frith, C. D. (1998). How do we predict the consequences of our actions? A functional imaging study. *Neuropsychologia, 36*(6), 521–529.

Blakeslee, S. (2007, February 6). A small part of the brain, and its profound effects. *New York Times.*

Block, N. (1995). On a confusion about the function of consciousness. *Behavioral and Brain Sciences, 18*, 227–247.

Block, N., Flanagan, O., & Güzeldere, G. (1997). *The Nature of Consciousness: Philosophical Debates.* Cambridge, MA: The MIT Press.

Bloom, P. (2004). *Descartes' baby: How the science of child development explains what makes us human.* New York: Basic Books.

Bloom, P. (2010, May 9). The moral life of babies. *New York Times Magazine.*

Blow, C. M. (2009, June 26). The prurient trap. *New York Times.*

Blumer, D. (1999). Evidence supporting the temporal lobe epilepsy personality syndrome. *Neurology, 53*(5 Suppl 2), S9–12.

Bogen, G. M., & Bogen, J. E. (1986). On the relationship of cerebral duality to creativity. *Bull Clin Neurosci, 51*, 30–32.

Bogen, J. E. (1986). Mental duality in the intact brain. *Bull Clin Neurosci, 51*, 3–29.

Bogen, J. E. (1995a). On the neurophysiology of consciousness: Pt. II. Constraining the semantic problem. *Conscious Cogn, 4*(2), 137–158.

Bogen, J. E. (1995b). On the neurophysiology of consciousness: Pt. I. An overview. *Conscious Cogn, 4*(1), 52–62.

Bogen, J. E. (1997). Does cognition in the disconnected right hemisphere require right hemisphere possession of language? *Brain Lang, 57*(1), 12–21.

Bogen, J. E. (1998). My developing understanding of Roger Wolcott Sperry's philosophy. *Neuropsychologia, 36*(10), 1089–1096.

Bogen, J. E., Sperry, R. W., & Vogel, P. J. (1969). Addendum: Commissural section and propagation of seizures. In Jasper et al. (Ed.), *Basic mechanisms of the epilepsies.* Boston: Little, Brown and Company, 439.

Bok, H. (2007). The implications of advances in neuroscience for freedom of the will. *Neurotherapeutics, 4*(3), 555–559.
Borg, J., Andree, B., Soderstrom, H., & Farde, L. (2003). The serotonin system and spiritual experiences. *Am J Psychiatry, 160*(11), 1965–1969.
Borg, J. S., Lieberman, D., & Kiehl, K. A. (2008). Infection, incest, and iniquity: investigating the neural correlates of disgust and morality. *J Cogn Neurosci, 20*(9), 1529–1546.
Bostom, A. G. (2005). *The legacy of Jihad: Islamic holy war and the fate of non-Muslims.* Amherst, NY: Prometheus Books.
Bostrom, N. (2003). Are we living in a computer simulation? *Philosophical Quarterly, 53*(211), 243–255.
Bostrom, N., & Ord, T. (2006). The reversal test: Eliminating status quo bias in applied ethics. *Ethics 116*, 656–679.
Bouchard, T. J., Jr. (1994). Genes, environment, and personality. *Science, 264*(5166), 1700–1701.
Bouchard, T. J., Jr., Lykken, D. T., McGue, M., Segal, N. L., & Tellegen, A. (1990). Sources of human psychological differences: The Minnesota study of twins reared apart. *Science, 250*(4978), 223–228.
Bouchard, T. J., Jr., McGue, M., Lykken, D., & Tellegen, A. (1999). Intrinsic and extrinsic religiousness: genetic and environmental influences and personality correlates. *Twin Res, 2*(2), 88–98.
Bowles, S. (2006). Group competition, reproductive leveling, and the evolution of human altruism. *Science, 314*(5805), 1569–1572.
Bowles, S. (2008). Being human: Conflict: Altruism's midwife. *Nature, 456*(7220), 326–327.
Bowles, S. (2009). Did warfare among ancestral hunter-gatherers affect the evolution of human social behaviors? *Science, 324*(5932), 1293–1298.
Boyer, P. (2001). *Religion explained: The evolutionary origins of religious thought.* New York: Basic Books.
Boyer, P. (2003). Religious thought and behaviour as by-products of brain function. *Trends Cogn Sci, 7*(3), 119–124.
Bransford, J. D., & McCarrell, N. S. (1977). A sketch of a cognitive approach to comprehension: Some thoughts about understanding what it means to comprehend. In P. N. Johnson-Laird & P. C. Wason (Eds.), *Thinking* (pp. 377–399). Cambridge, UK: Cambridge University Press.
Brefczynski-Lewis, J. A., Lutz, A., Schaefer, H. S., Levinson, D. B., & Davidson, R. J. (2007). Neural correlates of attentional expertise in long-term meditation practitioners. *Proc Natl Acad Sci USA, 104*(27), 11483–11488.
Broad, W. J. (2002, October, 9). Lie-detector tests found too flawed to discover spies. *New York Times.*
Broks, P. (2004). *Into the silent land: Travels in neuropsychology.* New York: Atlantic Monthly Press.
Brooks, M. (2009). Born believers: How your brain creates God. *New Scientist* (2694) Feb. 4, 30–33.

Brosnan, S. F. (2008). How primates (including us!) respond to inequity. *Adv Health Econ Health Serv Res, 20*, 99–124.

Brosnan, S. F., Schiff, H. C., & de Waal, F. B. (2005). Tolerance for inequity may increase with social closeness in chimpanzees. *Proc Biol Sci, 272*(1560), 253–258.

Buckholtz, J. W., Treadway, M. T., Cowan, R. L., Woodward, N. D., Benning, S. D., Li, R., et al. (2010). Mesolimbic dopamine reward system hypersensitivity in individuals with psychopathic traits. *Nat Neurosei, 13*(4), 419–421.

Buckner, R. L., Andrews-Hanna, J. R., & Schacter, D. L. (2008). The brain's default network: Anatomy, function, and relevance to disease. *Ann NY Acad Sci, 1124*, 1–38.

Buehner, M. J., & Cheng, P. W. (2005). Causal learning. In K. J. Holyoak & R. G. Morrison (Eds.), *The Cambridge handbook of thinking and reasoning* (pp. 143–168). New York: Cambridge University Press.

Bunge, S. A., Ochsner, K. N., Desmond, J. E., Glover, G. H., & Gabrieli, J. D. (2001). Prefrontal regions involved in keeping information in and out of mind. *Brain, 124*(Pt. 10), 2074–2086.

Burgess, P. W., & McNeil, J. E. (1999). Content-specific confabulation. *Cortex, 35*(2), 163–182.

Burns, K., & Bechara, A. (2007). Decision making and free will: a neuroscience perspective. *Behav Sci Law, 25*(2), 263–280.

Burton, H., Snyder, A. Z., & Raichle, M. E. (2004). Default brain functionality in blind people. *Proc Natl Acad Sci USA, 101*(43), 15500–15505.

Burton, R. A. (2008). *On being certain: Believing you are right even when you're not* (1st ed.). New York: St. Martin's Press.

Buss, D. (2002). Sex, marriage, and religion: What adaptive problems do religious phenomena solve? *Psychological Inquiry, 13*(3), 201–203.

Butt, H. (2007, July 2). I was a fanatic . . . I know their thinking, says former radical Islamist. *Daily Mail.*

Calder, A. J., Keane, J., Manes, F., Antoun, N., & Young, A. W. (2000). Impaired recognition and experience of disgust following brain injury. *Nat Neurosci, 3*(11), 1077–1078.

Caldwell, C. (2009). *Reflections on the revolution in Europe: Immigration, Islam, and the West.* New York: Doubleday.

Camerer, C. F. (2003). Psychology and economics. Strategizing in the brain. *Science, 300*(5626), 1673–1675.

Canessa, N., Gorini, A., Cappa, S. F., Piattelli-Palmarini, M., Danna, M., Fazio, F., et al. (2005). The effect of social content on deductive reasoning: An fMRI study. *Hum Brain Mapp, 26*(1), 30–43.

Canli, T., Brandon, S., Casebeer, W., Crowley, P. J., Du Rousseau, D., Greely, H. T., et al. (2007a). Neuroethics and national security. *Am J Bioeth, 7*(5), 3–13.

Canli, T., Brandon, S., Casebeer, W., Crowley, P. J., Durousseau, D., Greely, H. T., et al. (2007b). Response to open peer commentaries on "Neuroethics and national security." *Am J Bioeth, 7*(5), W1–3.

Canli, T., Sivers, H., Whitfield, S. L., Gotlib, I. H., & Gabrieli, J. D. (2002). Amygdala response to happy faces as a function of extraversion. *Science, 296*(5576), 2191.

Carroll, S. (2010). Science and morality: You can't derive "ought" from "is." *NPR: 13.7 Cosmos and Culture*, www.npr.org/templates/story/story.php?storyId=126504492.

Carroll, S. (2010a). The moral equivalent of the parallel postulate. Cosmic Variance, (March 24) http://blogs.discovermagazine.com/cosmicvariance/2010/03/24/the-moral-equivalent-of-the-parallel-postulate/.

Carson, A. J., MacHale, S., Allen, K., Lawrie, S. M., Dennis, M., House, A., et al. (2000). Depression after stroke and lesion location: a systematic review. *Lancet, 356*(9224), 122–126.

Carter, C. S., Braver, T. S., Barch, D. M., Botvinick, M. M., Noll, D., & Cohen, J. D. (1998). Anterior cingulate cortex, error detection, and the online monitoring of performance. *Science, 280*(5364), 747–749.

Casebeer, W. D. (2003). *Natural ethical facts: Evolution, connectionism, and moral cognition.* Cambridge, MA: MIT Press.

Chalmers, D. J. (1995). The puzzle of conscious experience. *Sci Am, 273*(6), 80–86.

Chalmers, D. J. (1996). *The conscious mind: In search of a fundamental theory.* New York: Oxford University Press.

Chalmers, D. J. (1997). Moving forward on the problem of consciousness. *Journal of Consciousness Studies, 4*(1), 3–46.

Choi, J. K., & Bowles, S. (2007). The coevolution of parochial altruism and war. *Science, 318*(5850), 636–640.

Christoff, K., Gordon, A. M., Smallwood, J., Smith, R., & Schooler, J. W. (2009). Experience sampling during fMRI reveals default network and executive system contributions to mind wandering. *Proc Natl Acad Sci USA* (May 26) *106*(21), 8719–24.

Church, R. M. (1959). Emotional reactions of rats to the pain of others. *J Comp Physiol Psychol, 52*(2), 132–134.

Churchland, P. M. (1979). *Scientific realism and the plasticity of mind.* Cambridge, UK: Cambridge University Press.

Churchland, P. M. (1988). *Matter and consciousness.* Cambridge, MA: MIT Press.

Churchland, P. M. (1995). *The engine of reason, the seat of the soul: A philosophical journey into the brain.* Cambridge, MA: MIT Press.

Churchland, P. M. (1997). Knowing qualia: A reply to Jackson. In N. Block, O. Flanagan, & G. Güzeldere (Eds.), *The nature of consciousness: Philosophical debates* (pp. 571–578). Cambridge, MA: MIT Press.

Churchland, P. S. (2008b). *Morality & the social brain.* Unpublished manuscript.

Churchland, P. S. (2009). Inference to the best decision. In J. Bickle (Ed.), *Oxford Handbook of philosophy and neuroscience.* Oxford: Oxford University Press, 419–430.

Cleckley, H. M. ([1941] 1982). *The mask of sanity* (Rev. ed.). New York: New American Library.

Coghill, R. C., McHaffie, J. G., & Yen, Y. F. (2003). Neural correlates of interindividual differences in the subjective experience of pain. *Proc Natl Acad Sci USA, 100*(14), 8538–8542.

Cohen, J. D., & Blum, K. I. (2002). Reward and decision. *Neuron, 36*(2), 193–198.

Cohen, J. D., & Tong, F. (2001). Neuroscience. The face of controversy. *Science, 293*(5539), 2405–2407.

Cohen, M. (1996). Functional MRI: a phrenology for the 1990's? *J Magn Reson Imaging, 6*(2), 273–274.

Cohen, M. S. (1999). Echo-planar imaging and functional MRI. In C. Moonen & P. Bandettini (Eds.), *Functional MRI* (pp. 137–148). Berlin: Springer-Verlag.

Cohen, M. S. (2001). Practical aspects in the design of mind reading instruments. *American Journal of Neuroradiology.*

Cohen, M. S. (2001). Real-time functional magnetic resonance imaging. *Methods, 25*(2), 201–220.

Collins, F. S. (2006). *The language of God: A scientist presents evidence for belief.* New York: Free Press.

Comings, D. E., Gonzales, N., Saucier, G., Johnson, J. P., & MacMurray, J. P. (2000). The DRD4 gene and the spiritual transcendence scale of the character temperament index. *Psychiatr Genet, 10*(4), 185–189.

Cooney, J. W., & Gazzaniga, M. S. (2003). Neurological disorders and the structure of human consciousness. *Trends Cogn Sci, 7*(4), 161–165.

Corballis, M. C. (1998). Sperry and the age of Aquarius: Science, values and the split brain. *Neuropsychologia, 36*(10), 1083–1087.

Cox, D. D., & Savoy, R. L. (2003). Functional magnetic resonance imaging (fMRI) "brain reading": Detecting and classifying distributed patterns of fMRI activity in human visual cortex. *Neuroimage, 19*(2 Pt. 1), 261–270.

Craig, A. D. (2002). How do you feel? Interoception: the sense of the physiological condition of the body. *Nat Rev Neurosci, 3*(8), 655–666.

Craig, A. D. (2009). How do you feel—now? The anterior insula and human awareness. *Nat Rev Neurosci, 10*(1), 59–70.

Craig, M. C., Catani, M., Deeley, Q., Latham, R., Daly, E., Kanaan, R., et al. (2009). Altered connections on the road to psychopathy. *Mol Psychiatry, 14*(10), 946–953.

Craik, K. (1943). Hypothesis on the nature of thought. *The nature of explanation.* Cambridge, UK: Cambridge University Press.

Crick, F. (1994). *The astonishing hypothesis: The scientific search for the soul.* New York: Charles Scribner's Sons.

Crick, F., & Koch, C. (1998). Consciousness and neuroscience. *Cereb. Cortex, 8*, 97–107.

Crick, F., & Koch, C. (1999). The unconscious homunculus. In T. Metzinger (Ed.), *The neural correlates of consciousness* (pp. 103–110). Cambridge, MA: MIT Press.

Crick, F., & Koch, C. (2003). A framework for consciousness. *Nat Neurosci, 6*(2), 119–126.

Culotta, E. (2009). Origins. On the origin of religion. *Science, 326*(5954), 784–787.

D'Argembeau, A., Feyers, D., Majerus, S., Collette, F., Van der Linden, M., Maquet, P., et al. (2008). Self-reflection across time: Cortical midline structures differentiate between present and past selves. *Soc Cogn Affect Neurosci, 3*(3), 244–252.

D'Onofrio, B. M., Eaves, L. J., Murrelle, L., Maes, H. H., & Spilka, B. (1999). Understanding biological and social influences on religious affiliation, attitudes, and behaviors: A behavior genetic perspective. *J Pers, 67*(6), 953–984.

Damasio, A. (1999). *The feeling of what happens: Body and emotion in the making of consciousness.* New York: Harcourt Brace.

Damasio, A. R. (1999). Thinking about belief: Concluding remarks. In D. L. Schacter & E. Scarry (Eds.), *Memory, brain, and belief* (pp. 325–333). Cambridge, MA: Harvard University Press.

Davidson, D. (1987). Knowing one's own mind. *Proceedings and addresses of the American Philosophical Association, 61*, 441–458.

Dawkins, R. (1994). Burying the vehicle. *Behavioural and Brain Sciences, 17*(4), 616–617.

Dawkins, R. (1996). *Climbing mount improbable.* New York: Norton.

Dawkins, R. (2006). *The God delusion.* New York: Houghton Mifflin.

Dawkins, R. ([1976] 2006). *The selfish gene.* Oxford, UK: New York: Oxford University Press.

Dawkins, R. (2010a, March 28). Ratzinger is the perfect pope. *Washington Post: On Faith.*

Dawkins, R. (2010b, April 13). The pope should stand trial. *The Guardian.*

De Grey, A. D. N. J., & Rae, M. (2007). *Ending aging: The rejuvenation breakthroughs that could reverse human aging in our lifetime.* New York: St. Martin's Press.

De Neys, W., Vartanian, O., & Goel, V. (2008). Smarter than we think: When our brains detect that we are biased. *Psychol Sci, 19*(5), 483–489.

de Oliveira-Souza, R., Hare, R. D., Bramati, I. E., Garrido, G. J., Azevedo Ignacio, F., Tovar-Moll, F., et al. (2008). Psychopathy as a disorder of the moral brain: Fronto-temporo-limbic grey matter reductions demonstrated by voxel-based morphometry. *Neuroimage, 40*(3), 1202–1213.

Deaner, R. O., Isler, K., Burkart, J., & van Schaik, C. (2007). Overall brain size, and not encephalization quotient, best predicts cognitive ability across non-human primates. *Brain Behav Evol, 70*(2), 115–124.

Delacour, J. (1995). An introduction to the biology of consciousness. *Neuropsychologia, 33*(9), 1061–1074.

Delgado, M. R., Frank, R. H., & Phelps, E. A. (2005). Perceptions of moral character modulate the neural systems of reward during the trust game. *Nat Neurosci, 8*(11), 1611–1618.

Dennett, D. (1990). Quining qualia. In W. Lycan (Ed.), *Mind and cognition: A reader* (pp. 519–547). Oxford: Blackwell.

Dennett, D. (1994). E pluribus unum? Commentary on Wilson & Sober: Group selection. *Behavioural and Brain Sciences, 17*(4), 617–618.

Dennett, D. (1996). Facing backwards on the problem of consciousness. *Journal of Consciousness Studies, 3*(1), 4–6.

Dennett, D. C. (1987). *The intentional stance.* Cambridge, Mass.: MIT Press.

Dennett, D. C. (1991). *Consciousness explained* (1st Ed.). Boston: Little, Brown & Co.

Dennett, D. C. (1995). *Darwin's dangerous idea: Evolution and the meanings of life* (1st ed.). New York: Simon & Schuster.

Dennett, D. C. (2003). *Freedom evolves.* New York: Viking.

Dennett, D. C. (2006). *Breaking the spell: Religion as a natural phenomenon.* London: Allen Lane.

Desimone, R., & Duncan, J. (1995). Neural mechanisms of selective visual attention. *Annu Rev Neurosci, 18*, 193–222.

Diamond, J. (2008, April 21). Vengeance is ours. *New Yorker*, 74–87.

Diamond, J. M. (1997). *Guns, germs, and steel: The fates of human societies* (1st ed.). New York: W.W. Norton & Co.

Diamond, J. M. (2005). *Collapse: How societies choose to fail or succeed.* New York: Viking.

Diana, R. A., Yonelinas, A. P., & Ranganath, C. (2007). Imaging recollection and familiarity in the medial temporal lobe: a three-component model. *Trends Cogn Sci, 11*(9), 379–386.

Diener, E., Oishi, S., & Lucas, R. E. (2003). Personality, culture, and subjective well-being: Emotional and cognitive evaluations of life. *Annu Rev Psychol, 54*, 403–425.

Ding, Y. C., Chi, H. C., Grady, D. L., Morishima, A., Kidd, J. R., Kidd, K. K., et al. (2002). Evidence of positive selection acting at the human dopamine receptor D4 gene locus. *Proc Natl Acad Sci USA, 99*(1), 309–314.

Dolan, M., & Fullam, R. (2004). Theory of mind and mentalizing ability in antisocial personality disorders with and without psychopathy. *Psychol Med, 34*(6), 1093–1102.

Dolan, M., & Fullam, R. (2006). Face affect recognition deficits in personality-disordered offenders: Association with psychopathy. *Psychol Med, 36*(11), 1563–1569.

Donadio, R. (2010a, March 26). Pope may be at crossroads on abuse, forced to reconcile policy and words. *New York Times.*

Donadio, R. (2010b, April 29). In abuse crisis, a church is pitted against society and itself. *New York Times.*

Doty, R. W. (1998). The five mysteries of the mind, and their consequences. *Neuropsychologia, 36*(10), 1069–1076.

Douglas, P. K., Harris, S., & Cohen, M. S. (2009). *Naïve Bayes classification of belief versus disbelief using event related neuroimaging data.* Paper presented at the Organization for Human Brain Mapping 2009 (July) Annual Meeting.

Douglas, R. J., & Martin, K. A. (2007). Recurrent neuronal circuits in the neocortex. *Curr Biol, 17*(13), R496–500.

Doumas, L. A. A., & Hummel, J. E. (2005). Approaches to modeling human mental representations: What works, what doesn't, and why. In K. J. Holyoak & R. G. Morrison (Eds.), *The Cambridge handbook of thinking and reasoning* (pp. 73–91). New York: Cambridge University Press.

Dressing, H., Sartorius, A., & Meyer-Lindenberg, A. (2008). Implications of fMRI and genetics for the law and the routine practice of forensic psychiatry. *Neurocase, 14*(1), 7–14.

Dronkers, N. F. (1996). A new brain region for coordinating speech articulation. *Nature, 384*(6605), 159–161.

Dunbar, R. (1998). The social brain hypothesis. *Evolutionary Anthropology, 6*, 178–190.

Dunbar, R. (2003). Psychology. Evolution of the social brain. *Science, 302*(5648), 1160–1161.

Dunbar, R. (2006). We believe. *New Scientist, 189*(2536), 30–33.

Duncan, J., & Owen, A. M. (2000). Common regions of the human frontal lobe recruited by diverse cognitive demands. *Trends Neurosci, 23*(10), 475–483.

Durkheim, E. (2001 [1912]). *The elementary forms of religious life.* (C. Cosmen, Trans.) Oxford, UK; New York: Oxford University Press.

Dyson, F. (2002). The conscience of physics. *Nature, 420*(12 December), 607–608.

Eddington, A. S. (1928). *The nature of the physical world.* Cambridge, UK: Cambridge University Press.

Edelman, G. M. (1989). *The remembered present: A biological theory of consciousness.* New York: Basic Books.

Edelman, G. M. (2004). *Wider than the sky: The phenomenal gift of consciousness.* New Haven: Yale University Press.

Edelman, G. M. (2006). *Second nature: Brain science and human knowledge.* New Haven: Yale University Press.

Edelman, G. M., & Tononi, G. (2000). *A universe of consciousness: How matter becomes imagination* (1st ed.). New York, NY: Basic Books.

Edgell, P., Geteis, J., & Hartmann, D. (2006). Atheists as "other": Moral boundaries and cultural membership in American society. *American Sociological Review, 71*(April), 211–234.

Edgerton, R. B. (1992). *Sick societies: Challenging the myth of primitive harmony.* New York: Free Press.

Editorial, N. (2006a). Neuroethics needed. *Nature, 441*(7096), 907.

Editorial, N. (2006b). Building bridges. *Nature, 442*(7099), 110.

Editorial, N. (2007). Evolution and the brain. *Nature, 447*(7146), 753.

Editorial, N. (2008). Templeton's legacy. *Nature, 454*(7202), 253–254.

Egnor, S. E. (2001). Effects of binaural decorrelation on neural and behavioral processing of interaural level differences in the barn owl (*Tyto alba*). *J Comp Physiol [A], 187*(8), 589–595.

Ehrlinger, J., Johnson, K., Banner, M., Dunning, D., & Kruger, J. (2008). Why the unskilled are unaware: Further explorations of (absent) self-insight among the incompetent. *Organ Behav Hum Decis Process, 105*(1), 98–121.

Ehrman, B. D. (2005). *Misquoting Jesus: The Story Behind Who Changed the Bible and Why* (1st ed.). New York: HarperSanFrancisco.

Ehrsson, H. H., Spence, C., & Passingham, R. E. (2004). That's my hand! Activity in premotor cortex reflects feeling of ownership of a limb. *Science, 305*(5685), 875–877.

Einstein, A. (1954). *Ideas and opinions. Based on* Mein Weltbild. New York: Crown Publishers.

Eisenberger, N. I., Lieberman, M. D., & Satpute, A. B. (2005). Personality from a controlled processing perspective: An fMRI study of neuroticism, extraversion, and self-consciousness. *Cogn Affect Behav Neurosci, 5*(2), 169–181.

Elliott, R., Frith, C. D., & Dolan, R. J. (1997). Differential neural response to positive and negative feedback in planning and guessing tasks. *Neuropsychologia, 35*(10), 1395–1404.

Enard, W., Gehre, S., Hammerschmidt, K., Holter, S. M., Blass, T., Somel, M., et al. (2009). A humanized version of FOXP2, affects cortico-basal ganglia circuits in mice. *Cell, 137*(5), 961–971.

Enard, W., Przeworski, M., Fisher, S. E., Lai, C. S., Wiebe, V., Kitano, T., et al. (2002). Molecular evolution of FOXP2, a gene involved in speech and language. *Nature, 418*(6900), 869–872.

Esposito, J. L. (2008). *Who speaks for Islam?: What a billion Muslims really think.* New York, NY: Gallup Press.

Evans, E. M. (2001). Cognitive and contextual factors in the emergence of diverse belief systems: Creation versus evolution. *Cogn Psychol, 42*(3), 217–266.

Evans, J. S. B. T. (2005). Deductive reasoning. In K. J. Holyoak & R. G. Morrison (Eds.), *The Cambridge handbook of thinking and reasoning* (pp. 169–184). New York: Cambridge University Press.

Evans, P. D., Gilbert, S. L., Mekel-Bobrov, N., Vallender, E. J., Anderson, J. R., Vaez-Azizi, L. M., et al. (2005). Microcephalin, a gene regulating brain size, continues to evolve adaptively in humans. *Science, 309*(5741), 1717–1720.

Evers, K. (2005). Neuroethics: A philosophical challenge. *Am J Bioeth, 5*(2), 31–33; discussion W33–34.

Faison, S. (1996, December 20). The death of the last emperor's last eunuch. *New York Times.*

Farah, M. J. (2005). Neuroethics: the practical and the philosophical. *Trends Cogn Sci, 9*(1), 34–40.

Farah, M. J. (2007). Social, legal, and ethical implications of cognitive neuroscience: "Neuroethics" for short. *J Cogn Neurosci, 19*(3), 363–364.

Farah, M. J., Illes, J., Cook-Deegan, R., Gardner, H., Kandel, E., King, P., et al. (2004). Neurocognitive enhancement: What can we do and what should we do? *Nat Rev Neurosci, 5*(5), 421–425.

Farah, M. J., & Murphy, N. (2009). Neuroscience and the soul. *Science, 323*(5918), 1168.

Farrer, C., & Frith, C. D. (2002). Experiencing oneself vs. another person as being the cause of an action: the neural correlates of the experience of agency. *Neuroimage, 15*(3), 596–603.

Farwell, L. A., & Donchin, E. (1991). The truth will out: Interrogative polygraphy ("lie detection") with event-related brain potentials. *Psychophysiology, 28*(5), 531–547.
Faurion, A., Cerf, B., Le Bihan, D., & Pillias, A. M. (1998). fMRI study of taste cortical areas in humans. *Ann NY Acad Sci, 855*, 535–545.
Feigl, H. (1967). *The "mental" and the "physical": The essay and a postcript.* Minneapolis, MN.: University of Minnesota Press.
Festinger, L., Riecken, H. W., & Schachter, S. ([1956] 2008). *When prophecy fails.* Minneapolis, MN: University of Minnesota Press.
Filkins, D. (2010, February 7). On Afghan road, scenes of beauty and death. *New York Times.*
Fincher, C. L., Thornhill, R., Murray, D. R., & Schaller, M. (2008). Pathogen prevalence predicts human cross-cultural variability in individualism/collectivism. *Proc Biol Sci, 275*(1640), 1279–1285.
Finkbeiner, M., & Forster, K. I. (2008). Attention, intention and domain-specific processing. *Trends Cogn Sci, 12*(2), 59–64.
Finke, R., & Stark, R. (1998). Religious choice and competition. *American Sociological Review, 63*(5), 761–766.
Fins, J. J., & Shapiro, Z. E. (2007). Neuroimaging and neuroethics: Clinical and policy considerations. *Curr Opin Neurol, 20*(6), 650–654.
Fisher, C. M. (2001). If there were no free will. *Med Hypotheses, 56*(3), 364–366.
Fitch, W. T., Hauser, M. D., & Chomsky, N. (2005). The evolution of the language faculty: Clarifications and implications. *Cognition, 97*(2), 179–210; discussion 211–225.
Flanagan, O. J. (2002). *The problem of the soul: Two visions of mind and how to reconcile them.* New York: Basic Books.
Flanagan, O. J. (2007). *The really hard problem: Meaning in a material world.* Cambridge, MA: MIT Press.
Fletcher, P. C., Happé, F., Frith, U., Baker, S. C., Dolan, R. J., Frackowiak, R. S., et al. (1995). Other minds in the brain: A functional imaging study of "theory of mind" in story comprehension. *Cognition, 57*(2), 109–128.
Fodor, J. (2000). *The mind doesn't work that way.* Cambridge, MA: MIT Press.
Fodor, J. (2007, October 18). Why pigs don't have wings. *London Review of Books.*
Fong, G. T., Krantz, D. H., & Nisbett, R. E. (1986/07). The effects of statistical training on thinking about everyday problems. *Cognitive Psychology, 18*(3), 253–292.
Foot, P. (1967). The problem of abortion and the doctrine of double effect. *Oxford Review, 5*, 5–15.
Foster, K. R., & Kokko, H. (2009). The evolution of superstitious and superstition-like behavior. *Proc Biol Sci* 276(1654), 31–37.
Frank, M. J., D'Lauro, C., & Curran, T. (2007). Cross-task individual differences in error processing: Neural, electrophysiological, and genetic components. *Cogn Affect Behav Neurosci, 7*(4), 297–308.
Frederico Marques, J., Canessa, N., & Cappa, S. (2009). Neural differences in

the processing of true and false sentences: Insights into the nature of 'truth' in language comprehension. *Cortex*, 45(6), 759–68.

Freeman, W. J. (1997). Three centuries of category errors in studies of the neural basis of consciousness and intentionality. *Neural Networks, 10*(7), 1175–1183.

Freud, S. ([1930] 2005). *Civilization and its discontents.* New York: W. W. Norton.

Freud, S., & Strachey, J. ([1927] 1975). *The future of an illusion.* New York: Norton.

Friedman, T. L. (2007, September 5). Letter from Baghdad. *New York Times.*

Fries, A. B., Ziegler, T. E., Kurian, J. R., Jacoris, S., & Pollak, S. D. (2005). Early experience in humans is associated with changes in neuropeptides critical for regulating social behavior. *Proc Natl Acad Sci USA, 102*(47), 17237–17240.

Friston, K. J., Price, C. J., Fletcher, P., Moore, C., Frackowiak, R. S., & Dolan, R. J. (1996). The trouble with cognitive subtraction. *Neuroimage, 4*(2), 97–104.

Frith, C. (2008). No one really uses reason. *New Scientist*, (2666) (July 26), 45.

Frith, C. D., & Frith, U. (2006). The neural basis of mentalizing. *Neuron, 50*(4), 531–534.

Frith, U., Morton, J., & Leslie, A. M. (1991). The cognitive basis of a biological disorder: Autism. *Trends Neurosci, 14*(10), 433–438.

Fromm, E. (1973). *The anatomy of human destructiveness* (1st ed.). New York: Holt.

Fuchs, T. (2006). Ethical issues in neuroscience. *Curr Opin Psychiatry, 19*(6), 600–607.

Fuster, J. M. (2003). *Cortex and mind: Unifying cognition.* Oxford, UK: New York: Oxford University Press.

Gallea, C., Graaf, J. B., Pailhous, J., & Bonnard, M. (2008). Error processing during online motor control depends on the response accuracy. *Behav Brain Res*, 193(1), 117–125.

Garavan, H., Ross, T. J., Murphy, K., Roche, R. A., & Stein, E. A. (2002). Dissociable executive functions in the dynamic control of behavior: Inhibition, error detection, and correction. *Neuroimage, 17*(4), 1820–1829.

Gazzaniga, M. S. (1998). The split brain revisited. *Sci Am, 279*(1), 50–55.

Gazzaniga, M. S. (2005). Forty-five years of split-brain research and still going strong. *Nat Rev Neurosci, 6*(8), 653–659.

Gazzaniga, M. S. (2005). *The ethical brain.* New York: Dana Press.

Gazzaniga, M. S. (2008). *Human: The science behind what makes us unique.* New York: Ecco.

Gazzaniga, M. S., Bogen, J. E., & Sperry, R. W. (1962). Some functional effects of sectioning the cerebral commissures in man. *Proc Natl Acad Sci USA, 48,* 1765–1769.

Gazzaniga, M. S., Bogen, J. E., & Sperry, R. W. (1965). Observations on visual perception after disconnexion of the cerebral hemispheres in man. *Brain, 88*(2), 221–236.

Gazzaniga, M. S., Ivry, R. B. and Mangun, G. R. (1998). *Cognitive neuroscience: The biology of the mind.* New York: W. W. Norton.

Gehring, W. J., & Fencsik, D. E. (2001). Functions of the medial frontal cortex in the processing of conflict and errors. *J Neurosci, 21*(23), 9430–9437.

Geschwind, D. H., Iacoboni, M., Mega, M. S., Zaidel, D. W., Cloughesy, T., & Zaidel, E. (1995). Alien hand syndrome: Interhemispheric motor disconnection due to a lesion in the midbody of the corpus callosum. *Neurology, 45*(4), 802–808.

Gettleman, J. (2008, June 8). Albinos, long shunned, face threat in Tanzania. *New York Times.*

Ghazanfar, A. A. (2008). Language evolution: Neural differences that make a difference. *Nat Neurosci, 11*(4), 382–384.

Gilbert, D. T. (1991). How mental systems believe. *American Psychologist, 46*(2), 107–119.

Gilbert, D. T. (2006). *Stumbling on happiness* (1st ed.). New York: A. A. Knopf.

Gilbert, D. T., Brown, R. P., Pinel, E. C., & Wilson, T. D. (2000). The illusion of external agency. *J Pers Soc Psychol, 79*(5), 690–700.

Gilbert, D. T., Lieberman, M. D., Morewedge, C. K., & Wilson, T. D. (2004). The peculiar longevity of things not so bad. *Psychol Sci, 15*(1), 14–19.

Gilbert, D. T., Morewedge, C. K., Risen, J. L., & Wilson, T. D. (2004). Looking forward to looking backward: The misprediction of regret. *Psychol Sci, 15*(5), 346–350.

Gilbert, D. T., Krull, D. S., Malone, S. (1990). Unbelieving the unbelievable: Some problems in the rejection of false information. *Journal of Personality and Social Psychology, 59*(4), 601–613.

Glannon, W. (2006). Neuroethics. *Bioethics, 20*(1), 37–52.

Glenn, A. L., Raine, A., & Schug, R. A. (2009). The neural correlates of moral decision-making in psychopathy. *Mol Psychiatry, 14*(1), 5–6.

Glenn, A. L., Raine, A., Schug, R. A., Young, L., & Hauser, M. (2009). Increased DLPFC activity during moral decision-making in psychopathy. *Mol Psychiatry, 14*(10), 909–911.

Glimcher, P. (2002). Decisions, decisions, decisions: Choosing a biological science of choice. *Neuron, 36*(2), 323–332.

Goel, V., & Dolan, R. J. (2003a). Explaining modulation of reasoning by belief. *Cognition, 87*(1), B11–22.

Goel, V., & Dolan, R. J. (2003b). Reciprocal neural response within lateral and ventral medial prefrontal cortex during hot and cold reasoning. *Neuroimage, 20*(4), 2314–2321.

Goel, V., Gold, B., Kapur, S., & Houle, S. (1997). The seats of reason? An imaging study of deductive and inductive reasoning. *Neuroreport, 8*(5), 1305–1310.

Goffman, E. (1967). *Interaction ritual: Essays on face-to-face behavior.* New York: Pantheon Books.

Gold, J. I., & Shadlen, M. N. (2000). Representation of a perceptual decision in developing oculomotor commands. *Nature, 404*(6776), 390–394.

Gold, J. I., & Shadlen, M. N. (2002). Banburismus and the brain: Decoding the relationship between sensory stimuli, decisions, and reward. *Neuron, 36*(2), 299–308.

Gold, J. I., & Shadlen, M. N. (2007). The neural basis of decision making. *Annu Rev Neurosci, 30*, 535–574.

Goldberg, E. (2001). *The executive brain: Frontal lobes and the civilized mind.* Oxford, UK; New York: Oxford University Press.

Goldberg, I., Ullman, S., & Malach, R. (2008). Neuronal correlates of "free will" are associated with regional specialization in the human intrinsic/default network. *Conscious Cogn, 17*(3), 587–601.

Gomes, G. (2007). Free will, the self, and the brain. *Behav Sci Law, 25*(2), 221–234.

Goodstein, L. (2010a, March 24). Vatican declined to defrock U.S. priest who abused boys. *New York Times.*

Goodstein, L. (2010b, April 21). Invitation to cardinal is withdrawn. *New York Times.*

Goodstein, L., & Callender, D. (2010, March 26). For years, deaf boys tried to tell of priest's abuse. *New York Times.*

Gould, S. J. (1997). Nonoverlapping magisteria. *Natural History, 106*(March), 16–22.

Graham Holm, N. (2010, January 4). Prejudiced Danes provoke fanaticism. *The Guardian.*

Grann, D. (2009, September 7). Trial by Fire. *New Yorker.*

Gray, J. M., Young, A. W., Barker, W. A., Curtis, A., & Gibson, D. (1997). Impaired recognition of disgust in Huntington's disease gene carriers. *Brain, 120* (Pt. 11), 2029–2038.

Gray, J. R., Burgess, G. C., Schaefer, A., Yarkoni, T., Larsen, R. J., & Braver, T. S. (2005). Affective personality differences in neural processing efficiency confirmed using fMRI. *Cogn Affect Behav Neurosci, 5*(2), 182–190.

Greely, H. (2007). On neuroethics. *Science, 318*(5850), 533.

Greene, J., & Cohen, J. (2004). For the law, neuroscience changes nothing and everything. *Philos Trans R Soc Lond B Biol Sci, 359*(1451), 1775–1785.

Greene, J. D. (2002). *The terrible, horrible, no good, very bad truth about morality and what to do about it.* Princeton, NJ: Princeton University.

Greene, J. D. (2007). Why are VMPFC patients more utilitarian? A dual-process theory of moral judgment explains. *Trends Cogn Sci, 11*(8), 322–323; author reply 323–324.

Greene, J. D., Nystrom, L. E., Engell, A. D., Darley, J. M., & Cohen, J. D. (2004). The neural bases of cognitive conflict and control in moral judgment. *Neuron, 44*(2), 389–400.

Greene, J. D., Sommerville, R. B., Nystrom, L. E., Darley, J. M., & Cohen, J. D. (2001). An fMRI investigation of emotional engagement in moral judgment. *Science, 293*(5537), 2105–2108.

Gregory, R. L. (1987). *The Oxford companion to the mind.* Oxford, UK: Oxford University Press.

Grim, P. (2007). Free will in context: A contemporary philosophical perspective. *Behav Sci Law, 25*(2), 183–201.

Gross, P. R. (1991). On the "gendering" of science. *Academic Questions, 5*(2), 10–23.

Gross, P. R., & Levitt, N. (1994). *Higher superstition: The academic left and its quarrels with science.* Baltimore: Johns Hopkins University Press.
Gusnard, D. A., Akbudak, E., Shulman, G. L., & Raichle, M. E. (2001). Medial prefrontal cortex and self-referential mental activity: Relation to a default mode of brain function. *Proc Natl Acad Sci USA, 98*(7), 4259–4264.
Gutchess, A. H., Welsh, R. C., Boduroglu, A., & Park, D. C. (2006). Cultural differences in neural function associated with object processing. *Cogn Affect Behav Neurosci, 6*(2), 102–109.
Guttenplan, S. (1994). *A companion to the philosophy of mind.* Oxford, UK: Blackwell.
Haber, S. N., Kunishio, K., Mizobuchi, M., & Lynd-Balta, E. (1995). The orbital and medial prefrontal circuit through the primate basal ganglia. *J Neurosci, 15*(7 Pt. 1), 4851–4867.
Haggard, P. (2001). The psychology of action. *Br J Psychol, 92*(Pt. 1), 113–128.
Haggard, P., Clark, S., & Kalogeras, J. (2002). Voluntary action and conscious awareness. *Nat Neurosci, 5*(4), 382–385.
Haggard, P., & Eimer, M. (1999). On the relation between brain potentials and the awareness of voluntary movements. *Exp Brain Res, 126*(1), 128–133.
Haggard, P., & Magno, E. (1999). Localising awareness of action with transcranial magnetic stimulation. *Exp Brain Res, 127*(1), 102–107.
Haidt, J. (2001). The emotional dog and its rational tail: A social intuitionist approach to moral judgment. *Psychol Rev, 108*(4), 814–834.
Haidt, J. (2003). The emotional dog does learn new tricks: A reply to Pizarro and Bloom (2003). *Psychol Rev, 110*(1), 197–198.
Haidt, J. (2007). The new synthesis in moral psychology. *Science, 316*(5827), 998–1002.
Haidt, J. (2008). What makes people vote Republican? Retrieved from www.edge.org/3rd_culture/haidt08/haidt08_index.html.
Haidt, J. (2009). Faster evolution means more ethnic differences. *The Edge Annual Question 2009.* Retrieved from www.edge.org/q2009/q09_4.html#haidt.
Hajcak, G., & Simons, R. F. (2008). Oops! . . . I did it again: An ERP and behavioral study of double-errors. *Brain Cogn, 68*(1), 15–21.
Hall, D. L., Matz, D. C., & Wood, W. (2010). Why don't we practice what we preach? A meta-analytic review of religious racism. *Personality and Social Psychology Review, 14*(1), 126–139.
Halligan, P. W. (1998). Inability to recognise disgust in Huntington's disease. *Lancet, 351*(9101), 464.
Hameroff, S., Kaszniak, A. W., and Scott, A. C. (1996). *Toward a science of consciousness: The first Tucson discussions and debates.* Cambridge, MA: MIT Press.
Hamilton, W. D. (1964a). The genetical evolution of social behaviour. Pt. I. *J Theor Biol, 7*(1), 1–16.
Hamilton, W. D. (1964b). The genetical evolution of social behaviour. Pt. II. *J Theor Biol, 7*(1), 17–52.
Han, S., Mao, L., Gu, X., Zhu, Y., Ge, J., & Ma, Y. (2008). Neural consequences of religious belief on self-referential processing. *Soc Neurosci, 3*(1), 1–15.

Hanson, S. J., Matsuka, T., & Haxby, J. V. (2004). Combinatorial codes in ventral temporal lobe for object recognition: Haxby (2001) revisited: Is there a "face" area? *Neuroimage, 23*(1), 156–166.

Happé, F. (2003). Theory of mind and the self. *Ann NY Acad Sci, 1001*, 134–144.

Hardcastle, V. G. (1993). The naturalists versus the skeptics: The debate over a scientific understanding of consciousness. *J Mind Behav, 14*(1), 27–50.

Hardcastle, V. G., & Flanagan, O. (1999). Multiplex vs. multiple selves: Distinguishing dissociative disorders. *The Monist, 82*(4), 645–657.

Harding, S. (2001). *Gender, democracy, and philosophy of science.* Paper presented at the Science, Engineering and Global Responsibility lectures, Stockholm (June 14–18, 2000).

Hare, R. D. (1999). *Without conscience: The disturbing world of the psychopaths among us.* New York: Guilford Press.

Hare, T. A., Tottenham, N., Galvan, A., Voss, H. U., Glover, G. H., & Casey, B. J. (2008). Biological substrates of emotional reactivity and regulation in adolescence during an emotional go-nogo task. *Biol Psychiatry, 63*(10), 927–934.

Harris, D., & Karamehmedovic, A. (2009, March 2). Child witches: Accused in the name of Jesus. *Nightline:* ABC News.

Harris, S. (2004). *The end of faith: Religion, terror, and the future of reason* (1st ed.). New York: W. W. Norton.

Harris, S. (2006a). *Letter to a Christian nation.* New York: Knopf.

Harris, S. (2006b). Science must destroy religion. In J. Brockman (Ed.), *What is your dangerous idea?* New York: Simon & Schuster.

Harris, S. (2006c). Reply to Scott Atran. *An Edge discussion of BEYOND BELIEF: Science, religion, reason and survival,* from www.edge.org/discourse/bb.html.

Harris, S. (2006d). Do we really need bad reasons to be good? *Boston Globe,* Oct. 22.

Harris, S. (2007b). Response to Jonathan Haidt. *Edge.org,* from www.edge.org/discourse/moral_religion.html.

Harris, S. (2007a). Scientists should unite against threat from religion. *Nature, 448*(7156), 864.

Harris, S. (2009, July 27). Science is in the details. *New York Times.*

Harris, S., & Ball, P. (2009, June 26). What should science do? Sam Harris v. Philip Ball, from www.project-reason.org/archive/item/what_should_science_dosam_harris_v_philip_ball/.

Harris, S., Kaplan, J. T., Curiel, A., Bookheimer, S. Y., Iacoboni, M., & Cohen, M. S. (2009). The neural correlates of religious and nonreligious belief. *PLoS ONE, 4*(10), e7272.

Harris, S., Sheth, S. A., & Cohen, M. S. (2008). Functional neuroimaging of belief, disbelief, and uncertainty. *Ann Neurol, 63*(2), 141–147.

Hauser, M. D. (2000). *Wild minds: What animals really think* (1st ed.). New York: Henry Holt.

Hauser, M. D. (2006). *Moral minds: How nature designed our universal sense of right and wrong* (1st ed.). New York: Ecco.
Hauser, M. D., Chomsky, N., & Fitch, W. T. (2002). The faculty of language: What is it, who has it, and how did it evolve? *Science, 298*(5598), 1569–1579.
Hayes, C. J., Stevenson, R. J., & Coltheart, M. (2007). Disgust and Huntington's disease. *Neuropsychologia, 45*(6), 1135–1151.
Haynes, J. D. (2009). Decoding visual consciousness from human brain signals. *Trends Cogn Sci*, 13(5), 194–202.
Haynes, J. D., & Rees, G. (2006). Decoding mental states from brain activity in humans. *Nat Rev Neurosci, 7*(7), 523–534.
Heisenberg, M. (2009). Is free will an illusion? *Nature, 459*(7244), 164–165.
Heisenberg, W. (1958). The representation of Nature in contemporary physics. *Daedalus, 87*(Summer), 95–108.
Henley, S. M., Wild, E. J., Hobbs, N. Z., Warren, J. D., Frost, C., Scahill, R. I., et al. (2008). Defective emotion recognition in early HD is neuropsychologically and anatomically generic. *Neuropsychologia, 46*(8), 2152–2160.
Hennenlotter, A., Schroeder, U., Erhard, P., Haslinger, B., Stahl, R., Weindl, A., et al. (2004). Neural correlates associated with impaired disgust processing in pre-symptomatic Huntington's disease. *Brain, 127*(Pt. 6), 1446–1453.
Henson, R. (2005). What can functional neuroimaging tell the experimental psychologist? *Q J Exp Psychol A, 58*(2), 193–233.
Hirsi Ali, A. (2006). *The caged virgin: An emancipation proclamation for women and Islam* (1st Free Press ed.). New York: Free Press.
Hirsi Ali, A. (2007). *Infidel.* New York: Free Press.
Hirsi Ali, A. (2010). *Nomad.* New York: Free Press.
Hitchens, C. (2007). *God is not great: How religion poisons everything.* New York: Twelve.
Hitchens, C. (2010, March 15). The great Catholic cover-up. *Slate.*
Hitchens, C. (2010, March 22). Tear down that wall. *Slate.*
Hitchens, C. (2010, March 29). The pope is not above the law. *Slate.*
Hitchens, C. (2010, May 3). Bring the pope to justice. *Newsweek.*
Holden, C. (2001). Polygraph screening. Panel seeks truth in lie detector debate. *Science, 291*(5506), 967.
Holyoak, K. J. (2005). Analogy. In K. J. Holyoak & R. G. Morrison (Eds.), *The Cambridge handbook of thinking of reasoning* (pp. 117–142). New York: Cambridge University Press.
Holyoak, K. J., & Morrison, R. G. (2005). *The Cambridge handbook of thinking and reasoning.* New York: Cambridge University Press.
Hood, B. M. (2009). *Supersense: Why we believe in the unbelievable.* New York: HarperOne.
Hornak, J., O'Doherty, J., Bramham, J., Rolls, E. T., Morris, R. G., Bullock, P. R., et al. (2004). Reward-related reversal learning after surgical excisions in orbito-frontal or dorsolateral prefrontal cortex in humans. *J Cogn Neurosci, 16*(3), 463–478.

Houreld, K. (2009, October 20). Church burns "witchcraft" children. *Daily Telegraph.*

Hsu, M., Bhatt, M., Adolphs, R., Tranel, D., & Camerer, C. F. (2005). Neural systems responding to degrees of uncertainty in human decision-making. *Science, 310*(5754), 1680–1683.

Hume, D. (1996). *The philosophical works of David Hume.* Bristol, U.K.: Thoemmes Press.

Hunte-Grubbe, C. (2007, October 14). The elementary DNA of Dr. Watson. *Sunday Times.*

Hutchison, W. D., Davis, K. D., Lozano, A. M., Tasker, R. R., & Dostrovsky, J. O. (1999). Pain-related neurons in the human cingulate cortex. *Nat Neurosci, 2*(5), 403–405.

Iacoboni, M. (2008). *Mirroring people: The new science of how we connect with others* (1st ed.). New York: Farrar, Straus and Giroux.

Iacoboni, M., & Dapretto, M. (2006). The mirror neuron system and the consequences of its dysfunction. *Nat Rev Neurosci, 7*(12), 942–951.

Iacoboni, M., & Mazziotta, J. C. (2007). Mirror neuron system: Basic findings and clinical applications. *Ann Neurol, 62*(3), 213–218.

Iacoboni, M., Rayman, J., & Zaidel, E. (1996). Left brain says yes, right brain says no: Normative duality in the split brain. In S. Hameroff, A. W. Kaszniak, & A. C. Scott (Eds.), *Toward a science of consciousness: The first Tucson discussions and debates* (pp. 197–202). Cambridge, MA: MIT Press.

Ibrahim, R. (Ed.)(2007). *The Al Qaeda reader* (1st pbk. ed.). New York: Broadway Books.

Illes, J. (2003). Neuroethics in a new era of neuroimaging. *AJNR Am J Neuroradiol, 24*(9), 1739–1741.

Illes, J. (2004). Medical imaging: A hub for the new field of neuroethics. *Acad Radiol, 11*(7), 721–723.

Illes, J. (2007). Empirical neuroethics. Can brain imaging visualize human thought? Why is neuroethics interested in such a possibility? *EMBO Rep. 8 Spec No.* S57–60.

Illes, J., & Bird, S. J. (2006). Neuroethics: A modern context for ethics in neuroscience. *Trends Neurosci, 29*(9), 511–517.

Illes, J., Blakemore, C., Hansson, M. G., Hensch, T. K., Leshner, A., Maestre, G., et al. (2005). International perspectives on engaging the public in neuroethics. *Nat Rev Neurosci, 6*(12), 977–982.

Illes, J., Kirschen, M. P., & Gabrieli, J. D. (2003). From neuroimaging to neuroethics. *Nat Neurosci, 6*(3), 205.

Illes, J., & Racine, E. (2005). Imaging or imagining? A neuroethics challenge informed by genetics. *Am J Bioeth, 5*(2), 5–18.

Illes, J., & Raffin, T. A. (2002). Neuroethics: An emerging new discipline in the study of brain and cognition. *Brain Cogn, 50*(3), 341–344.

Inbar, Y., Pizarro, D. A., Knobe, J., & Bloom, P. (2009). Disgust sensitivity predicts intuitive disapproval of gays. *Emotion, 9*(3), 435–439.

Inglehart, R., Foa, R., Peterson, C., & Welzel, C. (2008). Development, freedom, and rising happiness. *Perspectives on Psychological Science, 3*(4), 264–285.

Inzlicht, M., McGregor, I., Hirsh, J. B., & Nash, K. (2009). Neural markers of religious conviction. *Psychol Sci, 20*(3), 385–392.

Izuma, K., Saito, D. N., & Sadato, N. (2008). Processing of social and monetary rewards in the human striatum. *Neuron, 58*(2), 284–294.

James, W. ([1890] 1950). *The principles of psychology* (Authorized ed.). Mineola, NY: Dover Publications.

James, W. ([1912] 1996). *Essays in radical empiricism.* Lincoln, NE: University of Nebraska Press.

Jeannerod, M. (1999). The 25th Bartlett Lecture. To act or not to act: Perspectives on the representation of actions. *Q J Exp Psychol A, 52*(1), 1–29.

Jeannerod, M. (2001). Neural simulation of action: A unifying mechanism for motor cognition. *Neuroimage, 14*(1 Pt. 2), S103–109.

Jeannerod, M. (2003). The mechanism of self-recognition in humans. *Behav Brain Res, 142*(1–2), 1–15.

Jeans, J. (1930). *The mysterious universe.* Cambridge, UK: Cambridge University Press.

Jedlicka, P. (2005). Neuroethics, reductionism and dualism. *Trends Cogn Sci, 9*(4), 172; author reply, 173.

Jenkinson, M., Bannister, P., Brady, M., & Smith, S. (2002). Improved optimization for the robust and accurate linear registration and motion correction of brain images. *Neuroimage, 17*(2), 825–841.

Jenkinson, M., & Smith, S. (2001). A global optimisation method for robust affine registration of brain images. *Med Image Anal, 5*(2), 143–156.

Jensen, K., Call, J., & Tomasello, M. (2007). Chimpanzees are rational maximizers in an ultimatum game. *Science, 318*(5847), 107–109.

Jensen, K., Hare, B., Call, J., & Tomasello, M. (2006). What's in it for me? Self-regard precludes altruism and spite in chimpanzees. *Proc Biol Sci, 273*(1589), 1013–1021.

Johnson, S. A., Stout, J. C., Solomon, A. C., Langbehn, D. R., Aylward, E. H., Cruce, C. B., et al. (2007). Beyond disgust: Impaired recognition of negative emotions prior to diagnosis in Huntington's disease. *Brain, 130*(Pt. 7), 1732–1744.

Jones, D. (2008). Human behaviour: killer instincts. *Nature, 451*(7178), 512–515.

Joseph, O. (2009). Horror of Kenya's "witch," lynchings. Retrieved June 27, 2009, from http://news.bbc.co.uk/2/hi/africa/8119201.stm.

Joseph, R. (1999). Frontal lobe psychopathology: Mania, depression, confabulation, catatonia, perseveration, obsessive compulsions, and schizophrenia. *Psychiatry, 62*(2), 138–172.

Jost, J. T., Glaser, J., Kruglanski, A. W., & Sulloway, F. J. (2003). Political conservatism as motivated social cognition. *Psychol Bull, 129*(3), 339–375.

Joyce, R. (2006). Metaethics and the empirical sciences. *Philosophical Explorations, 9* (Special issue: Empirical research and the nature of moral judgment), 133–148.

Judson, O. (2008, December 2). Back to reality. *New York Times.*

Justo, L., & Erazun, F. (2007). Neuroethics and human rights. *Am J Bioeth, 7*(5), 16–18.

Kahane, G., & Shackel, N. (2008). Do abnormal responses show utilitarian bias? *Nature, 452*(7185), E5; author reply E5–6.

Kahneman, D. (2003a). Experiences of collaborative research. *Am Psychol, 58*(9), 723–730.

Kahneman, D. (2003b). A perspective on judgment and choice: Mapping bounded rationality. *Am Psychol, 58*(9), 697–720.

Kahneman, D., & Frederick, S. (2005). A model of heuristic judgment. In K. J. Holyoak & R. G. Morrison (Eds.), *The Cambridge handbook of thinking and reasoning* (pp. 267–293). New York: Cambridge University Press.

Kahneman, D., Krueger, A. B., Schkade, D., Schwarz, N., & Stone, A. A. (2006). Would you be happier if you were richer? A focusing illusion. *Science, 312*(5782), 1908–1910.

Kahneman, D., Slovic, P., & Tversky, A. (1982). *Judgment under uncertainty: Heuristics and biases.* New York: Cambridge University Press.

Kahneman, D., & Tversky, A. (1979). Prospect theory: An analysis of decision under risk. *Econometrica, 47*(2), 263–292.

Kahneman, D., & Tversky, A. (1996). On the reality of cognitive illusions. *Psychol Rev, 103*(3), 582–591; discussion 592–586.

Kandel, E. R. (2008). Interview with Eric R. Kandel: From memory, free will, and the problem with Freud to fortunate decisions. *J Vis Exp*(15), April 24, p. 762.

Kant, I. ([1785] 1995). *Ethical philosophy: Grounding for the metaphysics of morals and metaphysical principles of virtue* (J. W. Ellington, Trans.). Indianapolis, IN: Hackett Publishing.

Kanwisher, N., McDermott, J., & Chun, M. M. (1997). The fusiform face area: A module in human extrastriate cortex specialized for face perception. *J Neurosci, 17*(11), 4302–4311.

Kaplan, J. T., Freedman, J., & Iacoboni, M. (2007). Us versus them: Political attitudes and party affiliation influence neural response to faces of presidential candidates. *Neuropsychologia, 45*(1), 55–64.

Kaplan, J. T., & Iacoboni, M. (2006). Getting a grip on other minds: Mirror neurons, intention understanding, and cognitive empathy. *Soc Neurosci, 1*(3–4), 175–183.

Kapogiannis, D., Barbey, A. K., Su, M., Zamboni, G., Krueger, F., & Grafman, J. (2009). Cognitive and neural foundations of religious belief. *Proc Natl Acad Sci USA, 106*(12), 4876–4881.

Karczmar, A. G. (2001). Sir John Eccles, 1903–1997. Pt. 2. The brain as a machine or as a site of free will? *Perspect Biol Med, 44*(2), 250–262.

Keane, M. M., Gabrieli, J. D., Monti, L. A., Fleischman, D. A., Cantor, J. M., & Noland, J. S. (1997). Intact and impaired conceptual memory processes in amnesia. *Neuropsychology, 11*(1), 59–69.

Kelley, W. M., Macrae, C. N., Wyland, C. L., Caglar, S., Inati, S., & Heatherton, T. F. (2002). Finding the self? An event-related fMRI study. *J Cogn Neurosci, 14*(5), 785–794.

Kennedy, D. (2004). Neuroscience and neuroethics. *Science, 306*(5695), 373.

Kertesz, A. (2000). Alien hand, free will and Arnold Pick. *Can J Neurol Sci, 27*(3), 183.

Keverne, E. B., & Curley, J. P. (2004). Vasopressin, oxytocin and social behaviour. *Curr Opin Neurobiol, 14*(6), 777–783.

Kiehl, K. A. (2006). A cognitive neuroscience perspective on psychopathy: Evidence for paralimbic system dysfunction. *Psychiatry Res, 142*(2–3), 107–128.

Kiehl, K. A., Smith, A. M., Hare, R. D., Mendrek, A., Forster, B. B., Brink, J., et al. (2001). Limbic abnormalities in affective processing by criminal psychopaths as revealed by functional magnetic resonance imaging. *Biol Psychiatry, 50*(9), 677–684.

Kihlstrom, J. F. (1996). Unconscious processes in social interaction. In S. Hameroff, A. W. Kaszniak, & A. C. Scott (Eds.), *Toward a science of consciousness: The first Tucson discussions and debates* (pp. 93–104). Cambridge, MA: MIT Press.

Kim, J. ([1984] 1991). Epiphenomenal and supervenient causation. In D. Rosenthal (Ed.), *The nature of mind* (pp. 257–265). Oxford: Oxford University Press.

Kim, J. (1993). The myth of nonreductive materialism. In *Supervenience and mind* (pp. 265–283). Cambridge, UK: Cambridge University Press.

King-Casas, B., Tomlin, D., Anen, C., Camerer, C. F., Quartz, S. R., & Montague, P. R. (2005). Getting to know you: Reputation and trust in a two-person economic exchange. *Science, 308*(5718), 78–83.

Kipps, C. M., Duggins, A. J., McCusker, E. A., & Calder, A. J. (2007). Disgust and happiness recognition correlate with anteroventral insula and amygdala volume respectively in preclinical Huntington's disease. *J Cogn Neurosci, 19*(7), 1206–1217.

Kircher, T. T., Senior, C., Phillips, M. L., Benson, P. J., Bullmore, E. T., Brammer, M., et al. (2000). Towards a functional neuroanatomy of self processing: Effects of faces and words. *Brain Res Cogn Brain Res, 10*(1–2), 133–144.

Kircher, T. T., Senior, C., Phillips, M. L., Rabe-Hesketh, S., Benson, P. J., Bullmore, E. T., et al. (2001). Recognizing one's own face. *Cognition, 78*(1), B1–B15.

Kirsch, I. (2000). Are drug and placebo effects in depression additive? *Biol Psychiatry, 47*(8), 733–735.

Klayman, J., & Ha, Y. W. (1987). Confirmation, disconfirmation, and information in hypothesis testing. *Psychological Review, 94*(2), 211–228.

Koenig, L. B., McGue, M., Krueger, R. F., & Bouchard, T. J., Jr. (2005). Genetic and environmental influences on religiousness: Findings for retrospective and current religiousness ratings. *J Pers, 73*(2), 471–488.

Koenig, L. B., McGue, M., Krueger, R. F., & Bouchard, T. J., Jr. (2007). Religiousness, antisocial behavior, and altruism: Genetic and environmental mediation. *J Pers, 75*(2), 265–290.

Koenigs, M., Young, L., Adolphs, R., Tranel, D., Cushman, F., Hauser, M., et al. (2007). Damage to the prefrontal cortex increases utilitarian moral judgements. *Nature, 446*(7138), 908–911.

Kolb, B., & Whishaw, I. Q. (2008). *Fundamentals of human neuropsychology* (6th ed.). New York: Worth Publishers.

Kosik, K. S. (2006). Neuroscience gears up for duel on the issue of brain versus deity. *Nature, 439*(7073), 138.

Krause, J., Lalueza-Fox, C., Orlando, L., Enard, W., Green, R. E., Burbano, H. A., et al. (2007). The derived FOXP2 variant of modern humans was shared with Neandertals. *Curr Biol, 17*(21), 1908–1912.

Kripke, S. ([1970] 1991). From naming and necessity. In D. Rosenthal (Ed.), *The nature of mind* (pp. 236–246). UK: Oxford University Press.

Kruger, J., & Dunning, D. (1999). Unskilled and unaware of it: How difficulties in recognizing one's own incompetence lead to inflated self-assessments. *J Pers Soc Psychol, 77*(6), 1121–1134.

Kruglanski, A. W. (1999). Motivation, cognition, and reality: Three memos for the next generation of research. *Psychological Inquiry, 10*(1), pp. 54–58.

Kuhnen, C. M., & Knutson, B. (2005). The neural basis of financial risk taking. *Neuron, 47*(5), 763–770.

LaBoeuf, R. A., & Shafir, E. B. (2005). Decision making. In K. J. Holyoak & R. G. Morrison (Eds.), *The Cambridge handbook of thinking and reasoning* (pp. 243–266). New York: Cambridge University Press.

LaFraniere, S. (2007, November 15). African crucible: Cast as witches, then cast out. *New York Times.*

Lahav, R. (1997). The conscious and the non-conscious: Philosophical implications of neuropsychology. In M. Carrier & P. K. Machamer (Eds.), *Mindscapes: Philosophy, science, and the mind.* Pittsburgh, PA: University of Pittsburgh Press.

Lai, C. S., Fisher, S. E., Hurst, J. A., Vargha-Khadem, F., & Monaco, A. P. (2001). A forkhead-domain gene is mutated in a severe speech and language disorder. *Nature, 413*(6855), 519–523.

Langford, D. J., Crager, S. E., Shehzad, Z., Smith, S. B., Sotocinal, S. G., Levenstadt, J. S., et al. (2006). Social modulation of pain as evidence for empathy in mice. *Science, 312*(5782), 1967–1970.

Langleben, D. D., Loughead, J. W., Bilker, W. B., Ruparel, K., Childress, A. R., Busch, S. I., et al. (2005). Telling truth from lie in individual subjects with fast event-related fMRI. *Hum Brain Mapp, 26*(4), 262–272.

Langleben, D. D., Schroeder, L., Maldjian, J. A., Gur, R. C., McDonald, S., Ragland, J. D., et al. (2002). Brain activity during simulated deception: An event-related functional magnetic resonance study. *Neuroimage, 15*(3), 727–732.

Larson, E. J., & Witham, L. (1998). Leading scientists still reject God. *Nature, 394*(6691), 313.

LeDoux, J. E. (2002). *Synaptic self: How our brains become who we are.* New York: Viking.

Lee, T. M., Liu, H. L., Chan, C. C., Ng, Y. B., Fox, P. T., & Gao, J. H. (2005). Neural correlates of feigned memory impairment. *Neuroimage, 28*(2), 305–313.

Leher, J. (2010, February 28). Depression's upside. *New York Times Magazine.*

Levine, J. (1983). Materialism and qualia: The explanatory gap. *Pacific Philosophical Quarterly, 64*, 354–361.

Levine, J. (1997). On leaving out what it's like. In N. Block, O. Flanagan, & G. Güzeldere (Eds.), *The nature of consciousness: Philosophical debates* (pp. 543–555). Cambridge, MA: MIT Press.

Levy, N. (2007). Rethinking neuroethics in the light of the extended mind thesis. *Am J Bioeth, 7*(9), 3–11.

Levy, N. (2007). *Neuroethics.* New York: Cambridge University Press.

Libet, B. (1999). Do we have free will? *Journal of Consciousness Studies, 6*(8–9), 47–57.

Libet, B. (2001). Consciousness, free action and the brain: Commentary on John Searle's article. *Journal of Consciousness Studies, 8*(8), 59–65.

Libet, B. (2003). Can conscious experience affect brain activity? *Journal of Consciousness Studies, 10*(12), 24–28.

Libet, B., Gleason, C. A., Wright, E. W., & Pearl, D. K. (1983). Time of conscious intention to act in relation to onset of cerebral activity (readiness-potential). The unconscious initiation of a freely voluntary act. *Brain, 106* (Pt. 3), 623–642.

Lieberman, M. D., Jarcho, J. M., Berman, S., Naliboff, B. D., Suyenobu, B. Y., Mandelkern, M., et al. (2004). The neural correlates of placebo effects: a disruption account. *Neuroimage, 22*(1), 447–455.

Litman, L., & Reber, A. S. (2005). Implicit cognition and thought. In K. J. Holyoak & R. G. Morrison (Eds.), *The Cambridge handbook of thinking and reasoning* (pp. 431–453). New York: Cambridge University Press.

Livingston, K. R. (2005). Religious practice, brain, and belief. *Journal of Cognition and Culture, 5*(1–2), 75–117.

Llinás, R. (2001). *I of the vortex: From neurons to self.* Cambridge, MA: MIT Press.

Llinás, R., Ribary, U., Contreras, D., & Pedroarena, C. (1998). The neuronal basis for consciousness. *Philos Trans R Soc Lond B Biol Sci, 353*(1377), 1841–1849.

Logothetis, N. K. (1999). Vision: A window on consciousness. *Sci Am, 281*(5), 69–75.

Logothetis, N. K. (2008). What we can do and what we cannot do with fMRI. *Nature, 453*(7197), 869–878.

Logothetis, N. K., Pauls, J., Augath, M., Trinath, T., & Oeltermann, A. (2001). Neurophysiological investigation of the basis of the fMRI signal. *Nature, 412*(6843), 150–157.

Logothetis, N. K., & Pfeuffer, J. (2004). On the nature of the BOLD fMRI contrast mechanism. *Magn Reson Imaging, 22*(10), 1517–1531.

Lou, H. C., Luber, B., Crupain, M., Keenan, J. P., Nowak, M., Kjaer, T. W., et al. (2004). Parietal cortex and representation of the mental self. *Proc Natl Acad Sci USA, 101*(17), 6827–6832.

Lou, H. C., Nowak, M., & Kjaer, T. W. (2005). The mental self. *Prog Brain Res, 150*, 197–204.

Lugo, L. D. (2008). *U.S. Religious Landscape Survey*, Pew Research Center.

Lutz, A., Brefczynski-Lewis, J., Johnstone, T., & Davidson, R. J. (2008). Regulation of the neural circuitry of emotion by compassion meditation: effects of meditative expertise. *PLoS ONE, 3*(3), e1897.

Lutz, A., Greischar, L. L., Rawlings, N. B., Ricard, M., & Davidson, R. J. (2004). Long-term meditators self-induce high-amplitude gamma synchrony during mental practice. *Proc Natl Acad Sci USA, 101*(46), 16369–16373.

Lutz, A., Slagter, H. A., Dunne, J. D., & Davidson, R. J. (2008). Attention regulation and monitoring in meditation. *Trends Cogn Sci, 12*(4), 163–169.

Lykken, D. T., & Tellegen, A. (1996). Happiness is a stochastic phenomenon. *Psychological Science, 7*(3), 186–189.

Mackie, J. L. (1977). *Ethics: Inventing right and wrong.* London: Penguin.

Macrae, C. N., Moran, J. M., Heatherton, T. F., Banfield, J. F., & Kelley, W. M. (2004). Medial prefrontal activity predicts memory for self. *Cereb Cortex, 14*(6), 647–654.

Maddox, J. (1981). A book for burning? *Nature, 293* (September 24), 245–246.

Maddox, J. (1995). The prevalent distrust of science. *Nature, 378*(6556), 435–437.

Maguire, E. A., Frith, C. D., & Morris, R. G. (1999). The functional neuroanatomy of comprehension and memory: The importance of prior knowledge. *Brain, 122* (Pt. 10), 1839–1850.

Mark, V. (1996). Conflicting communicative behavior in a split-brain patient: Support for dual consciousness. In S. Hameroff, A. W. Kaszniak, & A. C. Scott (Eds.), *Toward a science of consciousness: The first Tucson discussions and debates* (pp. 189–196). Cambridge, MA: MIT Press.

Marks, C. E. (1980). *Commissurotomy, consciousness, and the unity of mind.* Montgomery, VT: Bradford Books.

Marr, D. (1982). *Vision: A computational investigation into the human representation and processing of visual information.* San Francisco: W. H. Freeman.

Marx, K. ([1843] 1971). *Critique of Hegel's philosophy of right* (A. J. O'Malley, Trans.). Cambridge, UK: Cambridge University Press.

Mason, M. F., Norton, M. I., Van Horn, J. D., Wegner, D. M., Grafton, S. T., & Macrae, C. N. (2007). Wandering minds: The default network and stimulus-independent thought. *Science, 315*(5810), 393–395.

Masserman, J. H., Wechkin, S., & Terris, W. (1964). "Altruistic" behavior in rhesus monkeys. *Am J Psychiatry, 121*, 584–585.

Matsumoto, K., & Tanaka, K. (2004). The role of the medial prefrontal cortex in achieving goals. *Curr Opin Neurobiol, 14*(2), 178–185.

McCloskey, M. S., Phan, K. L., & Coccaro, E. F. (2005). Neuroimaging and personality disorders. *Curr Psychiatry Rep, 7*(1), 65–72.

McClure, S. M., Li, J., Tomlin, D., Cypert, K. S., Montague, L. M., & Montague, P. R. (2004). Neural correlates of behavioral preference for culturally familiar drinks. *Neuron, 44*(2), 379–387.

McCrone, J. (2003). Free will. *Lancet Neurol, 2*(1), 66.

McElreath, R., & Boyd, R. (2007). *Mathematical models of social evolution: A guide for the perplexed.* Chicago; London: University of Chicago Press.

McGinn, C. (1989). Can we solve the mind-body problem? *Mind, 98*, 349–366.

McGinn, C. (1999). *The mysterious flame: Conscious minds in a material world.* New York: Basic Books.

McGuire, P. K., Bench, C. J., Frith, C. D., Marks, I. M., Frackowiak, R. S., & Dolan, R. J. (1994). Functional anatomy of obsessive-compulsive phenomena. *Br J Psychiatry, 164*(4), 459–468.

McKiernan, K. A., Kaufman, J. N., Kucera-Thompson, J., & Binder, J. R. (2003). A parametric manipulation of factors affecting task-induced deactivation in functional neuroimaging. *J Cogn Neurosci, 15*(3), 394–408.

McNeil, B. J., Pauker, S. G., Sox, H. C., Jr., & Tversky, A. (1982). On the elicitation of preferences for alternative therapies. *N Engl J Med, 306*(21), 1259–1262.

Mekel-Bobrov, N., Gilbert, S. L., Evans, P. D., Vallender, E. J., Anderson, J. R., Hudson, R. R., et al. (2005). Ongoing adaptive evolution of ASPM, a brain size determinant in *Homo sapiens. Science, 309*(5741), 1720–1722.

Meriau, K., Wartenburger, I., Kazzer, P., Prehn, K., Lammers, C. H., van der Meer, E., et al. (2006). A neural network reflecting individual differences in cognitive processing of emotions during perceptual decision making. *Neuroimage, 33*(3), 1016–1027.

Merleau-Ponty, M. (1964). *The primacy of perception, and other essays on phenomenological psychology, the philosophy of art, history, and politics.* Evanston, IL: Northwestern University Press.

Mesoudi, A., Whiten, A., & Dunbar, R. (2006). A bias for social information in human cultural transmission. *Br J Psychol, 97*(Pt. 3), 405–423.

Mill, J. S. (1863). *Utilitarianism.* London: Parker, Son, and Bourn.

Miller, E. K., & Cohen, J. D. (2001). An integrative theory of prefrontal cortex function. *Annu Rev Neurosci, 24*, 167–202.

Miller, G. (2008). Investigating the psychopathic mind. *Science, 321* (5894), 1284–1286.

Miller, G. (2008). Neuroimaging. Growing pains for fMRI. *Science, 320*(5882), 1412–1414.

Miller, G. F. (2007). Sexual selection for moral virtues. *Q Rev Biol, 82*(2), 97–125.

Miller, K. R. (1999). *Finding Darwin's God: A scientist's search for common ground between God and evolution* (1st ed.). New York: Cliff Street Books.

Miller, W. I. (1993). *Humiliation: And other essays on honor, social discomfort, and violence.* Ithaca, NY: Cornell University Press.

Miller, W. I. (1997). *The anatomy of disgust.* Cambridge, MA: Harvard University Press.

Miller, W. I. (2003). *Faking it.* Cambridge, UK; New York: Cambridge University Press.

Miller, W. I. (2006). *Eye for an eye.* Cambridge, UK; New York: Cambridge University Press.

Mink, J. W. (1996). The basal ganglia: focused selection and inhibition of competing motor programs. *Prog Neurobiol, 50*(4), 381–425.

Mitchell, I. J., Heims, H., Neville, E. A., & Rickards, H. (2005). Huntington's disease patients show impaired perception of disgust in the gustatory and olfactory modalities. *J Neuropsychiatry Clin Neurosci, 17*(1), 119–121.

Mitchell, J. P., Dodson, C. S., & Schacter, D. L. (2005). fMRI evidence for the role of recollection in suppressing misattribution errors: The illusory truth effect. *J Cogn Neurosci, 17*(5), 800–810.

Mitchell, J. P., Macrae, C. N., & Banaji, M. R. (2006). Dissociable medial prefrontal contributions to judgments of similar and dissimilar others. *Neuron, 50*(4), 655–663.

Mlodinow, L. (2008). *The drunkard's walk: How randomness rules our lives.* New York: Pantheon.

Moll, J., & de Oliveira-Souza, R. (2007). Moral judgments, emotions and the utilitarian brain. *Trends Cogn Sci, 11*(8), 319–321.

Moll, J., de Oliveira-Souza, R., Garrido, G. J., Bramati, I. E., Caparelli-Daquer, E. M., Paiva, M. L., et al. (2007). The self as a moral agent: Linking the neural bases of social agency and moral sensitivity. *Soc Neurosci, 2*(3–4), 336–352.

Moll, J., de Oliveira-Souza, R., Moll, F. T., Ignacio, F. A., Bramati, I. E., Caparelli-Daquer, E. M., et al. (2005). The moral affiliations of disgust: A functional MRI study. *Cogn Behav Neurol, 18*(1), 68–78.

Moll, J., de Oliveira-Souza, R., & Zahn, R. (2008). The neural basis of moral cognition: sentiments, concepts, and values. *Ann NY Acad Sci, 1124*, 161–180.

Moll, J., Zahn, R., de Oliveira-Souza, R., Krueger, F., & Grafman, J. (2005). Opinion: The neural basis of human moral cognition. *Nat Rev Neurosci, 6*(10), 799–809.

Monchi, O., Petrides, M., Strafella, A. P., Worsley, K. J., & Doyon, J. (2006). Functional role of the basal ganglia in the planning and execution of actions. *Ann Neurol, 59*(2), 257–264.

Mooney, C. (2005). *The Republican war on science.* New York: Basic Books.

Mooney, C., & Kirshenbaum, S. (2009). *Unscientific America: How scientific illiteracy threatens our future.* New York: Basic Books.

Moore, G. E. ([1903] 2004). *Principia ethica.* Mineola, NY: Dover Publications.

Moran, J. M., Macrae, C. N., Heatherton, T. F., Wyland, C. L., & Kelley, W. M. (2006). Neuroanatomical evidence for distinct cognitive and affective components of self. *J Cogn Neurosci, 18*(9), 1586–1594.

Moreno, J. D. (2003). Neuroethics: An agenda for neuroscience and society. *Nat Rev Neurosci, 4*(2), 149–153.

Morse, D. (2009, March 31). Plea deal includes resurrection clause. *Washington Post*, B02.

Mortimer, M., & Toader, A. (2005). Blood feuds blight Albanian lives. September 23. Retrieved July 7, 2009, from http://news.bbc.co.uk/2/hi/europe/4273020.stm.

Muller, J. L., Ganssbauer, S., Sommer, M., Dohnel, K., Weber, T., Schmidt-Wilcke, T., et al. (2008). Gray matter changes in right superior temporal gyrus in criminal psychopaths. Evidence from voxel-based morphometry. *Psychiatry Res, 163*(3), 213–222.

Nagel, T. (1974). What is it like to be a bat? *Philosophical Review, 83*, 435–456.

Nagel, T. (1979). Brain bisection and the unity of consciousness. In *Mortal questions.* Cambridge, UK: Cambridge University Press, 147–164.

Nagel, T. (1979). *Mortal/Questions.* Cambridge, UK: Cambridge University Press.

Nagel, T. (1986). *The view from nowhere.* Oxford, UK: Oxford University Press.

Nagel, T. (1995). *Other minds.* Oxford, UK: Oxford University Press.

Nagel, T. (1997). *The last word.* Oxford, UK: Oxford University Press.

Nagel, T. (1998). Conceiving the impossible and the mind body problem. *Philosophy, 73*(285), 337–352.

Narayan, V. M., Narr, K. L., Kumari, V., Woods, R. P., Thompson, P. M., Toga, A. W., et al. (2007). Regional cortical thinning in subjects with violent antisocial personality disorder or schizophrenia. *Am J Psychiatry, 164*(9), 1418–1427.

National Academy of Sciences (U.S.). Working Group on Teaching Evolution. (1998). *Teaching about evolution and the nature of science.* Washington, DC: National Academies Press.

National Academy of Sciences (U.S.) & Institute of Medicine (U.S.) (2008). *Science, evolution, and creationism.* Washington, DC: National Academies Press.

Newberg, A., Alavi, A., Baime, M., Pourdehnad, M., Santanna, J., & d'Aquili, E. (2001). The measurement of regional cerebral blood flow during the complex cognitive task of meditation: A preliminary SPECT study. *Psychiatry Res, 106*(2), 113–122.

Newberg, A., Pourdehnad, M., Alavi, A., & d'Aquili, E. G. (2003). Cerebral blood flow during meditative prayer: Preliminary findings and methodological issues. *Percept Mot Skills, 97*(2), 625–630.

Newberg, A. B., Wintering, N. A., Morgan, D., & Waldman, M. R. (2006). The measurement of regional cerebral blood flow during glossolalia: A preliminary SPECT study. *Psychiatry Res, 148*(1), 67–71.

Ng, F. (2007). The interface between religion and psychosis. *Australas Psychiatry, 15*(1), 62–66.

Nørretranders, T. (1998). *The user illusion: Cutting consciousness down to size.* New York: Viking.

Norris, P., & Inglehart, R. (2004). *Sacred and secular: Religion and politics worldwide.* Cambridge, UK: Cambridge University Press.

Northoff, G., Heinzel, A., Bermpohl, F., Niese, R., Pfennig, A., Pascual-Leone, A., et al. (2004). Reciprocal modulation and attenuation in the prefrontal cortex: An fMRI study on emotional-cognitive interaction. *Hum Brain Mapp, 21*(3), 202–212.

Northoff, G., Heinzel, A., de Greck, M., Bermpohl, F., Dobrowolny, H., &

Panksepp, J. (2006). Self-referential processing in our brain—a meta-analysis of imaging studies on the self. *Neuroimage, 31*(1), 440–457.
Nowak, M. A., & Sigmund, K. (2005). Evolution of indirect reciprocity. *Nature, 437*(7063), 1291–1298.
Nozick, R. (1974). *Anarchy, state, and utopia.* New York: Basic Books.
Nunez, J. M., Casey, B. J., Egner, T., Hare, T., & Hirsch, J. (2005). Intentional false responding shares neural substrates with response conflict and cognitive control. *Neuroimage, 25*(1), 267–277.
O'Doherty, J., Critchley, H., Deichmann, R., & Dolan, R. J. (2003). Dissociating valence of outcome from behavioral control in human orbital and ventral prefrontal cortices. *J Neurosci, 23*(21), 7931–7939.
O'Doherty, J., Kringelbach, M. L., Rolls, E. T., Hornak, J., & Andrews, C. (2001). Abstract reward and punishment representations in the human orbitofrontal cortex. *Nat Neurosci, 4*(1), 95–102.
O'Doherty, J., Rolls, E. T., Francis, S., Bowtell, R., & McGlone, F. (2001). Representation of pleasant and aversive taste in the human brain. *J Neurophysiol, 85*(3), 1315–1321.
O'Doherty, J., Winston, J., Critchley, H., Perrett, D., Burt, D. M., & Dolan, R. J. (2003). Beauty in a smile: The role of medial orbitofrontal cortex in facial attractiveness. *Neuropsychologia, 41*(2), 147–155.
Oliver, A. M., & Steinberg, P. F. (2005). *The road to martyrs' square: A journey into the world of the suicide bomber.* New York: Oxford University Press.
Olsson, A., Ebert, J. P., Banaji, M. R., & Phelps, E. A. (2005). The role of social groups in the persistence of learned fear. *Science, 309*(5735), 785–787.
Osherson, D., Perani, D., Cappa, S., Schnur, T., Grassi, F., & Fazio, F. (1998). Distinct brain loci in deductive versus probabilistic reasoning. *Neuropsychologia, 36*(4), 369–376.
Parens, E., & Johnston, J. (2007). Does it make sense to speak of neuroethics? Three problems with keying ethics to hot new science and technology. *EMBO Rep, 8 Spec No*, S61–64.
Parfit, D. (1984). *Reasons and persons.* Oxford, UK: Clarendon Press.
Patterson, K., Nestor, P. J., & Rogers, T. T. (2007). Where do you know what you know? The representation of semantic knowledge in the human brain. *Nat Rev Neurosci, 8*(12), 976–987.
Patterson, N., Richter, D. J., Gnerre, S., Lander, E. S., & Reich, D. (2006). Genetic evidence for complex speciation of humans and chimpanzees. *Nature, 441*(7097), 1103–1108.
Patterson, N., Richter, D. J., Gnerre, S., Lander, E. S., & Reich, D. (2008). Patterson et al. reply. *Nature, 452*(7184), E4.
Paul, G. (2009). The chronic dependence of popular religiosity upon dysfunctional psychosociological conditions. *Evolutionary Psychology, 7*(3), 398–441.
Pauli, W., Enz, C. P., & Meyenn, K. von ([1955] 1994). *Writings on physics and philosophy.* Berlin; New York: Springer-Verlag.
Paulson, S. (2006). The believer. Retrieved July 24, 2009, from www.salon.com/books/int/2006/08/07/collins/index.html.

Paulus, M. P., Rogalsky, C., Simmons, A., Feinstein, J. S., & Stein, M. B. (2003). Increased activation in the right insula during risk-taking decision making is related to harm avoidance and neuroticism. *Neuroimage, 19*(4), 1439–1448.

Pavlidis, I., Eberhardt, N. L., & Levine, J. A. (2002). Seeing through the face of deception. *Nature, 415*(6867), 35.

Pedersen, C. A., Ascher, J. A., Monroe, Y. L., & Prange, A. J., Jr. (1982). Oxytocin induces maternal behavior in virgin female rats. *Science, 216*(4546), 648–650.

Pennisi, E. (1999). Are our primate cousins "conscious"? *Science, 284*(5423), 2073–2076.

Penrose, R. (1994). *Shadows of the mind.* Oxford, UK: Oxford University Press.

Perry, J. (2001). *Knowledge, possibility, and consciousness.* Cambridge, MA: MIT Press.

Persinger, M. A., & Fisher, S. D. (1990). Elevated, specific temporal lobe signs in a population engaged in psychic studies. *Percept Mot Skills, 71*(3 Pt. 1), 817–818.

Pessiglione, M., Schmidt, L., Draganski, B., Kalisch, R., Lau, H., Dolan, R. J., et al. (2007). How the brain translates money into force: A neuroimaging study of subliminal motivation. *Science, 316*(5826), 904–906.

Pierre, J. M. (2001). Faith or delusion? At the crossroads of religion and psychosis. *J Psychiatr Pract, 7*(3), 163–172.

Pinker, S. (1997). *How the mind works.* New York: Norton.

Pinker, S. (2002). *The blank slate: The modern denial of human nature.* New York: Viking.

Pinker, S. (2007, March 19). A history of violence. *The New Republic.*

Pinker, S. (2008). The stupidity of dignity. *The New Republic* (May 28).

Pinker, S. (2008, January 13). The moral instinct. *New York Times Magazine.*

Pinker, S., & Jackendoff, R. (2005). The faculty of language: What's special about it? *Cognition, 95*(2), 201–236.

Pizarro, D. A., & Bloom, P. (2003). The intelligence of the moral intuitions: comment on Haidt (2001). *Psychol Rev, 110*(1), 193–196; discussion 197–198.

Pizarro, D. A., & Uhlmann, E. L. (2008). The motivated use of moral principles. (Unpublished manuscript.)

Planck, M., & Murphy, J. V. (1932). *Where is science going?* New York: W. W. Norton.

Poldrack, R. A. (2006). Can cognitive processes be inferred from neuroimaging data? *Trends Cogn Sci, 10*(2), 59–63.

Polkinghorne, J. C. (2003). *Belief in God in an age of science.* New Haven, CT: Yale University Press.

Polkinghorne, J. C., & Beale, N. (2009). *Questions of truth: Fifty-one responses to questions about God, science, and belief* (1st ed.). Louisville, KY: Westminster John Knox Press.

Pollard Sacks, D. (2009). State actors beating children: A call for judicial relief. *U.C. Davis Law Review, 42*, 1165–1229.

Popper, K. R. (2002). *The open society and its enemies* (5th ed.). London; New York: Routledge.

Popper, K. R., & Eccles, J. C. ([1977] 1993). *The self and its brain.* London: Routledge.

Prabhakaran, V., Rypma, B., & Gabrieli, J. D. (2001). Neural substrates of mathematical reasoning: A functional magnetic resonance imaging study of neocortical activation during performance of the necessary arithmetic operations test. *Neuropsychology, 15*(1), 115–127.

Prado, J., Noveck, I. A., & Van Der Henst, J. B. (2009). Overlapping and distinct neural representations of numbers and verbal transitive series. *Cereb Cortex*, 20(3), 720–729.

Premack, D., & Woodruff, G. (1978). Chimpanzee problem-solving: A test for comprehension. *Science, 202*(4367), 532–535.

Previc, F. H. (2006). The role of the extrapersonal brain systems in religious activity. *Conscious Cogn, 15*(3), 500–539.

Prinz, J. (2001). Functionalism, dualism and consciousness. In W. Bechtel, P. Mandik, J. Mundale, & R. Stufflebeam (Eds.), *Philosophy and the neurosciences*. Oxford, UK: Blackwell, 278–294.

Pryse-Phillips, W. (2003). *The Oxford companion to clinical neurology.* Oxford, UK: Oxford University Press.

Puccetti, R. (1981). The case for mental duality: Evidence from split-brain data and other considerations. *Behavioral and Brain Sciences, (1981)*(4), 93–123.

Puccetti, R. (1993). Dennett on the split-brain. *Psycoloquy, 4*(52).

Putnam, H. (2007). The fact/value dichotomy and its critics. Paper presented at the UCD Ulysses Medal Lecture. Retrieved from www.youtube.com/watch?v=gTWKSb8ajXc&feature=player_embedded.

Pyysiäinen, I., & Hauser, M. (2010). The origins of religion: Evolved adaptation or by-product? *Trends Cogn Sci, 14*(3), 104–109.

Quiroga, R. Q., Reddy, L., Kreiman, G., Koch, C., & Fried, I. (2005). Invariant visual representation by single neurons in the human brain. *Nature, 435*(7045), 1102–1107.

Racine, E. (2007). Identifying challenges and conditions for the use of neuroscience in bioethics. *Am J Bioeth, 7*(1), 74–76; discussion W71–74.

Raichle, M. E., MacLeod, A. M., Snyder, A. Z., Powers, W. J., Gusnard, D. A., & Shulman, G. L. (2001). A default mode of brain function. *Proc Natl Acad Sci USA, 98*(2), 676–682.

Raine, A., & Yaling, Y. (2006). The neuroanatomical bases of psychopathy: A review of brain imaging findings. In C. J. Patrick (Ed.), *Handbook of psychopathy* (pp. 278–295). New York: Guilford Press.

Ramachandran, V. S. (1995). Anosognosia in parietal lobe syndrome. *Conscious Cogn, 4*(1), 22–51.

Ramachandran, V. S. (2007). The neurology of self-awareness, retrieved December 5, 2008, from www.edge.org/3rd_culture/ramachandran07/ramachandran07_index.html.

Ramachandran, V. S., & Blakeslee, S. (1998). *Phantoms in the brain.* New York: William Morrow and Company.

Ramachandran, V. S., & Hirstein, W. (1997). Three laws of qualia: What neurology tells us about the biological functions of consciousness. *Journal of Consciousness Studies, 4*(5/6), 429–457.

Range, F., Horn, L., Viranyi, Z., & Huber, L. (2009). The absence of reward induces inequity aversion in dogs. *Proc Natl Acad Sci USA, 106*(1), 340–345.

Raskin, R., & Terry, H. (1988). A principal-components analysis of the Narcissistic Personality Inventory and further evidence of its construct validity. *J Pers Soc Psychol, 54*(5), 890–902.

Rauch, S. L., Kim, H., Makris, N., Cosgrove, G. R., Cassem, E. H., Savage, C. R., et al. (2000). Volume reduction in the caudate nucleus following stereotactic placement of lesions in the anterior cingulate cortex in humans: A morphometric magnetic resonance imaging study. *J Neurosurg, 93*(6), 1019–1025.

Rauch, S. L., Makris, N., Cosgrove, G. R., Kim, H., Cassem, E. H., Price, B. H., et al. (2001). A magnetic resonance imaging study of regional cortical volumes following stereotactic anterior cingulotomy. *CNS Spectr, 6*(3), 214–222.

Rawls, J. ([1971] 1999). *A theory of justice* (Rev. ed.). Cambridge, MA.: Belknap Press of Harvard University Press.

Rawls, J., & Kelly, E. (2001). *Justice as fairness: A restatement.* Cambridge, MA: Harvard University Press.

Redelmeier, D. A., Katz, J., & Kahneman, D. (2003). Memories of colonoscopy: A randomized trial. *Pain, 104*(1–2), 187–194.

Resnik, D. B. (2007). Neuroethics, national security and secrecy. *Am J Bioeth, 7*(5), 14–15.

Richell, R. A., Mitchell, D. G., Newman, C., Leonard, A., Baron-Cohen, S., & Blair, R. J. (2003). Theory of mind and psychopathy: Can psychopathic individuals read the "language of the eyes"? *Neuropsychologia, 41*(5), 523–526.

Ridderinkhof, K. R., Ullsperger, M., Crone, E. A., & Nieuwenhuis, S. (2004). The role of the medial frontal cortex in cognitive control. *Science, 306*(5695), 443–447.

Rilling, J., Gutman, D., Zeh, T., Pagnoni, G., Berns, G., & Kilts, C. (2002). A neural basis for social cooperation. *Neuron, 35*(2), 395–405.

Rodriguez-Moreno, D., & Hirsch, J. (2009). The dynamics of deductive reasoning: An fMRI investigation. *Neuropsychologia, 47*(4), 949–961.

Rolls, E. T., Grabenhorst, F., & Parris, B. A. (2008). Warm pleasant feelings in the brain. *Neuroimage, 41*(4), 1504–1513.

Rosenblatt, A., Greenberg, J., Solomon, S., Pyszczynski, T., & Lyon, D. (1989). Evidence for terror management theory: I. The effects of mortality salience on reactions to those who violate or uphold cultural values. *J Pers Soc Psychol, 57*(4), 681–690.

Rosenhan, D. L. (1973). On being sane in insane places. *Science, 179*(70), 250–258.

Rosenthal, D. (1991). *The nature of mind.* Oxford, UK: Oxford University Press.
Roskies, A. (2002). Neuroethics for the new millennium. *Neuron, 35*(1), 21–23.
Roskies, A. (2006). Neuroscientific challenges to free will and responsibility. *Trends Cogn Sci, 10*(9), 419–423.
Royet, J. P., Plailly, J., Delon-Martin, C., Kareken, D. A., & Segebarth, C. (2003). fMRI of emotional responses to odors: Influence of hedonic valence and judgment, handedness, and gender. *Neuroimage, 20*(2), 713–728.
Rubin, A. J. (2009, August 12). How Baida wanted to die. *New York Times*, MM38.
Rule, R. R., Shimamura, A. P., & Knight, R. T. (2002). Orbitofrontal cortex and dynamic filtering of emotional stimuli. *Cogn Affect Behav Neurosci, 2*(3), 264–270.
Rumelhart, D. E. (1980). Schemata: The building blocks of cognition. In R. J. Spiro, B. C. Bruce, & W. F. Brewer (Eds.), *Theoretical issues in reading comprehension* (pp. 33–58). Hillsdale, NJ: Erlbaum.
Ryle, G. ([1949] 1984). *The concept of mind.* Chicago: University of Chicago Press.
Sagan, C. (1995). *The demon-haunted world: Science as a candle in the dark* (1st ed.). New York: Random House.
Salter, A. C. (2003). *Predators: Pedophiles, rapists, and other sex offenders: Who they are, how they operate, and how we can protect ourselves and our children.* New York: Basic Books.
Sarmiento, E. E., Sawyer, G. J., Milner, R., Deak, V., & Tattersall, I. (2007). *The last human: A guide to twenty-two species of extinct humans.* New Haven, CT: Yale University Press.
Sartre, J. P. ([1956] 1994). *Being and nothingness* (H. Barnes, Trans.). New York: Gramercy Books.
Saxe, R., & Kanwisher, N. (2003). People thinking about thinking people: The role of the temporo-parietal junction in "theory of mind." *Neuroimage, 19*(4), 1835–1842.
Schacter, D. L. (1987). Implicit expressions of memory in organic amnesia: learning of new facts and associations. *Hum Neurobiol, 6*(2), 107–118.
Schacter, D. L., & Scarry, E. (1999). *Memory, brain, and belief.* Cambridge, MA: Harvard University Press.
Schall, J. D., Stuphorn, V., & Brown, J. W. (2002). Monitoring and control of action by the frontal lobes. *Neuron, 36*(2), 309–322.
Schiff, N. D., Giacino, J. T., Kalmar, K., Victor, J. D., Baker, K., Gerber, M., et al. (2007). Behavioural improvements with thalamic stimulation after severe traumatic brain injury. *Nature, 448*(7153), 600–603.
Schiffer, F., Zaidel, E., Bogen, J., & Chasan-Taber, S. (1998). Different psychological status in the two hemispheres of two split-brain patients. *Neuropsychiatry Neuropsychol Behav Neurol, 11*(3), 151–156.
Schjoedt, U., Stodkilde-Jorgensen, H., Geertz, A. W., & Roepstorff, A. (2008). Rewarding prayers. *Neurosci Lett, 443*(3), 165–168.
Schjoedt, U., Stodkilde-Jorgensen, H., Geertz, A. W., & Roepstorff, A. (2009).

Highly religious participants recruit areas of social cognition in personal prayer. *Soc Cogn Affect Neurosci, 4*(2), 199–207.
Schmitt, J. J., Hartje, W., & Willmes, K. (1997). Hemispheric asymmetry in the recognition of emotional attitude conveyed by facial expression, prosody and propositional speech. *Cortex, 33*(1), 65–81.
Schneider, F., Bermpohl, F., Heinzel, A., Rotte, M., Walter, M., Tempelmann, C., et al. (2008). The resting brain and our self: Self-relatedness modulates resting state neural activity in cortical midline structures. *Neuroscience, 157*(1), 120–131.
Schnider, A. (2001). Spontaneous confabulation, reality monitoring, and the limbic system—a review. *Brain Res Brain Res Rev, 36*(2–3), 150–160.
Schreiber, C. A., & Kahneman, D. (2000). Determinants of the remembered utility of aversive sounds. *J Exp Psychol Gen, 129*(1), 27–42.
Schrödinger, E. (1964). *My view of the world* (C. Hastings, Trans.). Cambridge, UK: Cambridge University Press.
Schwartz, B. (2004). *The paradox of choice: Why more is less*. New York: Ecco.
Seabrook, J. (2008, November 10). Suffering souls. *New Yorker*, 64–73.
Searle, J. (1964). How to derive "ought" from "is". *Philosophical Review 73*(1), 43–58.
Searle, J. (2001). Free will as a problem in neurobiology. *Philosophy, 76*, 491–514.
Searle, J. R. (1992). *The rediscovery of the mind.* Cambridge, MA: MIT Press.
Searle, J. R. (1995). *The construction of social reality.* New York: The Free Press.
Searle, J. R. (1997). Consciousness and the philosophers. *New York Review of Books, XLIV*(4).
Searle, J. R. (1998). How to study consciousness scientifically. *Philos Trans R Soc Lond B Biol Sci, 353*(1377), 1935–1942.
Searle, J. R. (2000). Consciousness. *Annu Rev Neurosci, 23*, 557–578.
Searle, J. R. (2001). Further reply to Libet. *Journal of Consciousness Studies, 8*(8), 63–65.
Searle, J. R. (2007). Dualism revisited. *J Physiol Paris, 101*(4–6), 169–178.
Searle, J. R., Dennett, D. C., & Chalmers, D. J. (1997). *The mystery of consciousness* (1st ed.). New York: New York Review of Books.
Seeley, W. W., Carlin, D. A., Allman, J. M., Macedo, M. N., Bush, C., Miller, B. L., et al. (2006). Early frontotemporal dementia targets neurons unique to apes and humans. *Ann Neurol, 60*(6), 660–667.
Sergent, J., Ohta, S., & MacDonald, B. (1992). Functional neuroanatomy of face and object processing: A positron emission tomography study. *Brain, 115* Pt. 1, 15–36.
Seybold, K. S. (2007). Physiological mechanisms involved in religiosity/spirituality and health. *J Behav Med, 30*(4), 303–309.
Shadlen, M. N., & Kiani, R. (2007). Neurology: An awakening. *Nature, 448*(7153), 539–540.
Shadlen, M. N., & Movshon, J. A. (1999). Synchrony unbound: A critical evaluation of the temporal binding hypothesis. *Neuron, 24*(1), 67–77, 111–125.

Shadlen, M. N., & Newsome, W. T. (2001). Neural basis of a perceptual decision in the parietal cortex (area LIP) of the rhesus monkey. *J Neurophysiol, 86*(4), 1916–1936.

Shamay-Tsoory, S. G., Tibi-Elhanany, Y., & Aharon-Peretz, J. (2007). The green-eyed monster and malicious joy: The neuroanatomical bases of envy and gloating (schadenfreude). *Brain, 130*(Pt. 6), 1663–1678.

Sheldrake, R. (1981). *A new science of life: The hypothesis of formative causation.* London: Blond & Briggs.

Sheline, Y. I., Barch, D. M., Price, J. L., Rundle, M. M., Vaishnavi, S. N., Snyder, A. Z., et al. (2009). The default mode network and self-referential processes in depression. *Proc Natl Acad Sci USA, 106*(6), 1942–1947.

Shoebat, W. (2007). *Why we want to kill you: The jihadist mindset and how to defeat it.* [United States]: Top Executive Media.

Shweder, R. A. (2006, November 27). Atheists agonistes. *New York Times.*

Siebert, C. (2009, July 12). Watching whales watching us. *New York Times.*

Siefe, C. (2000). Cold numbers unmake the quantum mind. *Science, 287*(5454), 791.

Silk, J. B., Brosnan, S. F., Vonk, J., Henrich, J., Povinelli, D. J., Richardson, A. S., et al. (2005). Chimpanzees are indifferent to the welfare of unrelated group members. *Nature, 437*(7063), 1357–1359.

Silver, L. M. (2006). *Challenging nature: The clash of science and spirituality at the new frontiers of life.* New York: Ecco.

Simons, D. J., Chabris, C. F., Schnur, T., & Levin, D. T. (2002). Evidence for preserved representations in change blindness. *Conscious Cogn, 11*(1), 78–97.

Simonton, D. K. (1994). *Greatness: Who makes history and why.* New York: Guilford.

Singer, P. (2009). *The life you can save: Acting now to end world poverty.* New York: Random House.

Singer, T., Seymour, B., O'Doherty, J., Kaube, H., Dolan, R. J., & Frith, C. D. (2004). Empathy for pain involves the affective but not sensory components of pain. *Science, 303*(5661), 1157–1162.

Singer, W. (1999). Striving for coherence. *Nature, 397*(4 February), 391–393.

Singer, W. (1999). Neuronal synchrony: A versatile code for the definition of relations? *Neuron, 24*(1), 49–65, 111–125.

Sinnott-Armstrong, W. (2006). Consequentialism. *The Stanford encyclopedia of philosophy.* Retrieved from http://plato.stanford.edu/entries/consequentialism/.

Sirigu, A., Daprati, E., Ciancia, S., Giraux, P., Nighoghossian, N., Posada, A., et al. (2004). Altered awareness of voluntary action after damage to the parietal cortex. *Nat Neurosci, 7*(1), 80–84.

Sirotin, Y. B., & Das, A. (2009). Anticipatory haemodynamic signals in sensory cortex not predicted by local neuronal activity. *Nature, 457*(7228), 475–479.

Sloman, S. A., & Lagnado, D. A. (2005). The problem of Induction. In K. J. Holyoak & R. G. Morrison (Eds.), *The Cambridge handbook of thinking and reasoning* (pp. 95–116). New York: Cambridge University Press.

Slovic, P. (2007). "If I look at the mass I will never act": Psychic numbing and genocide. *Judgment and Decision Making, 2*(2), 79–95.

Smeltzer, M. D., Curtis, J. T., Aragona, B. J., & Wang, Z. (2006). Dopamine, oxytocin, and vasopressin receptor binding in the medial prefrontal cortex of monogamous and promiscuous voles. *Neurosci Lett, 394*(2), 146–151.

Smith, A., & Stewart, D. ([1759] 1853). *The theory of moral sentiments* (New ed.). London: H. G. Bohn.

Snowden, J. S., Austin, N. A., Sembi, S., Thompson, J. C., Craufurd, D., & Neary, D. (2008). Emotion recognition in Huntington's disease and frontotemporal dementia. *Neuropsychologia, 46*(11), 2638–2649.

Snyder, S. H. (2008). Seeking God in the brain—efforts to localize higher brain functions. *N Engl J Med, 358*(1), 6–7.

Sokal, A. (1996). Transgressing the boundaries: Toward a transformative hermeneutics of quantum gravity. *Social Text*(46/47), 217–252.

Sommer, M., Dohnel, K., Sodian, B., Meinhardt, J., Thoermer, C., & Hajak, G. (2007). Neural correlates of true and false belief reasoning. *Neuroimage, 35*(3), 1378–1384.

Soon, C. S., Brass, M., Heinze, H. J., & Haynes, J. D. (2008). Unconscious determinants of free decisions in the human brain. *Nat Neurosci, 11*(5), 543–545.

Sowell, E. R., Thompson, P. M., Holmes, C. J., Jernigan, T. L., & Toga, A. W. (1999). In vivo evidence for post-adolescent brain maturation in frontal and striatal regions. *Nat Neurosci, 2*(10), 859–861.

Spence, S. A., Farrow, T. F., Herford, A. E., Wilkinson, I. D., Zheng, Y., & Woodruff, P. W. (2001). Behavioural and functional anatomical correlates of deception in humans. *Neuroreport, 12*(13), 2849–2853.

Spence, S. A., Kaylor-Hughes, C., Farrow, T. F., & Wilkinson, I. D. (2008). Speaking of secrets and lies: The contribution of ventrolateral prefrontal cortex to vocal deception. *Neuroimage, 40*(3), 1411–1418.

Sperry, R. W. (1961). Cerebral organization and behavior: The split brain behaves in many respects like two separate brains, providing new research possibilities. *Science, 133*(3466), 1749–1757.

Sperry, R. W. (1968). Hemisphere deconnection and unity in conscious awareness. *Am Psychol, 23*(10), 723–733.

Sperry, R. W. (1976). Changing concepts of consciousness and free will. *Perspect Biol Med, 20*(1), 9–19.

Sperry, R. W. (1982). Some effects of disconnecting the cerebral hemispheres. Nobel Lecture, 8 December 1981. *Biosci Rep, 2*(5), 265–276.

Sperry, R. W., Zaidel, E., & Zaidel, D. (1979). Self recognition and social awareness in the deconnected minor hemisphere. *Neuropsychologia, 17*(2), 153–166.

Spinoza, B. S. F., Ed. (S. Shirley, Trans.). ([1677] 1982). *The ethics and selected letters*. Indianapolis, IN: Hackett Publishing.

Spitzer, M., Fischbacher, U., Herrnberger, B., Gron, G., & Fehr, E. (2007). The neural signature of social norm compliance. *Neuron, 56*(1), 185–196.

Sprengelmeyer, R., Schroeder, U., Young, A. W., & Epplen, J. T. (2006). Disgust in pre-clinical Huntington's disease: A longitudinal study. *Neuropsychologia, 44*(4), 518–533.

Squire, L. R., & McKee, R. (1992). Influence of prior events on cognitive judgments in amnesia. *J Exp Psychol Learn Mem Cogn, 18*(1), 106–115.

Stanovich, K. E., & West, R. F. (2000). Individual differences in reasoning: Implications for the rationality debate? *Behavioral and Brain Sciences, 23*, 645–726.

Stark, R. (2001). *One true God: Historical consequences of monotheism.* Princeton, NJ: Princeton University Press.

Steele, J. D., & Lawrie, S. M. (2004). Segregation of cognitive and emotional function in the prefrontal cortex: A stereotactic meta-analysis. *Neuroimage, 21*(3), 868–875.

Stenger, V. A. (2009). *The new atheism: Taking a stand for science and reason.* New York: Prometheus Books.

Stewart, P. (2008, May 29). Vatican says it will excommunicate women priests. Reuters.

Stoller, S. E., & Wolpe, P. R. (2007). Emerging neurotechnologies for lie detection and the Fifth Amendment. *American Journal of Law & Medicine, 33*, 359–375.

Stone, M. H. (2009). *The anatomy of evil.* Amherst, NY: Prometheus Books.

Strange, B. A., Henson, R. N., Friston, K. J., & Dolan, R. J. (2001). Anterior prefrontal cortex mediates rule learning in humans. *Cereb Cortex, 11*(11), 1040–1046.

Swick, D., & Turken, A. U. (2002). Dissociation between conflict detection and error monitoring in the human anterior cingulate cortex. *Proc Natl Acad Sci USA, 99*(25), 16354–16359.

Tabibnia, G., Satpute, A. B., & Lieberman, M. D. (2008). The sunny side of fairness: Preference for fairness activates reward circuitry (and disregarding unfairness activates self-control circuitry). *Psychol Sci, 19*(4), 339–347.

Takahashi, H., Kato, M., Matsuura, M., Mobbs, D., Suhara, T., & Okubo, Y. (2009). When your gain is my pain and your pain is my gain: Neural correlates of envy and schadenfreude. *Science, 323*(5916), 937–939.

Tarski, A. (1969). Truth and proof. *Sci Am., 220*(6), 63–77.

Tenenbaum, J. B., Kemp, C., & Shafto, P. (2007). Theory-based Bayesian models of inductive reasoning. In A. Feeney & E. Heit (Eds.), *Inductive reasoning: Experimental, developmental, and computational approaches* (pp. 167–204). Cambridge, UK: Cambridge University Press.

Teresi, D. (1990). The lone ranger of quantum mechanics. *New York Times.*

Thompson, J. J. (1976). Letting die, and the trolley problem. *The Monist, 59*(2), 204–217.

Tiihonen, J., Rossi, R., Laakso, M. P., Hodgins, S., Testa, C., Perez, J., et al. (2008). Brain anatomy of persistent violent offenders: More rather than less. *Psychiatry Res, 163*(3), 201–212.

Tom, S. M., Fox, C. R., Trepel, C., & Poldrack, R. A. (2007). The neural basis of loss aversion in decision-making under risk. *Science, 315*(5811), 515–518.

Tomasello, M. (2007, January 13). For human eyes only. *New York Times.*

Tomlin, D., Kayali, M. A., King-Casas, B., Anen, C., Camerer, C. F., Quartz, S. R., et al. (2006). Agent-specific responses in the cingulate cortex during economic exchanges. *Science, 312*(5776), 1047–1050.

Tononi, G., & Edelman, G. M. (1998). Consciousness and complexity. *Science, 282*(5395), 1846–1851.

Trinkaus, E. (2007). Human evolution: Neandertal gene speaks out. *Curr Biol, 17*(21), R917–919.

Trivers, R. (1971). The evolution of reciprocal altruism. *Quarterly Review of Biology, 46*(Mar.), 35–57.

Trivers, R. (2002). *Natural selection and social theory: Selected papers of Robert L. Trivers.* New York: Oxford University Press.

Turk, D. J., Heatherton, T. F., Kelley, W. M., Funnell, M. G., Gazzaniga, M. S., & Macrae, C. N. (2002). Mike or me? Self-recognition in a split-brain patient. *Nat Neurosci, 5*(9), 841–842.

Tversky, A., & Kahneman, D. (1974). Judgment under uncertainty: Heuristics and biases. *Science, 185*(4157), 1124–1131.

Ullsperger, M., & von Cramon, D. Y. (2003). Error monitoring using external feedback: Specific roles of the habenular complex, the reward system, and the cingulate motor area revealed by functional magnetic resonance imaging. *J Neurosci, 23*(10), 4308–4314.

Valdesolo, P., & DeSteno, D. (2006). Manipulations of emotional context shape moral judgment. *Psychol Sci, 17*(6), 476–477.

Van Biema, D. (2006, July 10). Reconciling God and science. *Time.*

van Leijenhorst, L., Crone, E. A., & Bunge, S. A. (2006). Neural correlates of developmental differences in risk estimation and feedback processing. *Neuropsychologia, 44*(11), 2158–2170.

van Veen, V., Holroyd, C. B., Cohen, J. D., Stenger, V. A., & Carter, C. S. (2004). Errors without conflict: Implications for performance monitoring theories of anterior cingulate cortex. *Brain Cogn, 56*(2), 267–276.

Viding, E., Jones, A. P., Frick, P. J., Moffitt, T. E., & Plomin, R. (2008). Heritability of antisocial behaviour at 9: Do callous-unemotional traits matter? *Dev Sci, 11*(1), 17–22.

Vocat, R., Pourtois, G., & Vuilleumier, P. (2008). Unavoidable errors: A spatiotemporal analysis of time-course and neural sources of evoked potentials associated with error processing in a speeded task. *Neuropsychologia, 46*(10), 2545–2555.

Vogel, G. (2004). Behavioral evolution. The evolution of the golden rule. *Science, 303*(5661), 1128–1131.

Vogeley, K., Bussfeld, P., Newen, A., Herrmann, S., Happé, F., Falkai, P., et al. (2001). Mind reading: Neural mechanisms of theory of mind and self-perspective. *Neuroimage, 14*(1 Pt. 1), 170–181.

Vogeley, K., May, M., Ritzl, A., Falkai, P., Zilles, K., & Fink, G. R. (2004). Neural correlates of first-person perspective as one constituent of human self-consciousness. *J Cogn Neurosci, 16*(5), 817–827.

Voight, B. F., Kudaravalli, S., Wen, X., & Pritchard, J. K. (2006). A map of recent positive selection in the human genome. *PLoS Biol, 4*(3), e72.

Wade, N. (2006). *Before the dawn: Recovering the lost history of our ancestors.* New York: Penguin.

Wade, N. (2010, March 1). Human culture, an evolutionary force. *New York Times.*

Wager, T. D., & Nichols, T. E. (2003). Optimization of experimental design in fMRI: A general framework using a genetic algorithm. *Neuroimage, 18*(2), 293–309.

Wager, T. D., Rilling, J. K., Smith, E. E., Sokolik, A., Casey, K. L., Davidson, R. J., et al. (2004). Placebo-induced changes in fMRI in the anticipation and experience of pain. *Science, 303*(5661), 1162–1167.

Wain, O., & Spinella, M. (2007). Executive functions in morality, religion, and paranormal beliefs. *Int J Neurosci, 117*(1), 135–146.

Wakin, D. J., & McKinley Jr., J. C. (2010, May 2). Abuse case offers a view of the Vatican's politics. *New York Times.*

Waldmann, M. R., & Dieterich, J. H. (2007). Throwing a bomb on a person versus throwing a person on a bomb: Intervention myopia in moral intuitions. *Psychol Sci, 18*(3), 247–253.

Waldmann, M. R., Hagmayer, Y., & Blaisdell, A. P. (2006). Beyond the information given: Causal models in learning and reasoning. *Current Directions in Psychological Science, 15*(6), 307–311.

Waters, E. (2010, January 8). The Americanization of mental illness. *New York Times Magazine.*

Watson, G. (1982). *Free will.* Oxford, UK; New York: Oxford University Press.

Weber, M. ([1922] 1993). *The sociology of religion.* Boston: Beacon Press.

Wegner, D. M. (2002). *The illusion of conscious will.* Cambridge, MA: MIT Press.

Wegner, D. M. (2004). Precis of the illusion of conscious will. *Behav Brain Sci, 27*(5), 649–659; discussion 659–692.

Weinberg, S. (2001). *Facing up: Science and its cultural adversaries.* Cambridge, MA: Harvard University Press.

Westbury, C., & Dennett, D. C. (1999). Mining the past to construct the future: Memory and belief as forms of knowledge. In D. L. Schacter & E. Scarry (Eds.), *Memory, brain, and belief* (pp. 11–32). Cambridge, MA: Harvard University Press.

Westen, D., Blagov, P. S., Harenski, K., Kilts, C., & Hamann, S. (2006). Neural bases of motivated reasoning: An fMRI study of emotional constraints on partisan political judgment in the 2004 U.S. presidential election. *J Cogn Neurosci, 18*(11), 1947–1958.

Wicker, B., Keysers, C., Plailly, J., Royet, J. P., Gallese, V., & Rizzolatti, G. (2003). Both of us disgusted in my insula: The common neural basis of seeing and feeling disgust. *Neuron, 40*(3), 655–664.

Wicker, B., Ruby, P., Royet, J. P., & Fonlupt, P. (2003). A relation between rest and the self in the brain? *Brain Res Rev, 43*(2), 224–230.

Wigner, E. (1960). The unreasonable effectiveness of mathematics in the natural sciences. *Communications in Pure and Applied Mathematics, 13*(1).

Williams, B. A. O. (1985). *Ethics and the limits of philosophy.* Cambridge, MA: Harvard University Press.

Wilson, D. S. (2002). *Darwin's cathedral: Evolution, religion, and the nature of society.* Chicago: University of Chicago Press.

Wilson, D. S., & Wilson, E. O. (2007). Rethinking the theoretical foundation of sociobiology. *Q Rev Biol, 82*(4), 327–348.

Wilson, E. O. (1998). *Consilience: The unity of knowledge* (1st ed.). New York: Knopf.

Wilson, E. O. (2005). Kin selection as the key to altruism: Its rise and fall. *Social Research, 72*(1), 159–166.

Wilson, E. O., & Holldobler, B. (2005). Eusociality: Origin and consequences. *Proc Natl Acad Sci USA, 102*(38), 13367–13371.

Wittgenstein, L. (1969). *Philosophical grammar* (A. Kenny, Trans.). Berkeley, CA: University of California Press.

Woolrich, M. W., Ripley, B. D., Brady, M., & Smith, S. M. (2001). Temporal autocorrelation in univariate linear modeling of fMRI data. *Neuroimage, 14*(6), 1370–1386.

Wright, N. T. (2003). *The resurrection of the Son of God.* London: SPCK.

Wright, N. T. (2008). *Surprised by hope: Rethinking heaven, the resurrection, and the mission of the church* (1st ed.). New York: HarperOne.

Yang, T., & Shadlen, M. N. (2007). Probabilistic reasoning by neurons. *Nature, 447*(7148), 1075–1080.

Yang, Y., Glenn, A. L., & Raine, A. (2008). Brain abnormalities in antisocial individuals: Implications for the law. *Behav Sci Law, 26*(1), 65–83.

Yang, Y., Raine, A., Colletti, P., Toga, A. W., & Narr, K. L. (2009). Abnormal temporal and prefrontal cortical gray matter thinning in psychopaths. *Mol Psychiatry, 14*(6), 561–562.

Ye'or, B. (2005). *Eurabia: The Euro-Arab Axis.* Madison, NJ: Fairleigh Dickinson University Press.

Yong, E. (2008). The evolutionary story of the "language gene." *New Scientist* (2669) Aug. 13, pp. 38–41.

Young, L. J., Lim, M. M., Gingrich, B., & Insel, T. R. (2001). Cellular mechanisms of social attachment. *Horm Behav, 40*(2), 133–138.

Young, L. J., & Wang, Z. (2004). The neurobiology of pair bonding. *Nat Neurosci, 7*(10), 1048–1054.

Yu, A. J., & Dayan, P. (2005). Uncertainty, neuromodulation, and attention. *Neuron, 46*(4), 681–692.

Zaidel, E., Iacoboni, M., Zaidel, D., & Bogen, J. E. (2003). The callosal syndromes. In *Clinical Neuropsychology* (pp. 347–403). Oxford, UK: Oxford University Press.

Zaidel, E., Zaidel, D. W., & Bogen, J. (undated). The split brain. Retrieved from www.its.caltech.edu/~jbogen/text/ref130.htm.

Zak, P. J., Kurzban, R., & Matzner, W. T. (2005). Oxytocin is associated with human trustworthiness. *Horm Behav, 48*(5), 522–527.

Zak, P. J., Stanton, A. A., & Ahmadi, S. (2007). Oxytocin increases generosity in humans. *PLoS ONE, 2*(11), e1128.

Zhang, J. X., Leung, H. C., & Johnson, M. K. (2003). Frontal activations associated with accessing and evaluating information in working memory: An fMRI study. *Neuroimage, 20*(3), 1531–1539.

Zhu, Y., Zhang, L., Fan, J., & Han, S. (2007). Neural basis of cultural influence on self-representation. *Neuroimage, 34*(3), 1310–1316.

Zuckerman, P. (2008). *Society without God.* New York: New York University Press.

國家圖書館出版品預行編目資料

道德風景 / 山姆.哈里斯(Sam Harris)著 ; 于嘉雲譯.
-- 初版. -- 臺北市 : 大塊文化, 2013.03

面 ;　公分. -- (from ; 88)

譯自 : The moral landscape : how science can
determine human values
ISBN 978-986-213-425-2(平裝)

1.倫理學 2.道德

190　　　102003149

LOCUS

LOCUS

LOCUS

L O C U S